SANPING CHEN

［陳三平］——

著

木蘭與麒麟

MULTICULTURAL CHINA  In The EARLY MIDDLE AGES

中古中國的突厥──伊朗元素

～ 目錄 ～

第七章

⟶ 白居易和中亞 ⟵
Bai Juyi and Central Asia

附　錄

⟶ 突厥語或原始蒙古語？拓跋語言箚記 ⟵
Appendix: Turkic or Proto-Mongolian? A Note on the Tuoba Language

導讀
guided reading

朱振宏／中正大學歷史系教授

本書《木蘭與麒麟：中古中國的突厥—伊朗元素》的作者陳三平，為浙江紹興人，師從著名漢學家梅維恆（Victor Henry Mair），獲美國哥倫比亞大學博士，任職於加拿大統計局（Statistics Canada），業餘之暇，從事文史學術研究。陳三平的父親陳橋驛是中國大陸著名的研究酈道元《水經注》的「酈學」專家。陳三平精通多種歐洲語言和內亞文字，從事漢語音韻訓詁學、伊朗學（Iranian studies）、突厥學（Turkology）等內亞歷史與文化方面的研究，是一位研究中國中古時期（北朝—隋唐）中、西文化交流史的專家；曾以"Succession Struggle and the Ethnic Identity of the Tang Imperial House"（〈繼承之爭與唐代皇室的族群認同〉）一文，榮獲英國的皇家亞洲學會（Royal Asiatic Society of Great Britain and Ireland）Barwis Holliday 研究獎。先後發表多篇涉及中亞、中古時期歷史與文化方面的論文，包括：〈阿干與阿步干初考——《水經注》中鮮卑語地名研究一例〉、"A-gan revisited — the Tuoba's cultural and political heritage"（〈重探「阿干」──拓跋的文化和政治遺產〉）、"Nucai as a proto-Mongolic word: An etymological study"（〈一個原始蒙古語彙──「奴才」：一個詞源學研究〉）、"Some remarks on the Chinese 'BULGAR'"（〈關於中文「保爾加」的一些評論〉）、"Sino-Tokharico-Altaica-Two Linguistic Notes"（〈中國──吐火羅──阿爾泰：兩個語言學的札記〉）、"Son of heaven and son of god: Interactions among ancient Asiatic cultures regarding sacral kingship and theophoric names"（〈天子與神子：古代亞洲文化中神聖王權和神事名之互動〉）、"From Azerbaijian to Dunhuang ─ A Zoroastrianism Note"（〈從亞塞拜然到敦煌──祆教研究札記〉）、〈「昆」考〉、〈從甘露寺和甘露之變談白居易和中西文化交流〉、〈中古賤名的由來──從「丑奴」到十二生肖〉等。

《木蘭與麒麟》一書原出版於美國賓夕法尼亞大學出版社（2012）；除本書外，陳三平與梅維恆、吳芳思（Frances Wood）等人也曾合著《中國人的生活：創造文明者》（*Chinese Lives: The People Who Made a Civilization*, London: Thames & Hudson, 2013）。在學術研究之外，陳三平也以「都人」、「于時語」等筆名，在《南風窗》、《21世紀經濟報導》、新加坡《聯合早報》等媒體，發表國際時事與政治評論。

本書是由七篇論文所組成，茲將各篇要旨簡介如下：

〈拓跋─鮮卑遺風：唐朝〉：以唐太宗時期的佛教高僧法琳，駁斥李唐皇室源自於道教創始人老子的說法，以此公案作為論述起點，從李唐前期皇位繼承上有著嚴重仇父情結和女性（母親）政治上掌握巨大的影響力，在政治上唐太宗接受「天可汗」稱號、唐代帝陵呈現出具突厥墓葬習俗的大量石雕，以及在宗教

運用上採取捨佛取道等，皆反映出李唐皇室具有鮮明的鮮卑—突厥族群認同，由此論證得出李唐皇室並非傳統上中國人所認定的「本土王朝」（native dynasty），且也不純粹是西方學者所稱的「征服王朝」（conquest dynasty），而是實際上具有濃厚突厥—鮮卑特色的胡人政權，或許稱其為「鮮卑—華夏」（Särbo-Chinese / Xianbeo-Chinese）政權，更為適當。

〈從木蘭到麒麟〉：從家喻戶曉的北朝民歌《木蘭辭》，以及一九九八年美國迪士尼動畫《花木蘭》（*Mulan*）引發土耳其國族主義者抗議，探討「木蘭」在中古時期（北朝）實際上是一個胡人專有的人名詞彙（onomasticon），而不是漢語中標準的女性名字。這個胡名「木蘭」是由阿爾泰語系中「bulān / buklān」音轉而來，其意涵為「雄鹿」（駝鹿）、「公牛」，同時「木蘭」也是阿爾泰語中唯一指稱「麒麟」（kälän）的語詞，這種以動物作為命名的方式，在阿爾泰語系中是極為普遍且受歡迎的文化傳統。

〈兄弟之事和犬科動物的形象：「胡人」語言的入侵〉：作為中文的家族親屬稱謂——「哥」，此一詞彙並非來自於傳統漢語。唐代以前，以「昆」、「兄」稱之，用「哥」指稱「兄長」始自唐代中晚期，考察此一詞彙，源自於鮮卑語的「阿干」（A-gan）。實際上，「哥」最早作為親屬的稱謂並不是指涉兄弟，而是指「父親」，在草原文化盛行的收繼婚俗（levirate）下，遊牧民族家族間缺乏清晰的「輩分界限」（generational boundary），從而使「哥」逐漸轉變成為「兄長」意涵。同樣地，「奴才」（nucai）——作為滿洲皇帝或主人跟前「謙卑的僕人／奴隸」的自稱詞彙——乃是源自於蒙古語「noqai / nokhai」，意指「狗」；將「奴才」（狗）當作是「無能之人」或是「低

下卑劣」特性，是受到佛教，以及傳統東亞文化中「懼犬性」（cynophobic）的影響所致。

〈匈人和保爾加人：漢語的出處〉：作為匈奴集團在歷史發展上最後一抹光輝，從政治到文化諸層面，中古時期的「步落稽」（稽胡）對中國歷史有著深厚的影響，然而卻長期受到傳統華夏中心主義的史家所忽視。無論是在文化上中國最重要的韻書《切韻》的作者陸法言，抑或是在宗教上敦煌石窟藝術中最著名的佛教僧侶劉薩河，都是步落稽人。此外，從文化和語言親屬關係上，「步落稽」與阿爾泰有著密切的關係，此與匈奴帝國在崩解前吸納大量阿爾泰化的高加索群體有關，由此又延申出屬匈奴（匈人，Huns）後裔的「步落稽」（Buluoji）與歐洲保爾加人（Bulgar）之間的關係，雖然兩者是否有直接聯繫，目前仍缺乏確切堅實的證據，但從文化角度來看，保爾加人確實與步落稽有著明顯的相似性。

〈「白鳧」神諭之謎：伊朗的陰影〉：傳統中國本土王朝的對外政策原則採行「以夷制夷」，或是「分而治之」方式；相反的，中國征服王朝的異族政權，反轉了傳統上「以華夏傳統治理中國」的政策，而是採行「以『文明』制『文明』」（using the "civilized" to check the "civilized"），亦即中古時期草原遊牧民族政權常利用中亞地緣政治，來對付中原農業民族。例如兩漢時期與匈奴爭奪的焦點就是對中亞（西域）地區的控制權；魏晉隋唐時期，原居於中亞河中地區（Transoxania）的粟特人無疑扮演著重要的地位。北齊孝昭帝高演時期流傳著一首指涉高湛（北齊武成帝）的「白鳧翁」童謠（神諭），頗令人費解。童謠中的「白鳧」係指「雄雞」，而自北魏建立以來，雄雞（金雞）代表大赦，由於大赦是新皇登基之後的施政措施之一，故雄雞（金雞）就成了

皇權及政權的象徵。然而，在漢文中「鳧」指的是「鳥」或「鴨」，為何在此童謠（神諭）中會有「雄雞」之義呢？若是從粟特族使用的伊朗語分析，則伊朗語用來指稱「鳥」的字根「mwrgh」，恰好就是粟特人指稱十二年肖中「雞年」所用的字。換言之，「白鳧」神諭要能對當時社會產生影響的條件是北齊國境內有廣大的伊朗—粟特移民社群，而這個社群已融入北齊的政治之中。

此外，早期華夏文明由於沒有濃厚神論的宗教傳統，漢人命名一般與「神」無關，然而在中古時期卻大量出現具有「神事名」（theophoric names，含有「神」意的人名，目的在祈求神靈護助）或是「賤名」（opprobrious names，以輕賤或不值錢的事物為子女命名，目的在避免鬼神惡意傷害）的名字，諸如「天奴」、「神奴」、「買奴」、「石買」等，這與粟特人的入居與伊朗—粟特文化的傳播、宗教（祆教）有著密不可分的關係。甚至在敦煌吐魯番文書中出現的「頭子」、「頭奴」也是一個受粟特祆教影響的神事名，其中「頭」即是「阿頭六」的簡稱，由伊朗語「火」（ātar）譯寫而來，是指稱祆教中的火神。

〈天子和神子〉：與其他世界古老文化相比，中國向來少有「神事名」的傳統。然而「天子」（上天之子）無疑是一個典型的神事名結構，此一詞彙是佛教傳入前唯一的一個神事名。「天」起源於「胡人」的神祇，是周人在攻克商朝之後，所引進的概念，西周甲骨文獻將「天」明確地指稱神祇，接著便出現「天命」，以及「天子」二字。換言之，具有「胡人」血統的早期周人，將古代印度—伊朗（粟特）文化中神聖王權傳統的「天子」（devaputra）、「神子」（bagapuhr）概念傳播進華夏世界，同時此一神聖王權成為日後遊牧群體所繼承、發揚，如「天王」（Tängri-Qan）、「天神」（Tängri）等稱號即是由此產生；而阿

爾泰語系中的「莫賀弗」（mâk-ɣâ-piuət）、「莫弗」（mâk-piuət）則是從伊朗（粟特）文稱號「bagapuhr」、「ßɣpwr」的譯寫。「神事名」不僅將神聖王權思想傳入中國，同時也對華夏特有的年號、諡號，以及帝號、廟號等制度，皆產生深遠的影響，例如北魏道武帝拓跋珪的「天興」、「天賜」年號；拓跋力微被追諡為「神元皇帝」；北齊後主高緯追尊高歡「神武」諡號；北周宣帝宇文贇自稱「天元皇帝」；北宋皇帝趙頊廟號「神宗」等，都是與此有關。隨著阿拉伯征服波斯薩珊王朝（Sassanid Empire），以及唐玄宗天寶十一載（751）阿拔斯王朝（Abbasid Dynasty）於「怛羅斯之役」（Battle of Talas）中擊敗唐軍，不僅使伊朗對草原和東亞地區深遠的文化影響被伊斯蘭文明取代，同時也使草原上具有悠久傳統的「bagapuhr」（「神—王之子」）稱號逐漸消失。

〈白居易和中亞〉：唐代詩人白居易在中國甚至是東亞文學史上均占有著重要地位，但其中亞出身的背景，著實影響著他的生平及仕途。白居易的先祖源自於中亞佛教重地的龜茲國（Kuche），因中亞收繼婚的風俗，白居易的父母乃是同姓跨輩分的舅甥女聯姻關係，這種近親通婚（incest）的習俗，在伊斯蘭化以前的中亞相當普遍，在佛教文化中的印度也不被視為是禁忌之事。然而，在傳統儒家影響下的中國，儒學思想在政治上居於主導地位，認為這樣的習俗有違儒家禮教，而被當時社會輿論所指責。白氏家族通過世代奉行族內通婚，維繫自我族群認同，這成為白居易心中之痛，而使其在仕宦生活中不再充滿抱負。在文化藝術表現上，白居易也經常流露出中亞特點，在唐代文壇中，白居易的音樂天賦特別出眾，白居易留下《法曲》、《胡旋女》、《時世妝》、《西涼伎》等不少西域舞蹈的詩作題材，而在詩文中，白居易也不時運用中亞外來語詞彙，諸如「駃騠」（大

宛國）、「紇邏」（馬匹吃的牧草）。此外，白居易樹立的平易近人「但求老嫗能解」的簡單易懂文風，亦與其中亞緒餘（以口語形式書寫）和佛教背景（「變文」文體）有關。值得玩味的是，屬於同一時代，同朝為官，同是文壇領銜人物的韓愈和白居易，兩人不僅沒有建立出親密的友情，生前也幾乎沒有互動交集，原因便是在於韓愈是儒家傳統文化的捍衛者，堅決反抗外來的入侵。韓愈強烈的華夏中心論的立場，可能是他對十分看重胡人緒餘的白居易，態度冷淡的真正原因。

傳統漢文史籍文獻記載北方草原民族風俗習慣常失之簡略，加之以漢人對於北族文化認知甚少，使得文獻記載中的一些片斷的歷史信息，顯得無法理解，或因此產生誤讀。羅新教授在《黑氈上的北魏皇帝》（北京：海豚出版社，2014 年）一書中指出，就中國歷史上那些與內亞（Inner Asia）人群關係密切的王朝來說，如果不從內亞視角去觀察這些王朝，歷史的多個面向就被遮蔽、壓抑；反之，若對內亞傳統有著敏感和自覺，有時會幫助我們重新識別某些碎片化的信息，使某些看似無所依憑的史料，在內亞史的視野下煥發新顏，呈現深層的意義。本書無疑是上述論點最好的實踐與注解。陳三平博士在本書中無論是探討李唐王朝的性格、白居易的生平歷程，抑或是分析「哥」、「天子」、「木蘭」這些耳熟能詳，甚至是日常生活中廣泛使用的語彙，往往都能從宏觀的角度、內亞文化傳統進行聯繫與再詮釋，從而使看似無奇的歷史表象，賦予了新的意義。

細細品讀本書，不僅折服於作者深厚的學術涵養，其觀察問題角度之獨到、研究探討層面之寬廣、所得論點之新穎突出，無不使人撫掌擊節，讚賞不已！令人每每掩卷玩味，思之再三。承如梅維恆在本書「前言：新瓶舊酒」所述：陳博士的研究論述十

分迷人，其看待問題的視角有著鮮明的創造性，這部極具啟發性的作品，每個章節讀來皆令人信服不已，而這些論點也將深深地影響著我們對當前中國的理解。

前言：新瓶舊酒

Foreword: Old Wine in New Bottles

梅維恆（Victor H. Mair）

走過近半世紀的孤立，中國重新融入全球經濟和國際政治結構之中，一躍成為動見觀瞻的要角。然而，由於中國的橫空出世，其他國家對中國文化和社會的了解仍然十分粗略，且時常受到嚴重的扭曲。的確，中國史非常漫長和複雜，而中國文學也相當盤根錯節，就連今日的中國人民都經常對自己國家過往的千頭萬緒感到困惑。

勇敢的巾幗英雄花木蘭如今幾乎家喻戶曉，如同迪士尼電影所演的，她金戈鐵馬，百戰沙場。另外，大多數人也熟知的是，當傳說中的神獸麒麟現世時，聖人治世便指日可待。即便如此，對於木蘭與麒麟這兩者，如今我們依舊是霧裡看花。本書《木蘭與麒麟》的絕妙之處便在於，它讓看似不明所以，或甚至是荒誕不經的中國歷史文化的諸多面向，從此面目一新。

作者陳三平的長處是，他檢視歷史的眼光獨到。他從不囿於已被世人奉為圭臬的文本或傳統，而是嚴密地重新檢視現存的所有證據，並潛心審視二手詮釋。如此爬梳而成的成果往往令人驚

嘆不已，且對許多案例的研究皆極具啟發性。陳博士並非一味地破舊立新，他的目標僅僅是要穿透層層的晦暗與歪曲，直指過去切實發生的事。和我所知道的其他中國史家相比，陳三平下定決心要直接面對史料，不帶有分毫的預設立場或模稜兩可。

多年下來，從與陳博士長期且持續的討論中，我意識到他對中國史的不凡態度，源自於他所恪守的原則。其中最重要之處在於，史家有義務跳脫個人、忠實陳述自己的發現。而這個原則的前提是史家不能說謊，也不能為他所發現的過往陳跡塗抹上色。對陳博士來說，這儼然成為一種道德準則，使他在面對歷史事實時無法保持沉默。

雖然陳博士經常提及史前時代（prehistoric period，新石器時代、青銅器時代和鐵器時代早期）、早期時代（early period，古典時代或古代），以及專制時期（imperial period），但他的焦點主要是在中古時期（mediveal period，約莫是第一個千禧年）。在這段時期，發生了許多深刻形塑了未來東亞文明的事件，像是佛教的出現、道教的興起、白話體（審註：指變文，是以各種說唱方式傳播佛經的一種文體）第一股風潮、文學體裁的蔚然成形，以及將四面八方的非漢族群融入華夏政治體制等等。然而，儘管此時期對於東亞歷史的發展來說舉足輕重，對其研究卻相對較少，姑且不論圈外人，就連專家都鮮少知曉這段歷史的關鍵之處。其中尤以此時期的前半葉為甚，而這正是陳博士傾力研究的五、六百年。

那麼，陳博士在本書中提出了哪些驚人的發現呢？

1. 木蘭不是漢人。
2. 東亞的「麒麟」在外觀和涵義上，都和西方想像中的「獨

角獸」大相逕庭。

3. 構成前近代（premodern）漢文明頂點的唐朝皇室，實際上頗具夷狄之風。

4. 大體來說，漢人不喜歡狗，但東亞某些重要的群體確實善加運用了犬科動物的意象和術語。

5. 匈人（Huns）和保爾加人（Bulgars）在東亞都有其同類。

6. 操伊朗語的族群對中古中國社會的貿易、宗教和其他顯著的方面皆影響甚鉅。

7. 受到草原文化的影響，命名的方式產生了劇烈變化。

8. 中國的大詩人白居易與中亞的關係密切。

陳三平絕對有能力形塑並紮實地敘述此段歷史，因為這些了不起的發現皆奠基於其不含偏見的態度和洞察力，更重要的是他源源不絕的好奇心。想當然耳，並不是人人都對陳博士的研究成果全盤接收，但沒有哪個夙負盛名的學者可以對此坐視不理。

陳博士的研究論述十分迷人，再加上其中所傳達的有力要旨，讓每個章節讀來皆如此令人信服。最重要的是，這些論述並不只是將具異國風情的奧祕加以排列組合。相反地，陳博士這部極具啟發性的作品中的字字句句，都深刻影響著我們對當前的理解——正是這些不斷積累的過去造就了我們當前的這個時代。我們皆多所得益於陳三平努力不輟的研究，以及其視角中極具創造性的明晰。

序論
Introduction

一九八〇年七月三十日下午，三名中國史家在中國東北大興安嶺的石室內（更準確地說是北緯 50 度 38 分、東經 123 度 36 分）的花崗岩岩面上發現了一幅石刻銘文，落款日是四四三年九月五日，這是迄今為止在此區域所發現最古老的銘文樣本。[1]此銘文的存在是一重大的發現，或者更確切地說是證據，不僅有助於確認本書主要的探討對象——古老遊牧民族拓跋部的原居地所在，更證明了《魏書》的正確性，而《魏書》在之前一直被認定是中國最不具可信度的斷代史之一。

然而，實際的銘文與《魏書》流傳下來的文本相比似乎有著些微的差異，即《魏書》忽略了拓跋君主在中國北方建立霸權之後，人們仍然以遊牧時的名號「可汗」稱之，而不是華夏的稱號「皇帝」或「天子」。此一差異將會成為本書欲闡述的「拓跋歷久不衰的遺風」的重要線索，同時也是個絕佳的範例，足以顯現出我們對此時期的大多數理解都是根植於文獻史料，而我認為這往往帶有士大夫的成見。

三世紀下半葉，拓跋部在東亞史上首次登場時，還只是個位於邊境的遊牧群體。最初，拓跋部應是「鮮卑複合體」或「鮮卑集團」的一分子，此時剛崛起的鮮卑仍是廣布在北亞、群龍無首的遊牧勢力。鮮卑之後取代了匈奴的地位，而匈奴被廣泛認為是在幾個世紀之後威懾歐洲的匈人之祖先。

四世紀末，拓跋部勢力漸增，特別是在三九五年十二月八日之後更為壯大，因為年輕又膽識過人的拓跋珪（371-409）策動了一場奇襲，成功摧毀了敵對慕容燕的主要勢力，讓拓跋部躍升成為中國北方鮮卑集團的領袖。在這個具決定性的軍事勝利的八個月後，拓跋部的領導者正式承繼了華夏的皇帝稱號。針對此歷史關頭，元朝史家胡三省（1230-1302），在他對司馬光（1019-1086）不朽的編年史《資治通鑑》的著名注釋《資治通鑑音注》中，留下了極為精闢的評注：「拓跋珪興而南、北之形定矣。南、北之形既定，卒之南為北所并。嗚呼！自隋以後，名稱揚於時者，代北（拓跋領導的其他鮮卑、匈奴群體）之子孫十居六七矣，氏族之辨，果何益哉！」[2]

換句話說，從此時此刻開始，拓跋部及其後代大抵決定了中國史的走向，不僅是在政治層面，文化層面亦然。而在差不多千年之後，則是由蒙古，另一支遊牧民族橫掃了亞洲大陸。深入了解中國史的讀者可能會想，如此重要的群體為什麼在厚重的中國史冊上，卻沒有占據太多的篇幅。此大哉問只是本書試圖解決的其中一個議題。

另一個經常遭到忽視、可與蒙元時代相比較的主題，就是這些早期的「胡人」入侵大為促進了族群和商品的流動，更刺激了古代世界中橫跨歐亞大陸的思想交流，尤其是沿著絲路，卻不受限於此的相互往來。我認為唐朝那為人稱道且被廣為研究的「世

界主義」格局，正是這一連串事件的結果，而拓跋部就是其中的一大貢獻者；雖然他們迄今幾乎沒有獲得更多的關注。

唐朝和元朝稱得上是中國前近代歷史上兩個最具世界性的時期，但後世對這兩個朝代的主要觀感卻截然不同：唐朝雖以兼容並蓄為人稱道，但其政權主體仍然是本土的華夏政權，元朝則被視為是遊牧民族勢力征服中國的結果。造成此種觀感差異的主因是唐朝皇室（及其表親隋朝）成功地替自己改頭換面，掩蓋了皇室在族群和文化上的起源和認同。因此，唐皇室的族群認同成為了本書的重要主題之一。

唐朝（至少在其黃金時期）歷經了前所未有的文化開放和寬容，只有蒙元能與之比肩。最佳的範例是幾個外來宗教的蓬勃發展，儘管時間不長，其中有祆教、摩尼教、景教，以及最終在中國落地生根的佛教。此時也引進許多重要的文化與隨之而來的變遷，絕大多數都已是眾所周知且被充分研究。但仍有一些，像是「神事名」（theophoric names，含有「神」意的人名）的出現和廣泛採用，無論是個人或制度上的，從來不曾受到史家的重視。而同樣值得關注的是，當人們仔細審視發生在拓跋部、其遊牧民族兄弟與後代治下的各個重大事件，經常可以爬梳出隋唐皇室的拓跋根源。這些案例闡明了中國在此時期非凡的「世界主義」，實際上是由與蒙元相似的因素所驅動的。

總而言之，這些題材絕對值得成就一本全面性的專著。雖然我始終期望能完成廣袤無缺的研究，但在本書中，我只會針對各個面向提供具體的研究成果，並冀望這樣一個拼湊而成的作品，能激起大眾對此迷人的領域和時代能有更多的興趣和探索。

圖片來自法國著名漢學家沙畹（E. Chavannes）於
西元 1909 年在巴黎發布的《Mission archéologique
dans laChine septentrionale》（《北中國考古圖
錄》），那些開鑿在砂岩石壁上的巨大洞窟是拓跋鮮
卑人的傑作，而唐皇室正是鮮卑人。

第 一 章

拓跋──鮮卑遺風唐朝

The Legacy of the Tuoba Xianbei: The Tang Dynasty

眾所周知的舊祕密

貞觀十三年（639）晚秋，正值唐朝第二代君主太宗皇帝（598-649）治下，京城爆發了一件誹謗大案：道士秦世英控告京畿的領頭高僧法琳「訕謗皇宗」，說他拒斥了皇室聲稱天家李氏是承自道教傳說中創始人老子的說法。[1]這起案件的緣由是起自唐皇室一連串提升道教地位的舉措，皇室自我宣稱這個中國「本土」宗教的創立者是他們的聖人祖先，此舉貶低了「外來的」佛教，因而引發佛教團體的強烈反彈。

值得注意的是，這起誹謗案發生在將家族源流和士族身分看得至關重要的時代，政治威望固然要緊，能否贏得文化威望往往更加舉足輕重。幾世紀以來，幾個悠久的漢人氏族在中國北方有深厚基礎，主宰了上層社會，最終構成了南北中國的統治集團。他們是準貴族，外人無分胡漢皆難以滲透。即便在政治上，唐皇室試圖壓制這些家族的地位，但同時也被迫加入這樣的遊戲規則，只得聲稱自己最近的血統源自中國北方極富聲望的隴西李氏。法琳對皇室祖先的「訕謗」，不僅威脅到對外宣稱來自道教

創立者之宗教光環，也威脅到皇室自我追奉的隴西先祖，而後者自然或多或少構成了唐皇室統治大部分漢族人口的正統性。

法琳正式遭到逮捕，並歷經了數月的訴訟，他屢屢為自己辯護，不接受各種對他的指控。最終，在陰曆最末月的某天（儒略曆 640 年的 1 月），在太宗皇帝御駕親臨的會審上，這名英勇的僧人斬釘截鐵地表示：「琳聞，拓跋達闍，唐言李氏，陛下之李，斯即其苗，非柱下隴西之流也。」[2] 在這段觸犯天家的聲明之後，法琳的謗訕之語進一步直指皇室自我追奉的隴西一脈，包括指控李氏為意圖偷龍轉鳳的奴隸後人。更引用佛教經典和種種隱喻，聲稱唐皇室捨棄了其出自蒙古陰山拓跋部自「神君」起的北方世系，採納了道家的系譜，試圖「以金易鍮石」、「以絹易縷褐」，甚至「如捨寶女與婢交通」。[3]

想當然耳，龍顏勃然震怒，但太宗既然能被譽為中國史上最寬容公正的君主，自然擁有性喜戲謔的幽默感，他令法琳在七日間誦念觀音之名，看看這位倒楣的和尚先前講道的佛學典籍中的宗教奇蹟是否會發生，並拯救這名虔誠的信徒於劊子手的刀斧之下。法琳顯然沒有做好立即殉道的準備，他屈辱地妥協了，然而他的退讓剛好使這段故事所依據的佛教史料更具可信度：在奇蹟期滿之日，他聲稱在過去七日中，他誦念的是皇帝之名，而非菩薩之名。皇帝恩赦了法琳，更確切的說法是，將死刑改換成流放至偏遠的四川之地。更引人臆測的是，面對希望判處法琳死刑的刑部尚書的質疑，太宗皇帝將法琳對皇室的訕謗解釋成「非無典據」。

太宗皇帝顯然意識到皇室與拓跋部貴族和其他「胡人」家族之間的系譜關係，且這在當代早已人盡皆知。他的祖母獨孤氏、母親竇氏和皇后長孫氏（太子之母），都絕對帶有拓跋部或其他

鮮卑族的血統，除此之外，法琳試圖公諸於世的是，李氏血脈在父系一方極有可能也源於拓跋部。最新的證據是近期的考古發現，顯示同時期另一個李氏大族，即北周柱國大將軍李賢（504-569）的宗族，同樣自稱為隴西世族一脈，但顯然也是拓跋鮮卑的後裔。[4]

法琳的陳述儘管在當代人之間早已是個公開的祕密，但這樣的舉動終歸是逾越了皇室為了樹立並捍衛自身正統所設置的防線，而此一正統便是要當中國的天子。在此脈絡下，太宗皇帝對法琳誹謗案的處置極為高明，留下法琳的一條命既顯出了帝王的仁慈，將與政治關係匪淺的高僧從京師流放至異地，欲彰顯出的訊息更是再明白不過——玷汙皇室祖先絕對會付出高昂的代價。毫無疑問，這樣的做法能消除任何有失天家體面的證據，如同這名勇敢的和尚曾經言之鑿鑿的。

最簡單明瞭的事實是，法琳在流放四川的七個月後圓寂，或許可以說，他最終仍難逃殉道的命運。這天是貞觀十四年七月二十三日，即西元六四〇年的八月十五日，世人從此對唐皇室的「胡人」起源緘口不言，直到五個多世紀後的南宋（1127-1279），此議題才再次浮上檯面；儘管當時幾乎沒有什麼確鑿的史料能鉅細靡遺地審視唐皇室真正的起源和身分。

至此以往，這個曾經眾所周知的祕密成為了真正的難解之謎。

⮦ 唐皇室的族群認同 ⮧

唐朝後來成為中國史上最輝煌的王朝，也是最常被書寫的一個。但是如同上述留存在佛教史料中的故事所顯露的，唐皇室的

族群起源曾備受爭議，以至於出現說法相互矛盾的證據，儘管史冊之中詳細記載道，唐皇室幾代以來不斷和許多拓跋鮮卑與其他非漢人士族通婚。最具說服力、同時也是最重要的案例可能是著名的唐史研究權威陳寅恪（1890-1969），他寫過不下四篇文章，試圖檢驗李氏父系的本土漢族起源。[5]

陳寅恪著書立說的年代，正是日本對中國的軍事威脅日益增長和侵犯領土的時期，這讓中國對異族統治更為敏感，這一點可說是古今皆然。即便曾在留學時增廣見聞，陳寅恪終歸出身於晚清的貴族世家，骨子裡帶有濃厚的民族主義傾向。陳寅恪年邁的父親陳三立去世於一九三七年，他以絕食和停藥來表達自己對日本侵華的寧死不屈，這些事件和情感肯定沾染上了陳寅恪的研究。陳寅恪終其一生都是受人敬仰的教育家，身後更被頌揚成卓越超群的當代史家，但這肯定阻礙了對其研究成果的所有質疑。例如，陳寅恪的學生劉盼遂（1896-1966）曾經率先注意到唐皇室的諸多「胡人」特質，卻在之後草草結束這個極具啟發性的研究，毫不猶豫地認可了其師對李氏父系的本土漢族起源的結論。[6]

儘管如此，相反的主張，即李氏為拓跋鮮卑的後裔，就算沒有更強而有力的證據，仍然一樣牢固；為人所知的例子像是，成書時間相對現代、由中國史家胡如雷（1926-1998）所作的《李世民傳》，就曾如此書寫唐朝最威震天下的第二任皇帝唐太宗。[7]此外，雖然陳寅恪明顯是因政治影響，而斷言李氏一族屬於中華漢族血統，但無論是他自身還是他人的研究，都顯示出唐代的官修正史有諸多基於政治考量的竄改，以便隱瞞皇室的「胡人」背景。

一個相關且同樣重要的議題是，中國的各個朝代向來被劃分成「本土」或「征服」政權，然而這樣的二分法有其方便性卻過

分武斷，此劃分方式主要基於中國傳統的儒家史學，且如今已深植人心。在此劃分中，隋朝和唐朝，雖然具有無庸置疑的強烈「北方影響」，但向來被視為是本土政權。這一結論根基於中國北方的匈奴和鮮卑等「胡人」在此時完全「漢化」（Sinicization）的觀點，而「漢化」則是一個流行卻含糊的概念。

在對中國境內「遊牧民族漢化」的研究中，韓大衛（David B. Honey）似乎是唯一的例外，他試圖把唐朝納入「征服王朝」，[8] 雖然他不明所以地將隋朝排除在外，而且仍然主張唐皇室已經「徹底漢化」。因此，在他其他論及遊牧民族漢化的豐富文章中，雖涵蓋了從殷商晚期直至清朝的中國史，但當中並沒有特別提到唐朝的相關事例。

從漢化的角度來看，僧人法琳是否因唐皇室的族群起源議題付出了沉痛的代價，並非真正的著眼點。儘管唐皇室時不時顯露出帶有北方影響的「返祖現象」（atavistic），但人們仍然可以基於在正史（即官修史書）中找到的一絲暗示，主張李氏政權至少在文化上可被視為是「本土」中國朝代。

要解決這個爭論，可能得先問另外一個問題：儘管許多匈奴和鮮卑集團在西晉崩潰到隋朝建立的三百多年間，實際主導了中國北方的政治舞台，但向來未獲承認的事實是，他們的後裔還繼續統治了中國好幾百年。正如本書導論中所引用的元朝史家胡三省的評論，他清楚提到為什麼在傳統儒家史學中很少看到此文化遺緒？甚至連拓跋鮮卑的語言親屬關係（linguistic affinity）直到今日都仍然是個備受爭議的議題。我將在本書附錄中深入探討這個主題。

摩根（David Morgan, 1945- ）在對東伊朗的突厥—波斯起源的嘎茲納朝（Ghaznavids）的敘述中，提出了有趣的觀察：「雖

然嘎茲納朝有著突厥血統，但從其帝國的運作方式和庇護的文化中，似乎辨識不太出來帶有突厥特徵。縱然如此，我們應當謹記，我們的史料是由當時的波斯人書寫的，他們似乎不太可能有多重視非波斯人……這些可能早已存在的元素。」[9] 同樣的，傅海波（Herbert Franke, 1914-2011）在討論中國史上最威名赫赫的「征服」王朝的正統性時，評論說：「中國正史如《元史》並沒有詳細闡述元帝國內固有的佛教和喇嘛教元素，這必須要轉而追溯至藏族和蒙古，儘管後者的史料大多數都相對較晚、有時相當不可靠而且光怪陸離。」[10]

正如本書即將揭示的，摩根和傅海波的觀察套用在唐代史料同樣貼切。然而，不同於克普呂律（Fuat Koprulu, 1890-1966）[11] 對嘎茲納朝案例所提出的質疑，鮮卑人已不見於今日，再也無法跳出來質疑全由漢字編纂而成的唐史；並且，與蒙元世界不同，有唐一代很少找得到其他來源的史料，即便大唐政權不僅在政治上，更在文化上，都牢牢統御著從撒馬爾罕到日本海的廣大土地。

在柯嬌燕（Pamela Crossley, 1955- ）對近代中國的研究中，她認為「漢化」一詞是個過時的概念。[12]「族群性」（ethnicity）或族群研究至少在形態學上（和政治層面上），可能是更合適的替代品。然而，她似乎也承認了，比起過時的「漢化」概念，「族群性」的概念仍然十分抽象，無法不證自明，也難以給予其一個比漢化更為明確的定義。

儘管對於學術用語的合適性尚且存疑，我將試著在本章的其餘部分，展示唐代和其他本土皇室之間的明顯對比，像是繼承問題、其他朝代的政治文化特色，以及唐皇室和世家大族之間巨大的文化鴻溝。最後，我嚴正質疑將唐皇室視為「本土」

或「徹底漢化」的王朝觀點。借用蒲立本（Edwin Pulleyblank, 1922-2013）率先從語源學的角度構擬、並由彼得‧高登（Peter Golden, 1941- ）所延用的「鮮卑」上古漢語發音「Särbi」一詞，我認為唐朝的前半葉可能更適合稱為「鮮卑─華夏」（Särbo-Chinese / Xianbeo-Chinese）政權。[13]

～ 文化鴻溝 ～

從傳統的觀點看來，唐朝要能代表本土的中國王朝，很大程度上取決於李唐皇室是否源於漢族，或者至少在朝代建立時就已經「徹底漢化」。而我認為，這兩項前提都不存在。

前一節對於嘎茲納朝和元朝的引證，清楚闡明了單方面的史料如何創造出對異族政權的偏見，或甚至是錯誤的政治─文化形象。仔細檢視這個時代的史料，便能找出許多案例皆再三顯示李氏一族非漢族的文化特質和身分認同。更重要的是，這標誌了帝國皇室和華夏傳統世族之間在這些癥結點上的差距，以及當代對此差異的認識。以下是一些顯著案例的簡單整理。

1. 語言。在之後的章節中，我會展示出拓跋鮮卑語如何持續被李氏一族使用，作為他們的第一或家族語言。此外，甚至「國語」一詞在唐朝也保留了一段時間。陳寅恪的學生劉盼遂首先根據《新唐書》（44.1160）的記載提出此一重要發現。當時華夏世族對此的態度，完美地反映在《顏氏家訓》中：

齊朝有一士大夫，嘗謂吾曰：「我有一兒，年已十七，

頗曉書疏，教其鮮卑語及彈琵琶，稍欲通解，以此伏事
公卿，無不寵愛，亦要事也。」吾時俛而不答。異哉，
此人之教子也！若由此業，自致卿相，亦不願汝曹為
之。[14]

2. 姻親關係。唐朝是滿清之前最後一個，有許多天家公主
下嫁草原可汗和首領的中國王朝。這種做法在唐代典章
制度的資料彙編《唐會要》中有清楚的記載，現代學者
對此也有許多更為詳盡的研究。[15] 有種盛行的說法認為
「konchuy」一詞譯自漢語的「公主」，不過經過二十世
紀初「泛突厥主義」（Pan-Turkism）倡議者齊亞‧格卡
爾普（Ziya Gökalp, 1876-1924）的簡單考證，認為這是
個古老的突厥語詞，意指「妻子」。[16] 在此同時，領頭的
漢人士族堅持拒絕與皇室聯姻，更令人驚訝的是，直到
兩個多世紀後的晚唐，儘管皇室不斷倡議，他們依舊拒
絕這樣的聯姻殊榮（《新唐書》119.4306, 172.5205-6；《資
治通鑑》248.8036）。[17]

3. 氏族關係。唐朝是中國史上的獨特案例，皇室不僅將國
姓「李」賜予幾個漢族人士，更經常賜予部族領袖和酋
長，無論是突厥人、党項人（Tangut）、回鶻人、契丹人，
還是伊朗／波斯人。在第二點引用的同一個對唐朝公主
婚姻習俗的研究中，王桐齡（1878-1953）針對此問題編
纂了一個相當龐大的表。[18] 正如元朝史家胡三省特別指出
的（《資治通鑑》172.8879），出自西突厥部族沙陀的
李存勗（885-926），本姓朱耶，因獲得這項御賜殊榮而
發跡，並開創了後唐一朝。我也在王桐齡的詳盡列表中，

添加了一個被遺漏的案例：在會昌年間（841-846），唐武宗（840-846 在位）下詔將黠戛斯可汗「著宗正屬籍」（《新唐書》217b.6150），突顯了黠戛斯可汗和唐皇室有著共同祖先；在張國平（Michael Drompp）研究回鶻汗國崩潰的詳實專著中，就記錄了這個有趣的關係。[19] 從另一方面來說，有詳盡的文獻記載和研究表明，唐皇室不斷努力抑制領頭世族的社會聲望和特權（《資治通鑑》195.6135-36, 200.6318）。我甚至可以將隋唐兩代科舉制度的出現，歸結於皇室對這些舊日漢人士族的不信任。

4. 服飾。眾所周知，異國風情深刻影響了唐朝的時尚。向達（1900-1966）對此面向的開創性研究，已經讓許多史家趨之若鶩。[20] 正如著名的中唐社會派詩人元稹的《法曲》（《全唐詩》419.1025）中所描述的，在唐玄宗（685-762）治下，對胡風、胡俗和胡妝的熱愛轉趨狂熱。雖然大多數的現代史家都強調唐代與波斯的交流，以及西域的影響，但我留意到此一事實更多體現出的是草原遺緒，包括遊牧民族打著西域旗號的悠久歷史。這個特殊案例與北魏孝文帝（467-499）全面漢化的措施形成了鮮明的對比，孝文帝對禁胡服不但親力親為，甚至還廢除了鮮卑婦女的日常服裝（《魏書》19.469 和 21.536），官方記錄中清楚地表明，大多數唐代的常服源自拓跋軍事傳統（《舊唐書》45.1938, 45.1951；《新唐書》24.527-28；《唐會要》31.577-78）。至於傳統世族如何看待這一點，我注意到由唐太宗的小舅子長孫無忌（594-659）帶動風尚的渾脫氈帽，後來被儒家歷史學者評為「近服妖也」（《新唐書》34.878）。另一段軼聞，

出自宋代早期的《唐語林》（4.101），並由《新唐書》（125.4407）所證實，宰相張說（667-730）僅僅因為「儒者冠服」，便讓唐玄宗「嫌其異己」。這些事件皆點出了唐朝統治階級和儒家士族在服飾層面上的距離。

5. 其他社會風俗。李氏一族有許多習俗都很引人注目，諸如「世民吮其父之乳」或是「肅宗捧上皇足」之典故，皆透漏出族內的非漢族文化緒餘。我們要再次把這兩項重要的觀察歸功於劉盼遂極富開創性的研究，雖然內容仍遠不夠完整，但他已經加以舉證。這些習俗的起源當然值得進一步探索，特別是「捧足」與著名的伊朗習俗「服從禮」（Proskynesis）之間可能的關係，自希羅多德以降的希臘史家，都曾記錄過「服從禮」，特別是還能牽涉到亞歷山大大帝。但我認為最著名的（或最惡名昭彰的）習俗是對於李氏一族「報寡嫂」和其他幾近醜聞的婚姻記錄。正如我在爾後的章節指出的，此種做法反映了唐皇室中至關重要的北方遺風，即在草原遊牧生活中，對世代間的界線缺乏明確的界定和認識。除卻多不勝數的種種著名案例，我注意到一九七〇年代出土的突厥將軍阿史那忠（611-675）的妻子定襄縣主李氏（？-653）的墓誌銘，揭露出李氏的母親韋貴妃（597-665）在嫁給唐太宗之前，曾和李氏一族的姻親有過另一段婚姻。[21]這個案例在現存的所有記錄中都付之闕如，再次顯示了官修正史之上有更多類似的事件遭到隱匿。而儒家士族的灼灼眼光會怎麼看待這些風俗，用南宋士人的評議「閨門失禮之事」就能一言以蔽之——此時他們終於可以明目張膽地對唐皇室的族群特性說三道四了。[22]

6. 另一個有趣的文化特徵是北朝貴族普遍擁有「胡人」的乳名，隋唐皇室皆是如此。隋文帝（541-604）和隋煬帝（569-618）父子都有這樣的乳名：文帝的乳名是「那羅延」（《大正藏》No. 2060, 667c），煬帝的則是「阿㜷」（《資治通鑑》179.5577）。這點像是楊勇（？-604）和李建成（589-626），這兩位曾經的隋朝、唐朝當朝太子也不能免俗，楊勇的乳名「睍地伐」（《資治通鑑》179.5575）十分類似十六國時期「鮮卑化」的北燕文成帝馮跋（？-430）的乳名「乞直伐」（《魏書》97.2126）；李建成的乳名則是「毗沙門」（《新唐書》79.3540）。正如之後要探討的，這兩名太子的共同點除了無法順利繼承皇位之外，還都擁有「胡人」的乳名。有完好的證據表明，這些名字多半源自佛教，但更重要之處在於這些乳名非漢化的形式。例如，隋文帝的小字「那羅延」也是中亞國家俱蜜王的名字（《資治通鑑》212.6735）。《舊唐書》中一段令人玩味的記載明確地顯示唐太宗也有類似這樣的乳名（64.2415），然而在其他文獻中卻都找不到這個乳名。我們只能將之歸因於皇帝得確保其「胡人」小字成為絕對的天家禁忌。另一個例子是唐高宗李治（628-683）的乳名「雉奴」（《舊唐書》64.2415），他的父親使用了俗諺「生子如狼……」來描述李治的性格（《資治通鑑》197.6208），因此我認為，這個看似漢族的名字或許只是走樣或矯飾後的原始蒙古語「狼」。在北魏孝文帝的漢化運動下，「叱奴氏」改為「狼氏」（《魏書》113.3013），就是對此最好的證明。而正如卜弼德（Peter Boodberg, 1903-1972）在《拓跋魏

的語言》（*The Language of the T'o-pa Wei*）中所指出的，另一個流行於當時的人名「醜奴」亦可作為證明。

7. 還有一個顯現出唐皇室和儒家士族之間鮮明差異的癥結點在於，君主對音樂、舞蹈、戲劇和其他娛樂等表演藝術的奢侈贊助，屢次讓儒家衛道者厭惡不已。更糟糕的是，突厥─鮮卑皇帝絲毫不吝於對這些藝術家施加封號，而這些人向來被傳統華夏世族視為和家奴、妓女同屬一個社會階層。樂官曹妙達甚至被北齊後主高緯（556-577）封王，這算是首開先例，之後隋煬帝也曾經想如法炮製，施恩於他最喜歡的天才龜茲音樂家白明達，他在進入唐朝之後繼續服務皇室，並同樣享有極高的聲譽（《隋書》15.397）。唐朝高祖、太宗皇帝都曾因為給予伶人類似的封賞，而為儒家大臣所詬病（《舊唐書》62.2375-76, 74.2614-15；《新唐書》98.3897, 99.3907-8；及《資治通鑑》186.5834, 194.6095），而繼任的高宗皇帝，也曾因給予伶人過分的特權，掀起類似的批評聲浪（《新唐書》201.5728）。我進一步觀察到，唐玄宗是唐朝最後一位對表演藝術表現出熱情的皇帝。例如，在許道勛和趙克堯所寫的《唐玄宗傳》中，就提到了許多與此主題相關的細節。[23] 饒有興味且無獨有偶的是，同樣的皇室狂熱直到沙陀突厥的後唐政權建立之後，才又重新出現（《資治通鑑》272.8904）。

　　這幾點勾勒出當時華夏世族眼中李氏一族的文化認同。除此之外，我還找到了另外兩個群體對這些問題的看法，即引發議論的突厥部族和李氏一族自身的觀點。

首先，鄂爾渾碑銘（Orkhon inscriptions）中的古突厥文字，很可能是這個時代唯一的獨立史料，其中顯示，在最後一個拓跋王朝滅亡後的兩個世紀以來，一直稱唐皇室為「桃花石」或「拓跋」。[24] 由於欠缺史料，很難確定突厥一族在當代東亞地區的確切地理位置。但《隋書》（52.1341）中清楚地呈現出，南朝的陳充分意識到突厥的存在。再者，即使是數百年之後，麻赫穆德‧喀什噶里（Mahmud al-Kašɣari）也明確指出「桃花石」（Tawɣac / Tabgach）只不過是中國（Sin / China）的一部分。此外，喀什噶里也定義出了「桃花石」這個稱呼的字源：這是「一支定居在此區域的突厥部落的名稱」！[25]

第二，初唐政權對傳統漢人士族的態度，也很明確地反映出唐皇室的自我認同。除了前面提及的，持續壓抑傳統士族階級名望的政權之外，唐朝開國君主李淵（566-635）針對其子李世民逐漸大權在握的政治野心，也有其解釋：「此兒久典兵在外，為書生所教，非復昔日子也。」（《資治通鑑》190.5959）雖然曾有多位史家引用過這段話，但鮮少有人注意到一個至關重要的事實：「書生」在《舊唐書》中被稱為「讀書漢」（64.2415-16）。而司馬光十分有可能基於後來（宋朝）的理解，將其改為更典雅的語詞「書生」，刪去了這個極為關鍵的言外之意。也許，根據唐代史家的說法，就像身為皇帝的父親所指控的，皇子受到了「讀書漢」的蠱惑。[26] 在私人撰著有關皇室的史料《隋唐嘉話》中，唐太宗在與有著拓跋血統的長孫皇后的對話中，把名臣魏徵（580-643）稱作「田舍漢」，即「擁有田舍的鄉巴佬」。無獨有偶，司馬光又將其粉飾為「田舍翁」，即「擁有田舍的老農」（《資治通鑑》194.6096）。

我認為前面引用的這兩段文字，恰如其分地反映出了李氏一

族在族群上的自我認同。在隋唐尚未建立前的時期，鮮卑人和北朝人士慣用這種帶有「漢」字的貶抑詞來稱呼漢人或其他漢化的族群。事實上，「漢」作為稱呼時的特殊語義，可以一直追溯到拓跋部治下的時代，因此直到拓跋部將漢人貶低到次等階級的一千多年之後，今日這個字彙仍然帶有貶義。據我所知，最先觀察到此種關聯的是元末明初的學者陶宗儀[27]，他顯然是在蒙古統治下同樣受到貶低漢人的刺激，才有此體悟；多位現代史家也響應了這種說法。[28]

雖然在武則天（624-705）治下，這種其他朝臣對漢人的侮辱逐漸好轉，但是一段記載在唐朝史料《朝野僉載》（4.89）中的插曲，清楚反映出「漢」這個字，仍然沒有失卻其傳統上對漢人士族的貶損之義。此外，從這對皇帝父子口中吐出「書生」和「田舍翁」這種咬文嚼字的詞彙，或許對於定居、以農立國的中原國家來說十分自然，但對遊牧民族來說鐵定極為陌生。因此，這也是絕佳的案例，顯示出經過史家「文雅」地潤飾過後，反而破壞了原有的故事結構。

或許會有人質疑上述的論點和證據太過片面，認為這些案例只能表示初唐皇室展露出的北方特性，不過是偶一為之的短暫現象。為此，我會在接下來的段落中條理分明地剖析初唐奪嫡之爭，以求建立出更清晰且更準確的帝國皇室的族群認同。

∽ 承乾太子的案例 ∽

首先，需仔細檢視唐太宗的廢太子李承乾（619-645）的案例，因為它不僅體現了這個時代一些重大的政治和文化議題，更顯露出儒家史學和現代學術研究在處理這些議題時所面臨的困

境。此外，這段插曲也可闡明所謂的「漢化」歷程。

《劍橋中國史》將此案例簡單地一筆帶過（或者可以說是加以掩飾），文中如此形容太宗朝的首位太子：「太子顯然聰明而能幹……但隨著年齡的增長，對中國的朝廷官員來說，承乾的行為顯得在某些方面不正常和有失體統；他很可能是精神失常。承乾不遵守中國的習慣和傳統，他口說突厥話，他和他的僕從都穿突厥服裝。」[29] 唐朝的正史確實是如此記載，但是，我們能否只憑官方記錄中的隻言片語，就斷言承乾太子「精神失常」？

芮沃壽（Arthur Wright, 1913-1976）也認為這是承乾太子那「奇怪的神經症」所造成的一樁「醜事」；不過他也指出了這件事與李氏家族史的關係。[30] 蒲立本對此提出了我認為最適切的評論，他稱承乾太子「奇怪的神經症」是「對突厥生活方式的返祖現象」。[31]

我將會證明這絕非「醜事」就可輕易帶過，承乾太子既沒有「精神失常」，他的這些喜好也不是「返祖現象」。我們可以發現他的許多行為和當時其他的李氏一族子弟並無二致，就連太宗皇帝在年少之時，也有過所謂的「醜事」，而且李氏一族的日常生活似乎並未禁止這些行為。

讓我們回頭看看做父親的、也就是少年時期的唐太宗。經由流傳至今的故事以及其自述，可以知道李世民年少時也像承乾太子被參奏的那般「野蠻」，他也曾不只一次提到自己「少好弓矢」，或「朕少尚威武，不精學業」。[32] 事實上，他在登基之後，仍不改舊習，時常與外族、特別是突厥近臣一同騎射遊獵（《資治通鑑》192.6021-22, 192.6042）。然而其子承乾太子相同的行為，卻椿椿都被描述成醜事，這十分有可能是遭到加油添醋，或是加以編造成某些「脫序」的行為。

至於拒絕「中國認同」和接受「突厥」事物，此處和之後的章節皆有證據可茲證明，太宗皇帝本人就有一個廣為接受的突厥或部族身分，並且精通突厥語。特別是在李世民還是皇子的時候，曾經是幾位著名突厥人的「香火兄弟」。其中包括東突厥的突利可汗（603-631）（《資治通鑑》191.5992）；忠心耿耿的突厥將軍阿史那思摩（？-655）（《冊府元龜》980.11516），他也被賜李姓（《舊唐書》194.5156；《新唐書》215.6037）；以及西突厥王子，後來成為咄陸可汗（？-653）（《舊唐書》194.5183）。

如此一來，如果真的要指責承乾太子，那也只能指責他過於孝順，因為他呈現出眾多部族生活的面向，恰好都是他的父親在正史中付之闕如的一面；在所有紀錄中皆諱莫如深的李世民的乳名，就是一個絕佳的例子。雖然自漢朝以降，有斷袖之癖的皇帝並不罕見，不過承乾太子「私幸太常樂童稱心」（《資治通鑑》196.6191），確實也符合前述提到的突厥—鮮卑人對表演藝術的贊助。

承乾太子是個典型的案例，在認清李氏一族突厥—鮮卑的身分認同之後，讓當代史家得以更無所顧忌地將許多事情視為理所當然。另一個例子是唐太宗著名的六匹駿馬，之後被做成浮雕安置在太宗陵墓，世稱「昭陵六駿」（又是突厥—蒙古的特徵）。薛愛華（Edward Schafer, 1913-1991）在其名著《撒馬爾罕的金桃：唐代舶來品研究》（*The Golden Peaches of Samarkand: A Study of T'ang Exotics*）中歸納出這六匹馬之所以「從突厥進獻給太宗」，部分是因為其中一匹名為「特勒驃」（Teqin biao），意指「親王的花馬」。[33] 若只是將突厥語詞「tegin」直接音譯過來，對理解背後的涵義毫無助益。首先，經由確切的考證，這個詞彙

是拓跋鮮卑宗室的稱號。[34] 第二，當這匹馬獻給未來的太宗皇帝當坐騎時，李世民的身分正是親王（《全唐文》10.124）。

回到對承乾太子「精神失常」的隨意斷言，無獨有偶，清聖祖康熙（1654-1722）根據漢人嫡長子繼承制所立、後來廢黜的太子，據稱可能也有同樣的病因。[35] 這讓我們不禁聯想起在當代語境下，那些遭以精神病理由懲治的文化或政治異議人士。

容我進一步指出，接續登基的高宗皇帝的「醜事」並沒有比其不幸的兄長承乾太子要少，他也「仿效」了草原上的生活方式，迎娶了父親的嬪妃，也就是日後的武則天。另外一段較不知名、但值得玩味的紀錄是，高宗曾經下令「敕突厥酋長子弟事東宮」（《新唐書》199.5661；《資治通鑑》201.6363）。不論如何，我們如今已然知曉，「精神失常」的承乾太子絕對不是唯一一個喜說突厥語的李氏一族成員。

一直要到玄宗皇帝治下，才最終「贈還承乾始王」（《新唐書》80.3565）。我認為這件事絕非巧合，因為唐玄宗可說是唐朝最後一位突厥—鮮卑君主，他曾經不顧大臣的反對，堅持在巡幸時要有突厥人隨行。然而，紀錄中也可看到突厥語通譯出現在玄宗皇帝的隨行人員中（《唐會要》27.521），這清楚顯示了突厥—鮮卑的時代正逐漸告終。

總而言之，承乾太子的諸多脾性雖然和其他「正常」的李氏一族子弟相同，但他不僅淪為詭譎惡毒的奪嫡之爭下的受害者，更淪為儒家歷史學者和帝國朝廷合力宣傳下的犧牲品，前者的華夏中心觀點加上後者明顯的憂慮，兩相推波助瀾之下，試圖掩蓋既有的歷史形象和文化遺風，更別說當時在中國的統治正統性問題。此外，我也從此一案例及諸多先例中，爬梳出了對於奪嫡之爭和漢化歷程的幾個一般性的看法，並將在以下各小節中加以闡

述。

但在此之前，我要指出一個與聲稱承乾太子謀逆極其相似的案例，即北魏太子拓跋恂（483-497）（《魏書》22.558）。不過，兩者之間有個至為關鍵的差異：北魏並非當時中國唯一的政權，無法統御四方。因此，我們無法將此事件簡單視為另一個由「精神失常」的太子所造成的「家醜」。簡而言之，北魏和繼承其後的隋唐不同，無法壟斷歷史的詮釋權——拓跋恂遭害的事件被清楚地載於《南齊書》（57.996）之中，可見敵對的南朝（齊）的官修正史對北魏孝文帝全面推行漢化感到反感。根據多位人士的見解，戮力漢化蘊藏著孝文帝一統南北的野心，[36] 然這項豐功偉業最終由隋唐完成。這些案例除了幫助我們梳理出其中隱藏的共通思路，更有助於釐清，為什麼兩個在政治與血緣上均繼承自拓跋的政權，莫不殷殷垂念於他們自我宣稱的華夏血統。

初唐的皇位繼承過程

承乾太子的案例絕非如官方紀錄要讓後世相信的，是皇室成員的精神失常。正如我所闡述的，將唐朝與其他中國本土王朝劃分開來的諸多特徵之一，就是皇位繼承過程接連不斷的政治鬥爭。從唐朝創立的將近一個半世紀裡，沒有哪一次的傳位遵循歷史悠久的漢人嫡長子繼承制，新皇登基的路途上也沒有哪一個片刻不是血跡斑斑。雖然如同陳寅恪所觀察到的，[37] 日後冊立的太子不論是否基於嫡長子繼承制，地位都逐漸穩固。

應該加以指出的是，正是在這個特徵上，號稱是本土王朝的唐代與滿清政權極其相似，而後者是傳統分類中典型的征服王朝。再者，滿人本就沒有亟需維持漢族外表的負累，在康熙二立

二廢太子之後，就徹底廢除了預立儲君的制度。

這些相似之處點出了唐代持續發生皇位之爭的根本原因：皇室突厥—鮮卑的草原出身與緒餘。相較於其他所謂的本土王朝，此特性的差異實在太大，持續得也過於長久，不能全然歸因成是揮之不去的「北方」影響。這反映出了唐皇室真實的族群和文化認同，且讓他們必須不遺餘力地試圖在所有歷史紀錄中呈現出自己是真正的漢族政權。

在談到繼承問題時，很難不去注意到西晉和南朝時層出不窮的混亂。不過，例如漢國（後來成為前趙）的開國皇帝劉淵（《晉書》101.2648 和多處）介入八王之亂，除了表示來自北方的影響[38]及其勢力經常直接介入權力鬥爭之外，這些政權交接時發生的問題也成為每個新興本土王朝的普遍特色；這主要是因為政權建立前的軍事行動與難以建立新帝國秩序所產生的漣漪效應，所以在首次（有時候為第二次）繼位時總是問題重重。從本質上來說，此處提到的本土王朝在面對這一困境時無一倖存，然而這個時期中唯一長壽的本土皇室，也就是東晉（317-420），卻無遭遇類似的麻煩。此外，相較於外來勢力對南朝政權鬥爭的影響層面極為廣泛，陳寅恪所觀察到的唐朝案例，以及在北朝的突厥—鮮卑宮廷的諸多先例，都只有京畿的宗室牽涉其中。

在草原上，突厥—蒙古政權的繼承過程所引發的騷亂總是血流成河。其特徵在於統治氏族中的手足相殘，以及各種形式的流血衝突，長期以來這一點也一直受到史家的重視。其中傅禮初（Joseph Fletcher, 1934-1984）提出的論述最有條理，他用「血腥的競爭推舉繼承制」（blood tanistry）一詞來解釋草原上的普遍繼承原則——即部落或其他政治組織中的統治權力，得傳給首要、或是統治家族中最能勝任此大位的成員，[39]而新領袖往往要

經過某種形式的競爭才得以出線。傅禮初詳細探究了奧斯曼帝國內部如何表露出這種突厥—蒙古的傳統。[40]

卜弼德是第一位將此特徵歸因於突厥—蒙古傳統的學者，尤其是以經常性的仇父情結來討論隋代皇帝的繼承。[41]在傅禮初尚未發表的，對於奧斯曼帝國、印度，和金元明清等朝的「血腥的競爭推舉繼承制」的研究中，也簡要提到了隋朝和李世民的案例。[42]然而，正如我所論證的，這種傳統實際上遠超過了傅禮初在唐史中所稱的「痕跡」，而這將揭露出一些傳統上被稱為漢化過程的有趣現象。

我先概略回顧一下，唐代最初兩個世紀皇位爭奪的悠久歷史。

這場連綿不斷的爭鬥是由李世民開始。西元六二六年，在未來太宗皇帝的運籌帷幄之下，成功將其兄長李建成拉下東宮之位，這就是歷史上著名的玄武門之變。接著我會討論這起公然挑戰傳統嫡長子繼承制的事件所反映出的其他面向。這些面向並不像清代史家趙翼（1727-1814）的主張那般為人所知；趙翼認為這種蓄意弒兄的行為，不僅會讓兄長所有的男性後代都受到株連，甚至差一點就演變成了弒君弒父。[43]一般認為，隋煬帝就是殺害了兄長楊勇和父親隋文帝才得以繼承大統。

一場極其相似的奪位大戲也在太宗治下上演，雖因情勢和登場人物的差異，而讓結局稍有不同；我將在之後討論這件事帶來的影響。值得注意的是，西元六四三年，太宗原本的太子李承乾遭捲入所謂的殺弟弒父陰謀之後，冊立新太子的考量之一就是要避免日後的手足相殘（《資治通鑑》197.6197, 199.6280-81），但這仍然沒能完全阻止太宗駕崩後的相殘局面。另一個事件則牽涉到這場戲中的另一位角色魏王李泰（620-653），他曾經向太

宗承諾，只要立他為太子，他就會殺死自己的兒子，這樣在他一命嗚呼之後，皇位就會傳給太宗的另一個兒子晉王李治（《資治通鑑》197.6195）。此話聽在太宗耳裡，似乎有違常理（「人誰不愛其子，朕見其如此，甚憐之。」而我們後面將會看到，他的曾孫唐玄宗往後會將此承諾徹底實行）。

進入下一任皇帝的統治後，隨著一代女皇武則天的橫空出世，皇位之爭的焦點從手足之間的角逐轉移到親子之間的敵意。武后毫不手軟地先後處死了兩名親生兒子，兩位廢太子分別薨逝於六七五和六八四年（《資治通鑑》202.6377, 203.6419）。武則天此舉無疑泯滅母性，因此有少數現代史家[44]認為，遭害的其中一位皇子可能並非武后親生，但是，這顯然忽視了隋唐皇室歷來深厚的殺子傳統，以及忘了武后也曾經無情殺害了自己尚在襁褓之中的女兒，還有之後的幾個孫子（《資治通鑑》199.6286-87, 204.6467, 207.6557）。

更令人感興趣的是，武則天廢黜了兩個傀儡皇帝（即她的兩名親生兒子），接著自己登上龍座之後，便將他們軟禁在宮中，加以重兵把守，有效切斷了兩人與外部的所有聯繫（《資治通鑑》204.6473, 205.6490）。然而，女皇自己也不得不承認，她終將必須傳位給自己的骨血（《資治通鑑》204.6474-75, 206.6526-27）。這種尷尬的處境與奧斯曼宮廷設置的「卡費斯」（Kafes；譯註：原意為「鳥籠」，位於後宮豪華卻高度警戒的宮院，軟禁著有繼位權的皇族，而蘇丹也是從中選出）制度驚人的相似。[45]雖然軟禁與處死相比，沒有那麼慘絕人寰，但世人仍然以「幽閉骨肉，虧傷人倫」議之，此種措施在唐玄宗之後約定俗成，至少遲至八三三年都還嚴加執行（《資治通鑑》244.7886）。

或許還可以注意到的是，奧斯曼帝國的「卡費斯」在突厥的

政治領域裡，並非獨一無二：之後統轄阿富汗地區和北印度的嘎茲納朝，也在蘇丹家族成員持續不斷的王位鬥爭之後，制定了類似的政策。[46] 對應到「卡費斯」中控制生育的措施，另一個讓人聯想到的情況是，仍是太子時的唐玄宗為避免引發太平公主的猜忌，曾經想讓自己的妾室小產（《舊唐書》52.2184）。我們之後會發現，該事件之所以會被記錄下來，主要是由於這個差點被墮去的胎兒，不但最終得以出世，而且他的身分正是未來的肅宗皇帝（756-762 在位）。

七〇五年，武后退位、中宗（656-710）復辟之後，緊接著上演的是奪嫡之爭中的另一起殺子事件：太子李重俊（？-707）在意圖謀逆父親唐中宗失敗後，慘遭殺害（《資治通鑑》208.6611-12）。七一〇年，才殷鑑不遠，中宗皇帝就因吃下毒餡餅，而成為弒父案例的受害者，只因為皇后韋氏和女兒安樂公主意圖竊位（《資治通鑑》209.6641-42）。

先皇的妹妹太平公主和她的姪子李隆基，也就是未來的唐玄宗，共同謀劃了一場成功的政變，將李隆基的父親睿宗送回龍座（某些人聲稱，玄宗似乎也是個毫無野心的父親），這是可汗駕崩之後突厥─蒙古的典型策略，且違背了中國行之有年的嫡長子繼承傳統。此時此刻，讓最有能力之人繼承大統的「血腥的競爭推舉繼承制」，在唐皇室中是如此根深柢固，以致凌駕了嫡長子繼承制。睿宗復辟後，本欲冊立正宮皇后所生的李成器（679-742）為太子，但他自己卻認為「國家安則先嫡長，國家危則先有功」，堅決要讓「有功於國」的弟弟李隆基入主東宮，才避免了幾乎確定會重演的玄武門事件（《資治通鑑》209.6650）。

如此一來，在皇帝、他的親妹妹太平公主和年輕有為的太子李隆基之間，形成了一個引人深思的三角權力結構。這樣的三頭

政治打從一開始就顯現出很深的嫌隙（《資治通鑑》210.6656-57）。就算太子李隆基、亦即未來的唐玄宗，顯然確保了沒有留下多少歷史紀錄，能夠讓人懷疑他與睿宗之間父慈子孝的關係，但仍有充分的證據留存了下來。例如《資治通鑑》（210.6673-74）記載睿宗確實極為忌憚這個智謀雙全的兒子，懼怕其有朝一日會弒父，畢竟李氏一族的子弟（包括女子）幾乎都視謀逆為家常便飯，這似乎是睿宗倚重太平公主的一大因素，試圖藉此制衡東宮。不久後李隆基採取先發制人的軍事行動，使親姑姑太平公主被賜死，接著睿宗就立刻決定退位以明哲保身。

從各方面來看，玄宗皇帝都可以被稱為唐朝最後一個「突厥─蒙古」或「突厥─鮮卑」的君主。在其治下，軍事和政治版圖皆持續擴張，並達到頂峰。皇帝也對異國文化展現出非凡的氣度，尤其是胡舞和胡樂。胡風胡俗迅速成為當時的主流時尚，不論貴庶，皆尚胡風（《舊唐書》45.1957-58）。玄宗對蕃將（非漢族將領）的寵信同樣空前絕後（這最終導致他跌落皇位）。許多史家會將他統治的前半期與千古一帝的康熙輝煌盛世相比擬，這種比較確實十分誘人，可惜這稍微超出了本章的範圍。

此處可以討論的問題在於，如同康熙皇帝，[47]唐玄宗亦深受立儲之事所擾。最顯著暴露其突厥─鮮卑遺緒的是，西元七三七年春天，皇帝在一天之內殺害了他的三個皇子，其中包括首位太子李瑛（《資治通鑑》214.6829）。對於玄宗鐵了心殺害親生骨肉的行為，被宋代史家范祖禹（1041-1098）譴責為「天理滅矣」；[48]這樣的做法也勘比奧斯曼蘇丹塞利姆一世（冷酷塞利姆〔Selim the Grim〕，1470-1520），據傳他在一五一四年十一月二十日殺死了他四個兒子中的三個，[49]只留下一位，也就是之後繼位的蘇萊曼大帝（Süleymanthe Magnificent, 1494-1566）。巧

合的是，最終得以繼承康熙大統的雍正皇帝，也在面對自己兒子的奪嫡之爭時，賜死了三皇子弘時，儘管一些當時的史家努力地粉飾、或直接否認此事曾經發生。[50]

唐玄宗的極端手段，以及之後的殺子行為（《資治通鑑》216.6916-17），並沒有讓他從幾乎成為唐代註冊商標的繼承問題中解脫。安祿山（703-757）叛亂之後，另一位皇太子與玄宗分道揚鑣，並自立為帝，是為唐肅宗，給了父親最後一擊（《資治通鑑》218.6975-76, 218.6982）。此外，在兩人都班師回朝之後，肅宗最寵信的宦官李輔國（704-762）密謀逼宮，當時早已退位的玄宗皇帝險遭行刺（《資治通鑑》221.7094-95）。在身旁所有忠心的大臣、隨從和宦官，相繼死亡或遭到流放之後，這名太上皇最終在宮禁之中，孤苦無依地死去。

唐朝最後一位突厥─鮮卑君主的駕崩無疑有失體面，但我認為，這絕不意味皇室突厥─蒙古風格的繼承問題會就此打住。事實上，在迫使玄宗徹底撒手朝政之前，肅宗皇帝還須先處置在玄宗的鼓勵下，也開始覬覦皇位的弟弟——永王李璘（約720-757），才能鞏固皇位（《資治通鑑》218.6983, 219.7007）。順道一提，這段手足相殘的插曲對唐朝兩大詩人李白（701-約762）和杜甫（712-770）的生平經歷皆有著深遠的影響：李白在這場兄弟間的皇位之爭中，擔任失敗一方的幕僚，讓他差點被處以死刑。李白最終遭流放到夜郎，這是這位大詩人迄今遭逢過最嚴重的危機（《新唐書》202.5763）。這讓憂心於摯友遭遇的杜甫，寫下了數首千古流傳的動人詩篇。

殺子行為仍然繼續發生，頗有才幹的建寧王李倓（？-757）慘遭肅宗賜死，令皇長子、即未來的代宗李豫（726-779）憂懼不已（《資治通鑑》219.7013）。七六二年，肅宗皇帝駕崩，死

因有可能是自然死亡，又或是如傳聞般，在另一場政變的混亂之中受到驚嚇而死（《資治通鑑》222.7123-24）。

從此之後，唐代的繼承問題以及缺乏穩定繼承制度的狀態，皆持續了好長一段時間，此外，與初唐幾乎顛撲不破的直系繼承傳統相較，旁支繼承的頻率更甚。然而，關於皇位之爭各方面的情況，有不少漸進但重要的變化，我將在之後幾節中加以討論。我的主要論點在於，初唐是個具有強烈「突厥—蒙古」特徵的「鮮卑—華夏」政權，而史冊中諸多對「血腥的競爭推舉繼承制」的記載便可指出這一點。下一節將進一步探討唐代皇位之爭的各個面向，和其背後蘊含的意義。

～ 伊底帕斯情結 ～

芮沃壽率先指出，隋煬帝的行為體現了伊底帕斯情結（Oedipus complex）；[51] 熊存瑞（Victor Cunrui Xiong）之後也加以重申，並強化此觀點。[52] 以我的角度來看，兩人對伊底帕斯情結的描述已擴大解釋了精神分析的範疇。從前面的敘事中可以明顯看出，嚴重的仇父情結是唐朝前兩個世紀的特徵。除了隋朝以外，還能十分容易地將此現象追溯到拓跋魏政權（北魏），以及其他早期由各個部族集團建立的朝代，當然也包括了安史之亂時建立的大燕政權——安祿山和史思明這兩位前後任的皇帝最後都死在親生兒子的手中。卜弼德的立論則更切重要點：在草原上這是更加普遍且廣泛的現象。

芮沃壽為隋煬帝診斷出的伊底帕斯情結，使仇父成為他的個人特質，但就算他無法擺脫此標籤，仍然不能忽略還有很多其他源自草原、或有著相關背景的政治人物也具備同樣的特質，無論

是在中國或其他地方。如此一來，伊底帕斯情結這個專有名詞就不再具有特殊意義。這種仇父情結在突厥—蒙古文化中十分典型，在距離上遠至突厥—伊朗世界中嘎茲納朝的蘇丹瑪斯伍德一世（Mas'ud I, 998-1040），[53] 時間上晚至之後的滿清君主，像是清高宗乾隆（1711-1799）[54]，都可以看到這種對已逝父親的仇恨，或是在繼位後迅速推翻先帝政策的例子。但是，如果我們將這些現象皆歸咎於人類普遍具有的伊底帕斯情結，那麼只會失卻其特殊性，而且援引此專有名詞的原因，也會讓我們面臨一些艱難的任務，像是要怎麼解釋在兩漢及其他國祚綿長的本土王朝中類似案例相對稀少。

我認為，套用所謂的伊底帕斯情結不過是便宜行事，用以規避真實的社會經濟和政治文化議題。我注意到，就連常被拿來作為伊底帕斯情結經典範例的莎士比亞劇作《哈姆雷特》，書中的背景也極有可能借鏡了史實中的皇位之爭。[55]

正如現代許多研究者所得出的結論：迥異於傳統上的誤解，遊牧是種十分複雜的生活方式，需要周延的規劃，並會耗費極大的心力。相較於農業，遊牧生活的每個決策幾乎都不能出錯，對自然和人為災害的容忍度非常低，因為只要春季一場劇烈的風暴，在數日間就能徹底摧毀所有囤積的糧草。高度流動的生活方式、每單位土地相對較低的經濟效益，以及部族之間和其餘戰事的持續威脅，均意味著部落和行政領導階層必須十分事必躬親和尚武，因此大規模、恆常的國家官僚體系對遊牧生活來說無疑過於奢侈。從各方面來看都需要一位年輕、兢兢業業且精力充沛的領袖，如此才能迅速、有力地應付環境的動盪或緊急情況，並能率領部落贏得戰爭。

這些原因使得草原上的社會—政治生命往往較為短暫，領導

階層需要快速地改換新血，因此無法像定居的農業社會，能透過精耕細作獲得穩定、可觀的收入，以供養大規模的國家行政機器，且容得下一個年老昏聵或不理朝政的君主長期在位（順道一提，正是如此才造就了玄宗皇帝成為最後一位突厥─鮮卑的唐代君主）。根據我的看法，這才是抹去了傳奇色彩之後，草原弒君傳統的真正根源。不論是否是不成文的儀式或是真實情況，弒君傳統亦可見於可薩帝國（Khazar Empire），此帝國會預先訂下可汗的統治時限，時限一過便會殺掉。[56]

在這一點上，我們亦能看到突厥─蒙古傳統在轉變成中原國家時如何逐漸適應，或者可說是受到潛移默化。草原上嚴峻的政治現實所顯示的是，通常可汗直到自然死亡，或者遭人毒手的那一刻前，都不能掉以輕心。而定居社會為這樣的傳統另闢了一個較不殘忍的選擇，也就是留下退位皇帝的一條命，雖然前述的例子顯示出，太上皇的生活似乎不比草原上的選擇更令人欣羨。依循北朝祖先的突厥─鮮卑傳統，唐朝──尤是是起初的一個半世紀──有好幾位太上皇，但在兩漢國祚的四百多年中，卻一名太上皇也沒有。這就是初唐會更適合稱為鮮卑─華夏政權的一大主因。

進一步還可以觀察到，之後主要的本土王朝，即宋朝和明朝，太上皇的案例少之又少，而且幾乎都是肇因於北方的大舉軍事入侵。[57] 只有在清朝時有一個純然基於國內因素的案例──令人玩味地，據稱這是清高宗的「孝心」，因為在他繼位之時，曾發誓其統治不能超過祖父清聖祖的在位時間。[58]

在考察了仇父情結之後，接下來應檢視伊底帕斯情結中含有的母性面向，才稱得上公允。首先，一旦母親有了「代理父親」的身分，就此意義而言，她就成為皇位的競爭者。就像武則天的

例子，驗證了母子間的殺戮較諸前述的仇父情結特徵，可以有過之而無不及，也再次將此種現象指向政治文化根源，而不是基於所謂的性心理發展因素。並且，有鑑於拓跋魏晚期有母親為了掌握政權而殺子的紀錄，此種史家所假想出來的病症顯然無法套用在所有情況。

　　不過，與父親的命運相比，女性統治者的下場似乎要好得多，即使是極端的案例，如武則天和北魏孝文帝的祖母馮太后（《資治通鑑》134.4187, 137.4302）。然而，我認為將這樣的現象視為是伊底帕斯情結在發揮作用，太過針對個案，也太過籠統，應當有更合理的解釋。對此，古代史家似乎比採用精神分析觀點的現代史家更為貼近現實。《後漢書》（90.2979）中，便清楚地描述了烏桓弒父和手足相殘的草原特徵：「（烏桓）怒則殺父兄，而終不害其母，以母有族類，父兄無相仇報敵也。」此段文字中，母系社會的緒餘相當清晰。我認為就草原生活而言，比起認為人會潛意識對母親產生欲望的伊底帕斯情結，這樣的因素更為實際；這可以解釋為何北方女性傳統上更為強勢，且這點從她們在北朝突出的社會地位便可佐證。[59] 女性地位在武則天成為中國歷史上第一位也是唯一一位女皇帝時達到頂峰，而武則天的例子只可能發生在一個具有根深柢固突厥—蒙古傳統的鮮卑—華夏王朝中。母親在遊牧民族裡的地位近乎神聖，兒子的一舉一動都在其掌控之中，我認為這能夠最合情理地解釋拓跋魏一朝史無前例的「立子殺母」慣例。至於相似的西漢鉤弋夫人（《資治通鑑》22.744-45）的案例，雖然一般認為隱含著拓跋部習俗，但顯然只是個非常時期的例外。北魏靈太后（？-528）是唯一逃過此命運的拓跋皇帝生母，她一手把持朝政和最後的殺子行為（《資治通鑑》152.4739），顯示了殘忍的弒母制度並非毫無來

由，而如此防患未然也不是謹慎過了頭。靈太后最終遭到的指責是，導致了一度叱咤中國北方的拓跋政權最終崩潰。

∽「血腥的競爭推舉繼承制」的其他面向 ∽

漢代傳統上、或者說至少在形式上有預立太子的制度，這意味著中國的繼位之爭通常發生在當前的皇帝駕崩之前。這一點可能是與遊牧政權最重要的差異，在草原上，通常可汗駕崩後，才會爆發繼承戰爭。但正如傅禮初在其〈奧斯曼帝國的突厥─蒙古君權傳統〉（"Turco-Mongolian Monarchic Tradition in the Ottoman Empire"）一文中所闡明的，這種遊牧政權對定居社會產生的特色或適應不單只見於中國，也可在其他「征服政權」（conquest regimes）中得到證實。

傅禮初對於唐代政治史的研究極具開創性，首次系統性地檢視了唐朝缺乏穩定冊立太子制度的現象（這對本章有諸多啟發）。另外，陳寅恪分析初唐層出不窮的政變，指出首都長安城玄武門之得失為成敗之關鍵。[60] 然而，考慮到人群才是這些事件中，比起地理位置更形重要的關鍵因素，因此我並不同意他的論述。如此一來，我們不僅能看出玄武門為何在初唐時期享有惡名，更能一舉揭示這個鮮卑─華夏政權緩慢成為本土王朝的演變歷程。

在我考察的時期，即唐朝的前一百五十年中，各種禁軍向來是皇位之爭的一大要素，我認為這才是玄武門之所以在初唐政變中地位如此突出的原因。傅禮初引介了「傭兵」（surrogate nomads）一詞，來解釋農業社會中「血腥的競爭推舉繼承制」的發生，並認為此種軍隊類似向來以競爭解決繼承問題的部落軍

事菁英。（審註：根據傅禮初的說法，當遊牧政權轉型為定居農業社會時，大致會有三階段的變化，變化主要表現在對統治菁英的補充〔主要是軍事菁英〕。第一階段是統治階層的權力以遊牧部落菁英為主，第二階段是統治階層從農業族群裡補充「傭兵」以取代原本的遊牧部落菁英，第三階段是遊牧王權消失並被君主專制的官僚制度取代，對於國民與軍人的補充主要來自當時政治現狀下的受益階層或至少是按照程序的選擇補充人員，而統治者在其中已無積極作為的可能。）以初唐時期來看，用「surrogate」這個詞來修飾似乎是多此一舉，因為在禁軍隊伍的組成中，不僅多半有著遊牧民族血統，且實際上幾乎都是從草原來的人。太子李建成曾計劃用三百名突厥兵來攻擊李世民所在的西宮（《新唐書》79.3542），就是個再好不過的例子。[61] 事實上，這些外族人數之眾，幾乎占了當時朝廷各職掌中的一半（《資治通鑑》193.6078），而且顯然主要是在軍事方面；當中確實有不少人被牽扯進皇位之爭，或甚至是直接名列其中。被賜姓李的靺鞨族（一般認為是女真族的前身）禁軍將領李多祚（？-707）就是個標準的案例（《舊唐書》109.3296-97）。這對於一個想要展現出「本土」性質的王朝來說，不算是什麼好跡象，儘管在正史中，肯定會盡可能淡化這些「胡人」在中國歷史進程中的作用。

初唐另一個突厥—蒙古特徵的重要面向，是幾乎持續朝向四周進行軍事和政治擴張，並再一次投入大量的蕃將和想當然耳、數量更多的胡人軍隊。事實上，已經有多位現代史家開始研究唐朝的異族將領。[62] 這些研究之多產，表明了此現象在中國歷史上確實不尋常——姑且先不論蒙古勢力也曾經在清朝時深入中亞，著實重演了一次一千年前唐軍的擴張。由於帝國禁軍積極地涉入這些鬥爭，他們在宮中的威望和在奪嫡之爭中的作用皆能持續不

墜。例如在古老的闕特勤碑中明確指出，突厥軍隊曾為了好幾任拓跋皇帝浴血沙場；[63] 但這個抱怨其實掩蓋了事情的另一面：這些突厥將領和士兵在選擇自己所要效力的君主時，他們舉足輕重的地位，就像他們在唐代宮廷中的職掌，已經占了非常高的比例。

隨著阿拉伯和吐蕃兩大勢力接連登上歷史舞台，逐漸抑止了唐朝的擴張，另一個新興勢力回紇也在草原上展露頭角。在此同時，勢不可擋的漢化歷程正緩慢但穩定地讓唐朝皇室付出代價。其中的一個跡象就是家奴和宦官在奪嫡之爭中的角色益發重要。例如，玄宗皇帝剷除太平公主勢力的軍事行動，最終導致了公主自裁和睿宗皇帝的第二次，也是最後一次的「退位」，而其中兩大推手就是來自高句麗的家奴王毛仲（？-731）以及宦官高力士（690-762）（《資治通鑑》210.6683；《舊唐書》106.3252）。唐玄宗在登基之初，還是個強大的突厥—鮮卑君主，之後卻逐漸成為不理朝政的閒散皇帝，這類皇帝在未來本土王朝的明代中將會大量出現。東突厥第二帝國的復國，向來被譽為是受到征服的族群成功脫離了唐朝的桎梏，但很少有史家意識到，此發展應該更適合被視為是鮮卑—突厥—華夏聯盟的日益鬆散，而起因則是其中一個伙伴逐漸靠向了農業傳統。蒲立本似乎是唯一一位史家，注意到突厥和華夏之間的聯盟關係，[64] 儘管他仍然沒有體認到當中至關重要的鮮卑因素，就像之後的滿洲人一樣，是將遊牧和農業社群結合成大清帝國的重要關鍵。在我看來，東突厥第二帝國的復國，和滿蒙漢結合成的清朝瓦解之後，外蒙古隨即獨立的情況並無二致。

隨著七五五年安祿山叛亂伊始，唐代的向外擴張嘎然而止。然而，已深入傳統的繼位之爭的草原緒餘，並沒有因最後一位突

厥—鮮卑君主退出政治舞台，而就此消失，縱使其基本層面經歷了劇變。

關鍵的轉變在於，內廷宦官取代了過往的禁軍，得以宰制皇位之爭，[65] 這是向外擴張的戰爭光榮落幕後自然發展的結果。新的權力代理人的作用將幾乎持續到唐朝覆亡。如今傅禮初提出的「傭兵」一詞便可以精確地形容他們。無獨有偶，與唐代宦官逐漸把持朝政十分類似，在伊朗薩非王朝（Safavid dynasty）衰落的年代也有過類似的發展：原先會讓王子出任各省的總督（這也是初唐時的國策），之後則改為將他們限制在宮中（如前所述，唐朝也採取類似的措施），以避免繼承的爭端。[66] 隨著對禁軍的控制權逐漸落入內廷宦官之手，禁軍中也多為長安的富家子弟（《資治通鑑》254.8237），政治大戲只在內廷宮牆內上演。玄武門的戰略地位早已不復當年，禁軍威望也一落千丈，例如晚唐時期的史料《因話錄》[67] 中的一段記載，元和年間（806-820），有目擊者指出原掌宮禁宿衛的右威衛如今「荒穢摧毀」。不過，這些新的變遷大致超出了本書的討論範圍。

～漢化歷程～

承乾太子的案例可以在歷史上找到諸多先例和相似之處。除了北魏時期的廢太子拓跋恂之外，還有兩個十分著名的案例，分別是隋文帝時的楊勇和唐太宗的兄長、承乾的伯父建成太子。仔細研究這些案例，可以為此時代的奪嫡之爭概括出一個有趣的模式：當一個政權亟欲尋求一統中國的正統性時，漢化的「浪潮」和對中國古典學術或其他正統藝文項目的贊助，每次都能成為這種競爭中最有力的工具。

在南北一統之前，許多北朝人士視南方為「正統」中國政權的所在地。在隋煬帝的案例中，可以看到他不僅在年輕時迎娶了蕭梁傀儡政權的皇帝梁明帝（542-585）的女兒蕭氏，也大量贊助南朝的佛寺，並熱愛幾乎所有可牽扯到南方的事物；最後但同樣重要的是，他的中國文學成就非凡[68]——這一切肯定都在他成功奪得皇位與抵抗儒家嫡長子繼承制的算計之中。

李世民對皇位的競逐，從古到今都是個受到深入研究的主題，歷來史家提出了諸多他勝出兄長的因素：他為鞏固王朝立下了無人能出其右的汗馬功勞；有大批飽學之士追隨左右；牢牢掌控了具有關鍵地位的玄武門，最終得以先發制人，如是等等。[69]然而，漢化議題並沒有在他最終擊敗兄長、獲得政權合法性的來龍去脈中引起足夠的關注。事實上，早在六二一年，李世民就在西宮建立了「文學館」，延攬四方文學之士，刊印典籍，而此時大唐江山猶未穩固（《資治通鑑》189.5931-32）。我們不得不承認，李世民在皇位之爭中確實具有非凡的政治遠見和長遠規劃。

或許前述的唐高祖之語，便是李世民開始展露出自立之心的最佳寫照。李淵的短短數言不僅表明了李氏本身的族群認同，更暗示了李世民的政治野心部分是源於其漢化，即「為讀書漢所教」所致。

承乾太子的案例可以置於同樣的脈絡之下審視。這位可憐的皇太子遭指責經常「以遊畋廢學」，而其主要競爭對手魏王李泰卻博得好學之名，並克紹箕裘，也在府邸設置「文學館」，贊助古典學術，世稱「人物輻湊，門庭如市」。在六四二年的春天，他還呈獻了由他贊助編纂的《括地志》（《資治通鑑》195.6150, 196.6174）。相反地，承乾太子除了遭到大臣群起反

對的畋獵和交戰遊戲的愛好之外，還有兩個頗有意思的插曲能顯現出他對「國之大事」——農業的態度。首先，他遭參奏「妨農功」（《資治通鑑》196.6168）；再者，他因為從太宗的處決命令下，救了苑西守監穆裕一命而備受讚揚（《唐會要》4.44）。此事顯現了承乾太子的寬容品性，而這恰好是正史中沒有提到的。引人臆測的是，守監穆裕的罪名是「農囿不脩」，而根據其姓氏「穆」可以判斷，這個可憐蟲無疑有著鮮卑血統。[70]

從我回顧的種種案例中，皇位之爭可以總結出如下的通例：嫡長子如隋朝廢太子楊勇、唐朝廢太子李建成、李承乾（和某種意義上的北魏廢太子拓跋恂），往往是因他們更修「文事」、更「漢化」的弟弟隋煬帝、唐太宗和魏王李泰，而中箭落馬。

在其他地方也不乏有趣的類似比較。例如，在屬於突厥—伊朗帝國的繼承之爭中，有很多案例也是更年長、尚武的兒子較不受青睞，這讓早期的穆斯林和後來的史家百思不得其解。[71]艾德蒙德·博斯沃茲（Clifford Bosworth, 1928-2015）指出，這或許能回溯至遊牧生活中的幼子繼承制習俗。正如許多蒙古學家所指出的，蒙古有著稱幼子為「斡赤斤」（Ochigin；原意為守灶者）的習俗，這個詞恰好源自突厥語；只是這樣的財產繼承制不一定適用於可汗的王權（khanship）。若對照鮮卑—華夏之間的連結，這些案例中的文化層面似乎也是個有趣的題目。譬如有人注意到，以嘎茲納朝作為例子，與尚武的孿生兄長瑪斯伍德一世相較，被父親指定為繼承人的弟弟穆罕默德（Muhammad of Ghazni, 998-1041）的興趣「主要是文學和學習」。[72]

讓我們再回頭來看看中國。這些漢化更深的年輕皇子反倒必須設法克服漢人的嫡長子繼承制，這點讓漢人官員在選邊站的同時，更陷入了兩難之境。一代名臣魏徵就是個絕佳的例子，

他終其一生受此天人交戰所擾，但大多數的傳記，包括魏侯暐（Howard Wechsler）的精闢研究，都沒有詳加闡述這一點。魏徵對高祖皇帝的廢太子李建成忠心耿耿，如同《舊唐書》（71.2559）中記載的一則軼事所示，他在效忠太宗多年之後，仍然堅持信守嫡長子繼承制，而太宗本人的登基顯然就牴觸了這個原則。

突厥─蒙古征服政權重要的政治─文化面向之一，就是以犧牲自己的族群緒餘為代價，來贊助「本土」的文化和宗教，以求強化政權的正統性。根據費耐生（Richard Frye, 1920-2014）和薩伊利（Aydin Sayili, 1913-1993）的研究，至少一直到十四世紀，中東幾乎所有的突厥政權都充分顯露出此一面向。[73]另外，在清康熙晚年時的皇位之爭中，也不乏類似的事例；編纂《古今圖書集成》的陳夢雷（1650-1741）長年貶謫在外，終生未能回京，他所效忠的皇三子允祉（1677-1732）也死於幽禁，就是最佳的案例。[74]

然而，如果說漢化或贊助漢文化反映出的是「血腥的競爭推舉繼承制」的政治層面，那麼也絕對不能不提軍事層面的重要性。鑑於多半是由禁軍來執行這些殘忍的勾當，挑戰者能否有強大的軍事力量同樣至關重要──隋煬帝和唐太宗、玄宗的範例再三證明了此言非虛。軍事失利和過分漢化皆有可能導致奪位失利的皇子下場悲涼，魏王李泰就是最好的例子，他的運籌帷幄雖然成功讓承乾太子倒台，卻沒有達到取而代之的終極目標。之後的章懷太子李賢（654-684）對贊助傳統中國學術同樣不遺餘力，並因為著手幫《後漢書》作注而享有盛名，「章懷注」成為了唐史中不可或缺的一頁。中宗李顯之所以致力於學術，顯然是為了鞏固其地位，試圖深化漢人父權制的傳統，以面對母親武則天對

他公然的政治挑戰，但最後也證明適得其反。

我認為，群臣對於廢承乾太子、改立魏王的強烈反彈，也反映出唐朝廷中存在著一股政治力量，抵抗李泰的過度漢化。這也顯示出漢化是個複雜且緩慢的過程，當中存在著一來一往的拉鋸。少有史家指出新太子李治的冊立，象徵此種族群—文化脈絡之下的政治妥協。從李治與李氏親族中承乾的支持者漢王李元昌（619-643）過從甚密，以及長孫無忌也與承乾陣營中另一個重要人物侯君集（？-643）有過交情，都可以清楚看出這樣的政治妥協（《資治通鑑》197.6195；《全唐文》161.1645）。當代唐宋史大家孫國棟（1922-2013）指出，李治得登大位的重要推手長孫無忌，絕非文人之流，而魏王李泰的三位主要支持者劉洎（？-646）、岑文本（595-645）和崔仁師（？-650）的下場都極其淒慘。[75]的確，長孫無忌憑藉其血統和功勳，肩負傳承拓跋鮮卑遺風的大任，而並非像是韓大衛所指出的，遭到完全漢化的族人所壓制。如前所述，長孫無忌深具胡風、日後被史家批評「近服妖也」的渾脫氈帽很快便蔚為風尚，就像據稱承乾太子「精神失常」的跡象，在執政者當中也絕非什麼異常之舉。

不過，要說傳位李治是漢化脈絡之下的政治妥協，那麼即位後的唐高宗本人就是最好的證明。除了前述他為太子指定突厥伴讀之外，他也藉由迎娶父親的嬪妃（武皇后），並任由她統御朝政，印證了自己骨子裡就是個北方兒郎。

～ 正統性問題和宗教的角色 ～

將漢化議題（或是在突厥—蒙古政治領域中常見的對本土文化的贊助）作為「血腥的競爭推舉繼承制」的政治武器，導致了

包括隋朝和唐朝（初期）等突厥—鮮卑政權的正統性問題。

巴菲爾德（Thomas J. Barfield）在其針對中國邊疆旁徵博引、振奮人心的著作中主張，一般說來，草原上的遊牧政權並無意願定居和接管中國的中心地帶。[76]然而，這個原則似乎並非毫無轉圜餘地，一旦他們越過長城，就會迅速對逐鹿中原產生濃厚的興趣，隨即將遊牧民族的草原身分認同放到一邊。拓跋部極有可能源自於大興安嶺，但是我們也很難忽視，拓跋部和其繼承者的語言（參見本書的附錄）和政府之中，皆蘊含了濃厚的突厥元素。當然，盤踞中國北方的突厥—鮮卑統治者們自然不會放過統御天下的大好機會，無不渴望一朝成為貨真價實的九五之尊。如前所述，拓跋魏的全面漢化和遷都舉措，都是為了此一目標。值得注意的是，金朝皇帝完顏亮（1149-1161 在位）在企圖以殘忍的軍事遠征一統中國之前，也曾推動了大規模的漢化過程。[77]

然而，自西晉滅亡以來，南方與北方的人民始終認為南朝為政治文化「正朔」之所在（《北齊書》24.347-48），而接替的隋唐政權也不遺餘力地試圖克服此障礙。為此其中一個重要的著力點，就是要顯示自己自始至終都是漢人。他們為了實現自身正統性的所作所為，與後伊斯蘭征服（post-Islamic-conquest）時期興起的許多本土或突厥族裔建立的王朝如出一轍。[78]在繼承拓跋緒餘的隋唐兩朝之中，皇位之爭之所以出現屢見不鮮的漢化行為，正是此種刻意努力的自然延伸。

因為隋唐政權有意的掩蓋和粉飾，鮮少史家會留意到，在隋唐一統之前的西魏和北周治下，族群衝突問題極為嚴峻。五五四年時，蕭梁皇室甫因侯景之亂而遷都江陵（此城同時也是文化中心），西魏趁機率軍大舉攻城，江陵生靈塗炭，大批南方的漢人不分階層皆淪為奴婢，就是族群衝突的絕佳寫照。西魏手段之暴

虐，據說使得滿清對南明的暴行亦相形見絀。出於再明顯不過的政治原因，江陵的暴行只有零星的證據保存下來，可以證明隋唐統治集團的祖先便是這等野蠻行徑的始作俑者，然而，像是燒毀了十四萬卷圖書的「江陵焚書」，絕對不可能當作不曾發生過，只好隨意在受害者梁元帝的頭上扣上一頂焚書的帽子（《資治通鑑》165.5121）。時至今日，我們只能根據一些散亂的史料，簡略地拼湊出西魏大軍入侵江陵時的殘暴行徑。[79]

令人難以置信的是，在短短數十年後的隋朝與接續其後的唐朝，這起暴行便逐漸淡出人們的記憶之外。在這樣的脈絡之下，我們可以理解這兩個政權對「政治正確」的族群形象有多痴迷，以及漢化潮流在兩朝皇位之爭中所起的作用。例如，天下人皆知隋文帝和煬帝兩父子對「胡」這個字有多反感。因此我認為，這並不是肇因於大多數史家所謂的傲慢的華夏中心論，而是隋朝統治者對正統性的需求使然——因為「胡」這個字恰恰點出了楊氏一族絕不可外揚的家醜。

另外，檢視宗教在此脈絡中的角色也十分有意思。雖然許多史家像是芮沃壽等都已經留意到，隋煬帝對南方佛學的贊助是有其政治動機的，但鮮少有人意識到箇中的族群因素：隋代統治者顯然試圖運用佛教來弭平族群間的裂痕，且這股罪惡感在「江陵焚書」之後鐵定十分強烈；因為主導此事的人正是隋煬帝的祖父楊忠（507-568），從他在西魏血洗南朝之後，受賜「胡人」姓氏「普六茹」，便知道他絕對跟此事脫不了干係。

宗教的功能在唐皇室中更加明顯。從隋朝之短促，可知佛教無法保證國祚綿長，因此初唐的皇帝並沒有大力贊助這個「外來」宗教。為因應迫切的正統性需求，唐皇室找到了一個比贊助南方佛學更好的解決之道，來掩蓋李氏一族的非漢起源：認定自

己是道家始祖——老子「李耳」的後裔。

這點從薩非王朝，我們可以找到驚人的相似之處。如今深植在伊朗地區的什葉派色彩，很大程度上就是淵源自取代土庫曼人（白羊王朝）所建立、輝煌的薩非王朝。因此，對於當地的伊朗人（或是庫德族人）的起源，有一種不可靠的說法聲稱，[80]此氏族操的其實是突厥語系的亞塞拜然語。[81]基於可以想見的政治、宗教考量，薩非王朝的統治家族偽稱自己的世系可追溯至十二伊瑪目的其中一位，並「有計畫地摧毀了所有證據」，以便塑造成貨真價實的什葉派出身。[82]相較之下，蒙古人為了合理化自己對世界帝國的統治，而將成吉思汗塑造成佛教普世君王的化身，如此遭遇的世俗阻礙肯定最少。[83]

宗教所蘊含的政治影響力，深刻左右了「血腥的競爭推舉繼承制」的發展，尤其是李世民和廢太子李建成之間的爭鬥。由於對這層政治影響力和族群因素疏於認識，讓芮沃壽[84]對湯用彤（1893-1964）極具洞察力的研究[85]抱持著懷疑的態度。如同我們所見，佛教徒站在支持建成太子的這一方（芮沃壽的錯誤見解儘管含蓄、但已全然遭到威斯坦因〔Stanley Weinstein〕加以反駁）[86]。

作為一個「外來」宗教，佛教能在中國站穩腳跟，有賴於皇室承認自己的非漢起源和緒餘，因此佛教徒必須積極反對皇室採取任何與之相悖的措施。如前所述，知名僧人法琳為此公開「訕謗」了皇室的族群起源，聲稱其為拓跋部的後代。根據我對漢化在皇位之爭中發揮何種效果的考察，也如同國學大師湯用彤所觀察到的，佛教徒理所當然會支持建成太子。同時，道教徒則支持競爭者李世民，正如兩名道士的案例所示（《舊唐書》191.5089，192.5125；《新唐書》204.5804-5）——相傳李世民兩個最信任

的追隨者房玄齡（579-648）和杜如晦（585-630），曾佯裝為道士，偷偷潛回長安參與玄武門之變（《資治通鑑 191.6009》）。唐太宗在六三七年下令將道教的地位提升於佛教之上[87]，自然便是在回報道教對他的支持。無獨有偶，這也可以用來解釋武則天為何會對「外來」佛教施加恩澤，因為她希望能與漢人的習俗和原則相抗衡，以便一舉成為繼承夫君大統、史無前例的女皇帝。

﹋ 狐死首丘 ﹋

除了檢視初唐不絕如縷的皇位之爭以外，我再以一節另闢蹊徑來探討唐皇室的族群認同。[88]

本節標題的成語傳達出一個普遍的現象：每個人在撒手之時，必定都會落葉歸根；也可以意指一個人在將死之際，經常會暴露出真實的情感。後者的解釋通用於人和習俗。

另一個針對初唐君主的重要研究主題，是這一章到目前為止都還未能觸及的，由唐太宗率先獲得的稱號「天可汗」[89]。這個帝號在根本上象徵並體現了唐朝的君權可涉及草原上的部落群體。令人驚訝的是，「天可汗」與清朝皇帝用於滿洲、蒙古和其他族群的「大汗」稱號極其相似。

大部分史家都將唐太宗採納「天可汗」稱號的決定，視為是六二〇年代晚期成功剷除突厥勢力的威脅之後，一個深富嘲諷意味的政治手段。但正如杜希德（Denis Twitchett, 1925-2006）所精闢指出的，其實皇帝的「突厥認同」正好是他接受此新稱號的關鍵所在。並且直到日薄西山之時，唐太宗才表露出真正的想法。六四五年秋天，在從高句麗鎩羽而歸時，太宗皇帝陷入了長期重病之中，以至於當他在六四六年三月班師回朝後，已無法再

處理朝廷政務，於是令東宮太子（未來的唐高宗）代理監國，避免親自決議國事。然而另一方面，太宗皇帝也清楚意識到，須刻不容緩地維繫自己在草原人民中的地位。六四六年八月，他不辭辛苦，決定到位於邊疆的靈州巡幸，會見草原各部首長，要求他們重申對唐的效忠，並再次尊奉他為天可汗，而太子仍監國於京師。這趟旅程足足花了兩個多月，太宗用盡心力導致疾病復發並惡化，或者說他從未完全康復（《資治通鑑》198-99）。這明確地顯示了，唐太宗有多重視自己與突厥系諸部之間的聯結。

我要補充說明的是，唐太宗的死亡本身更進一步地展現了這股「突厥認同」。不少史家觀察到，唐昭陵的某些特徵，特別是表現出現實生活的大量石雕，就是對古突厥墓葬習俗的仿傚。[90]我認為，這不僅是模仿，更反映出了唐皇室的草原背景和認同。眾所周知，身為天子，他熱衷於繼承華夏世界和其歷史遺風，但唐太宗自身的陵墓所體現的，顯然是他對其他文化的身分認同。

史料顯示，唐皇室十分尊重中原以外的非漢族埋葬習俗。例如，唐太宗曾經一度譴責東突厥「起（漢族）墳墓，背其父祖之命」（《冊府元龜》125.1501），[91]而之後的唐玄宗更一度下令，允許一個投降的突厥官員「將依蕃（突厥）法葬」（《冊府元龜》974.11446）。

將近三個世紀以後，當唐朝陷入危殆之時，又出現了另一個返祖現象足以反映出其族群根源。西元九〇四年，唐昭宗（888-904在位）在遭後梁（907-923）開國君主朱全忠弒殺前不久，先是遭朱全忠劫持離開京師長安、遷都洛陽，而身邊只有一小團隨從——實際上整批人馬都是後梁士兵的囚犯。恐懼於自己將命不久矣，且料想到曾經輝煌一時的王朝終將結束，昭宗吟誦了一首民歌「紇干山頭凍殺雀，何不飛去生處樂」來哀悼自己的命運

（《資治通鑑》264.8627）。有意思的是，中國文學典籍中有上百種隱喻，能用來描述頹喪君王的殘生，而昭宗選擇的這個民間傳說，出自以紇干山聞名的地區。作為這起悲劇最後的註解：紇干是拓跋部的核心追隨者當中一個古老部族的名字，而這座與之同名的山實際上就位於拓跋舊都平城附近（靠近現在的山西大同），那裡從拓跋部初興之時，就是北方遊牧民族後裔的兵家必爭之地。[92]

∾ 結論 ∾

藉由檢視持續不斷的皇位之爭和此時期的其他特徵，我論證出初唐遠非「本土」王朝，並且因為實際上是個具有濃厚突厥─鮮卑特色的政權，所以稱其為「鮮卑─華夏」政權，可能更為適當。但是，為了樹立政權的正統性，唐皇室費盡心力試圖讓自己成為如假包換的漢人皇室，並確保史書中沒有遺留下任何有失體面的證據。

有兩個歷史因素促使唐皇室幾乎得以成功地在史冊中保持漢人皇室的形象：第一，唐朝是廣袤東亞至中亞大陸上的統一政權，是歷史編纂唯一的監督者，因此幾乎沒有其他獨立的文化實體，能提出替代的觀點或視角。第二則為時間的流逝。

除了對傳統史學的獨占和控制，儒家的學者官員也壟斷了古代東亞所有的文字形式。[93] 反映出這一點的事實是，在阿爾泰語系的三大語族（突厥語、蒙古語、通古斯語）中，早期表示「書寫」和「書」的字詞普遍被認為是漢字「筆」的同源詞（cognate）。[94] 在鮮卑石室和其他豐碩的考古發現——尤其是此時期的墓葬銘文和其他文物——出土之後，應該會讓學者摒棄長

此以往的誤判，亦即認為存在著一套鮮卑文字[95]。既然鮮卑沒有一套能夠有效運用的文字，那麼更別說要留下文獻。遊牧的口述傳統儘管豐富多彩，終歸無法與從古代不斷積累的中國文學相匹敵（或是傑克·古迪〔Jack Goody〕和伊恩·瓦特〔Ian Watt〕所謂的「文化腳本」〔cultural repertoire〕[96]）。

相反地，對後世來說更為重要的是，幾個世紀以來主導中國政治舞台、北方遊牧出身家族的殫精竭慮。從隋對於征服中國「正朔」南朝的明確目標，到初唐時期對政權正統性的需求，以及隋唐統治階級重要的特殊任務——掩蓋其非華夏的草原背景和關聯等，這些在史料之中皆有跡可循。《周書》和《北齊書》的對照就是個有趣的比較：同為唐朝官修的正史，《周書》中敘述北周是成功一統北朝的勝利者，但《北齊書》中的北齊最終則難逃衰亡。初唐的執政集團主要由北朝貴族的後裔所組成，負責主編、修史的令狐德棻（583-666）更是北周大將軍令狐整（《周書》36.643）的孫子，因此此時編纂的正史幾乎很難說有什麼真正的公正性或客觀性。即使是唐朝史家劉知幾（661-721）也曾留意到並批評了這一點。[97] 在此同時，北齊皇室在國家遭滅後下場淒涼，其中一些皇室成員最後甚至「以賣燭為業」（《資治通鑑》173.5382），而北周貴族對之前北齊治下的人民始終抱持著懷疑態度，這股不信任感甚至持續到有唐一代，甚至可能為日後安祿山叛亂的遠因。[98]

因此，就算《北齊書》沒有刻意醜化北齊政權，其敘述仍然失於嚴謹。然而，《北齊書》為本書的研究議題提供了更為中肯的事例，相較於北周皇室，我們得以從中獲得更多的蛛絲馬跡，以顯現出北齊皇室的突厥—鮮卑文化和政治特色[99]——雖然北周其實比北齊更「鮮卑化」。[100] 有鑑於《周書》中「政治正確」

的群族形象，對於唐代正史中北方特色更加付之闕如，我們就毋須太過驚訝。

第二個因素是「時間的流逝」，在遭到下令流放的佛教僧侶法琳圓寂之後，要一直等到南宋的政治風氣時，才開始有人質疑此長期以來塑造出的歷史形象。然而，當時已經沒有留下什麼詳實的記錄，能讓後世具體而微地考察唐皇室的真正起源和種種特徵。

另外，本研究也試圖突顯出倚賴於傳統儒家史學的內在問題，即缺乏對這些記錄出處的批判性審查，這就像阿拉伯─波斯史家也不會特意書寫其統治者的突厥文化和緒餘。即使君主不會因為特別痴迷於自己的歷史形象，而干預史家的書寫，史家仍然很難為自己侍奉的朝廷顯現出的突厥─鮮卑面向，找到一個值得大書特書的題材。除非基於一些正當的目的，否則就算單純為求典雅和簡明而重新編纂歷史，也只會讓情況雪上加霜。

藉由研究唐代「血腥的競爭推舉繼承制」的幾個面向，特別是它與所謂漢化的關係，可以看出，相較於傳統上偏頗地認為這些來自草原的征服者在跨過長城之後，旋即消融於華夏的龐大人口之中，遊牧族群在中國的漢化實際上是一段漫長且苦澀的過程。北魏孝文帝推行全面漢化時所遭遇的強烈反彈，最終導致了六鎮之亂和北魏的覆滅，這股餘波至初唐時期仍然盪漾。

在本章中，我也試圖挑戰一個看似牢不可拔的概念，亦即將中國朝代分為「本土」和「征服」王朝。即使是在巴菲爾德另一本深具啟發性的著作《危險的邊疆：遊牧帝國和中國》（*The Perilous Frontier: Nomadic Empires and China*）之中，他依然堅持一般常見的觀點：「（北）魏的覆滅標誌著滿洲系族群在中國統治的結束。」[101] 然而，正如我所闡述的，（初）唐與清朝在各

方面都顯示出驚人的相似性。除了皇位之爭、太子的繼承制度、邊疆和族群政策、前進中亞，甚至是「國語」的命運之外，我還可以加以說明的是，唐和清是唯一兩個地方長官（節度使與總督）擁有巨大威望和權力的朝代。這些事實都或多或少表明了所謂「本土」和「征服」王朝之間的區別，充其量只是一片灰色地帶。

宋代米芾的《木蘭詩》行書（局部）。到了宋代，這首源自鮮卑人的民謠和「木蘭」一詞的原意已經被漢文化塗抹和掩蓋。

木蘭於清代院畫家赫達資《畫麗珠萃秀冊》中的形象。

第 二 章

從 木 蘭 到 麒 麟

From Mulan to Unicorn

木蘭辭

佚名

　　唧唧復唧唧，木蘭當戶織。不聞機杼聲，惟聞女嘆息。問女何所思，問女何所憶。女亦無所思，女亦無所憶。昨夜見軍帖，可汗大點兵，軍書十二卷，卷卷有爺名。阿爺無大兒，木蘭無長兄，願為市鞍馬，從此替爺徵。東市買駿馬，西市買鞍韉，南市買轡頭，北市買長鞭。旦辭爺孃去，暮宿黃河邊，不聞爺孃喚女聲，但聞黃河流水鳴濺濺。旦辭黃河去，暮至黑山頭，不聞爺孃喚女聲，但聞燕山胡騎鳴啾啾。萬里赴戎機，關山度若飛。朔氣傳金柝，寒光照鐵衣。將軍百戰死，壯士十年歸。歸來見天子，天子坐明堂。策勳十二轉，賞賜百千強。可汗問所欲，木蘭不用尚書郎，願借明駝千里足，送兒還故鄉。

　　爺孃聞女來，出郭相扶將；阿姊聞妹來，當戶理紅妝；小弟聞姊來，磨刀霍霍向豬羊。

　　開我東閣門，坐我西閣牀，脫我戰時袍，著我舊時裳。當

窗理雲鬢，對鏡貼花黃。出門看火伴，火伴皆驚忙：同行
十二年，不知木蘭是女郎。

雄兔腳撲朔，雌兔眼迷離；雙兔傍地走，安能辨我是雄
雌？ [1]

一九九九年一月二十三日，一則出自伊斯坦堡的美聯社報
導：〈土耳其國族主義者抗議《花木蘭》〉（"Turkey Nationalists
Protest 'Mulan'"），指出土耳其的國族主義政黨抵制迪士尼電影
《花木蘭》在土耳其上映，因為「這部動畫電影藉由宣揚匈奴人
是壞人、中國人是和平愛好者，來扭曲並詆毀突厥歷史」。

如同本章將闡述的，諷刺的是，巾幗英雄木蘭的特殊名字，
並不是源自迪士尼電影所附會的傳說中的文化背景，甚至連漢語
都不是，而是來自突厥—蒙古遊牧民的社會環境。且就像本章的
標題所示，木蘭之名的真正意涵可能更接近另一個動畫電影中常
見的通俗角色。除了這幾點之外，還有一個事實也許更加諷刺
──據一些古代和現代語言學家的說法，木蘭故事中占優勢的
「中國人」不是別人，正是突厥集團中的拓跋部。

∾ 木蘭之名 ∾

木蘭的故事幾乎完全來自一首民歌《木蘭辭》，作者和寫作
年代皆不明，但一般認為詩中背景應該是拓跋魏時期（北魏，386-
534）。詩中的某些部分，特別是以下六句，顯露出之後有文人墨
客雕琢的痕跡，因此，這首詩也有可能是源自唐代（618-907）：

萬里赴戎機，關山度若飛。朔氣傳金柝，寒光照鐵衣。將

軍百戰死，壯士十年歸。

　　但若是硬要追究確切的成詩日期，不僅是個意義不大的假議題，而且從「遊牧民的觀點」來看，這麼做很大程度上沾染了華夏中心論的習氣。因為正如上一章所述，隋唐皇室在政治上和血統上都是拓跋部的繼承人，並且被當時的遊牧族群稱為「拓跋」（Touba / Tabɣach）。因此，成詩年代的問題並非本書討論的焦點。

　　這首詩的背景顯然是拓跋部和其早先的遊牧弟兄之間的戰爭，且極有可能是與留在草原上的柔然。正如梅維恆（Victor H. Mair, 1943-）所指出的，這首民歌也許「一開始是用其中一種遊牧民族的語言所構思出來的」。[2] 一般認為，柔然等同於西方史料中的阿瓦爾人（Avar），或至少兩者密切相關，並在之後成為早期突厥人的壓迫者和敵人。因此，一旦我們認可拓跋部在語言學的劃分上屬於所謂的「l/r 突厥語支」（相較於大多數的突厥語都屬於「s/z 語支」）[3]，那麼木蘭的故事就不過是當時一起再尋常不過的軍事衝突，由一般認定是原始蒙古人的柔然人，對抗另一陣營的「漢人」和早期「突厥人」。如此一來，將《花木蘭》定位成反抗古代突厥人的說法，就變成十足的諷刺。

　　順道一提，如上一章所討論的，木蘭的故事也反映出草原女性傳統上較為剛強的社會角色，而中國的歷史書寫也沒有忽視這一點。此外，許多草原群體中的女人和男人並肩作戰，也是司空見慣之事。

　　在故事中，可汗／天子興兵與北方的敵人作戰，一個叫木蘭的小姑娘偽裝成男人代父從軍，原因便是《木蘭辭》中所寫的：「阿爺無大兒，木蘭無長兄。」在北方征戰多年後，可汗／天子指派她為高級官員，但她拒絕了這個封賞，只求能與家人團聚，

共度和平的生活。在她回到家後，她換回了姑娘家的裝束，讓軍中同袍驚訝不已——他們和她並肩作戰那麼多年，卻從來不知道她是女人。

饒富興味的是，《木蘭辭》中一再把「天子」稱為「可汗」，而且從來沒有用過真正的華夏稱號「皇帝」。考慮到它原來是首民歌，此種用法顯示出在當時的北朝，即使是一般操漢語的人民，也稱皇帝為「可汗」，只是這個有趣的風俗卻在正史中付之闕如。在拓跋部祖庭的石室（443）內所發現的石刻銘文，正巧支撐了這個觀察，因為當中使用了同樣的天家稱號「可汗」，而不是華夏實際上使用的「皇帝」稱號。此外，它還證明了那個時代的北朝統治者，對「皇帝」這個正統漢語的詞彙避而不用，而這也支持了我的論點，即草原上神聖王權的遺緒，不僅只是相對於華夏政權的複製品；我將在之後的章節中論述此一主題。

本章的重點是此位著名的女中豪傑的大名，也就是《木蘭辭》中所稱的「木蘭」。對於這個名字的爭論從來未曾間斷，「木蘭」究竟是姓、是名，還是兩者皆是？迪士尼電影採納了大眾一般所認定的，把木蘭當成一個名字，而且有個姓氏「花」（迪士尼電影採納了「花」的廣東話發音 fa）。這種約定俗成的看法毫無歷史根據，很可能只是源自一個普通的事實，即「木蘭」在標準漢語中代表芬芳的花卉植物。偉大的古代詩人屈原（約 340-約 278BC）在不朽的自傳抒情詩《離騷》中首次提到了此種植物的名稱，於是長此以往，「木蘭」在眾多文學作品中占有一席之地。許多人將它解釋為現代意涵中的木蘭花（magnolia）或紫玉蘭（magnolia liliiflora），然而這個古老植物名稱真正的科學識別仍然是個謎團。

文學中的木蘭，在中國傳統裡意指高貴純潔、芬芳嬌弱的開

花植物，此一事實成為我研究的起點。也因此，除了《木蘭辭》所帶來的長遠影響外，木蘭本質上是個女性名字的概念，在今天的中國是毋庸置疑的。

我進一步觀察到，中國時常將女孩取名為「蘭」，而當其指原意「芬芳的植物」時，實則涵蓋了從蘭花（orchid）、蕙蘭屬（cymbidium）到木蘭花（magnolia）等各類的物種。[4] 最早的例子可能是民歌《孔雀東南飛》中的「蘭芝」一名，意指「香草」，[5] 據推測，詩中描述的應該是東漢建安時期（196-220）一段如羅密歐與茱麗葉般的真實悲劇。這個女性名的普遍性可以從西晉永康元年四月二十五日（300 年 5 月 29 日）的墓誌銘看出端倪——墓的主人是開國皇帝晉武帝（236-290）的貴人左棻（約253-300），而她的字正是「蘭芝」。[6] 在拓跋魏時期的墓誌銘中，也證實了有許多女性皆以「蘭」字為名。

換句話說，以此為據，我們可以主張在中古中國的典型社會環境中，「木蘭」很有可能是女性的名字，且即使到了現代仍是如此。不過，顯然在木蘭故事首次出現之際，情況並非如此。《木蘭辭》明明白白地表明，在木蘭揭露了她的真實性別之後：

出門看火伴，火伴皆驚忙：同行十二年，不知木蘭是女郎。

如果木蘭在標準漢語中，是個極為女性化的名字，就很難解釋為什麼木蘭的戰友會不知道她其實是女子。這是首個跡象表明了「木蘭」很有可能不是漢語。

有更多的證據可以支持這個論點，即詩中的木蘭確實不是漢人的名字，甚至不是女性的名字。《周書・列傳》記載了著名的北周將領韓雄：「『字』木蘭……雄少敢勇，膂力絕人。」

（43.776）何謂「字」呢？在現代之前的中國，除了本名，還會有另一個「字」，通常會用可以強化本名或與本名互補的字符，來傳達合乎本名意旨的特質。事實上，「名」和「字」的關聯是中國菁英文化中一大突出的特色，上溯至孔子、下及蔣介石和毛澤東皆然。例如，已故的「偉大舵手」字「潤之」，這和毛的本名「澤東」字字相對，「澤東」按照字面意義解釋是「沼澤／湖東」，更為文氣的解釋是「澤披東方」；「潤之」意思為「使之濕潤」，有培育植物和農作物之意，因不夠文雅，後來改為「潤芝」，「芝」意指祥瑞之草。除此之外，了解「名」和「字」的關聯，對於鑽研古代中國的語言學也極有助益。一般來說，稱人以「字」，比直呼本名更為尊重有禮。

回到上述的《周書》，我們可以看到「木蘭」不僅是軍人的字，而且還與其本名「雄」相搭配。「雄」原意是「雄性」，但更常使用的意涵是「雄偉」、「強大」和「強壯」，符合韓雄在列傳中所記載的形象。此處不太可能是用漢語中木蘭「高貴」、「芬芳」、「嬌貴」的女性概念，來互補韓雄的男子氣概和勇猛。當然，木蘭也有可能是乳名，因為佛教傳入的文化中，會取一個貶低身分的小字，來避免遭上天忌恨。然而，這個想法也不合理，因為漢語中「木蘭」的意涵並不粗鄙。

相反地，另外兩項史料，即《北齊書》和《北史》，由於並非基於《周書》而著，故沒有受制於影響後者的諸多政治和文化禁忌，而能給予我們一個清晰的圖象——「木蘭」其實只是韓雄的真名或「家鄉的」名字，因其生長之地成為北齊的一部分，但他卻叛國，投奔了對手北周政權。所以，《北齊書》和《北史》從來沒有提及過韓雄的本名「雄」，而是稱之以「州人韓木蘭」，或甚至是「叛民韓木蘭」。不過根據《周書》，便可知木蘭是韓

雄的字，稱其為「木蘭」反而要比直呼其漢名「雄」，帶有更多的敬意。

因此，我提出以下幾點：

1. 「韓」在當時是胡人的姓氏。這在中國史家姚薇元（1905-1978）的《北朝胡姓考》中有詳細的記錄。[7] 例如，在《北齊書》中提到了一個名為「韓匈奴」的人（意指「韓姓匈奴人」）（21.294）。

2. 即使是「華夏」的韓氏一族，最重要的起源地仍然是遼東邊界地區的昌黎郡，此處想當然耳會有許多「蠻族化」的漢人氏族。例如，北齊的韓鳳就出身昌黎，他慣於稱呼其他漢人為「狗漢」（《北史》92.3053）。順道一提，在這個邊境之地最著名的當地人，可說就是安祿山，他是個「突厥和粟特混血的雜胡」，並在日後幾乎導致了唐朝的覆亡。[8] 著名的唐朝詩人、文學家、哲學家和政治家韓愈（768-824）雖然出生於河南孟州，但因祖籍的關係，便自號「昌黎」，來彰顯這個事實。

3. 韓雄出身於世代從軍的家族（《隋書》52.1347），他那更有名氣的兒子韓擒虎（538-592），在五八九年為隋朝攻克了南朝（陳），這是自三一七年西晉遷都建康以來的首度統一，因而讓韓擒虎官拜上柱國（另一個上柱國是賀若弼〔544-607〕，其鮮卑後裔的身分毋庸置疑）。韓擒虎的豐功偉業更成為傳奇故事的寫作題材，最早可見於成書三個多世紀後的敦煌文獻，世稱《韓擒虎話本》（編號 S.2144）。

4. 韓雄的墓誌銘最終替我們證明了木蘭實為其本名。墓誌

銘的紀年為天和三年十一月十八日（568年12月22日），拓印至今仍保存在北京的國家圖書館中。[9] 其中敘述了（北）周的大將軍本名木蘭，卻絲毫沒有提及他在正史列傳中所記載的漢名「雄」。這符合我在第一章中所指出的，在繼承拓跋魏的兩個相爭的朝代中，北周實際上比北齊更加「鮮卑化」，可惜其官修正史所受到的漢化和竄改卻更為嚴重。

5. 如前一章所論述的，包括隋唐皇室等從前的胡人和胡化的漢人，在這個時代有個根深柢固的習俗，即保留胡人的名字作為「字」或「乳名」。北齊一朝的突厥—回紇猛將斛律金（488-567）就是個絕佳的案例，他留有《敕勒歌》傳世，[10] 今日許多人推崇這是中國文學史上最好的詩之一。而他的字「阿六敦」正是個胡人的名字，和其漢名「金」之間，也有著相互搭配的關聯。已故的卜弼德就是第一個提出斛律金的字「阿六敦」是個突厥—蒙古語詞「altun」，即「金」的意思。[11]

前述的證據皆清楚地表明，韓雄（又名木蘭）之名是另一個「漢名胡字」的案例。因此，在拓跋政權及其繼承者的治下，木蘭實際上是個胡名，而不是人們以漢語為標準，所認為的女性名字。這就是為什麼女英雄「木蘭」一字，最有可能是姓，而不是名；我會在本章中論證出，她在軍中從未隱瞞過自己真正的性別。此外，考慮到韓雄的情形，中國「名—字相應」的規則將能為我們釐清胡名木蘭的真實意涵，這點也將在後面詳細闡述。

∽ 胡名木蘭的變體 ∽

開始研究木蘭之名的真正涵義之前，我會先引述並檢視此名的其他形式或轉寫（transcription）。這些形式進一步強化了木蘭確實是個胡人名字的推論，也可以幫助譯解此名的原始意義。

基於以下七點，可知木蘭最明顯的變體是拓跋部諸姓中的「僕闌氏」[12]。

1. 若是用漢字表示胡人的名字，會有好幾種不同的轉寫形式，這種情形確實是常態。前述所引用的姚薇元對胡姓的精闢研究中，就舉出了許多這樣的例子。除了一般情況之外，在不同的中國方言裡也會呈現出其他的變體，或是純粹因個人品味而變化，同時，這可能也會反映出各種「胡人」語言間的差異。

2. 木蘭的中古漢語（Middle Chinese）發音是「muk-lân」，而僕闌的發音則是「b'uk-lân」或「b'uok-lân」。[13] 在現代的閩南與台灣普及的方言中，木蘭的發音仍然近似於「b'ok-lân」，這也證實了「木蘭」和「僕闌」這兩個名字的相近。[14]

3. 中古漢語將外來的「b-」音譯寫（transcribe）成「m-」音的例子，族繁不及備載。此處僅舉出兩個譯寫的例子，較為著名的是中古漢語將「baɣadur」（意指英雄）譯寫為「莫賀咄」（moheduo）；另一個較鮮為人知的譯寫則是將「bäliq」轉成「磨勒」（mole），是突厥語詞的「魚」之意。[15] 從語音學來看，很容易理解之所以會有「b- / m-」的轉換，是因為此兩者都是「非破裂音唇音」

（nonplosive labial）。

4. 「m-」音和「b-」音的等同也可由古突厥語的「ban」和「bou」分別譯寫成漢字中的「wan」（中古漢語「miwan」）和「wu」（məu）來證明。[16] 正如美國東方語言學教授丹柯夫（Robert Dankoff, 1943-）所總結的，這進一步發展成為在喀什噶里（Mahmud al-Kašɣarīs）寫成的《突厥語大辭典》（*Dīvān Luǧāt al-Turk*）中，不同突厥方言之間語音對應關係（sound correspondence）的主要規則。[17]

5. 《木蘭辭》中的「木蘭」是「姓」的觀點出現得非常早，不能將其視為後世捏造之事而逕自忽略。雖然從兩晉（265-420）一直到唐朝覆亡期間，氏族志和家譜的研究十分盛行，卻絲毫沒有文獻提及木蘭是個「姓氏」，更不用說留下了可茲證明的例子。[18] 但在這段時期，僕闌氏（和其漢語形式「僕」）則有留下大量的案例和紀錄。

6. 關於巾幗英雄木蘭的出生地眾說紛紜，當中只有一個共同點：所有論點皆指向中國的河南地區，當時的河南泛指廣袤黃河以南的土地，遠比現代的河南省要大上許多。有趣的是，在四九三至四九四年間，北魏孝文帝從北方的平城遷都到古都洛陽之後，下令讓大部分拓跋部的氏族定居的新「故土」，正巧也是河南。可進一步強化我的論證的是，不僅韓雄（木蘭）祖籍河南，僕闌氏一族也是自拓跋時代開始就定居在河南。[19]

7. 基於這些合理的論點，僕闌氏只是一個姓，然而至少以韓雄的案例來說，木蘭是個名字。這件事首次讓我注意到姓氏是中國文化的概念，而拓跋部即便是定居中國後，

也仍未有此概念。例如，曾有一名具有漢人血緣的北魏使者，為了迴避劉宋官員張暢（408-457）問及其身分的問題，而做出了有趣的回答：「我是〔拓跋〕鮮卑，無姓。」（《宋書》59.1600）另外，僕蘭也被證實是個名字，可能正是由拓跋貴族所持有。在《宋書》（72.1857 和 74.1924）與《資治通鑑》（126.3979）中，就有一位名為拓跋僕蘭的貴族，在仔細與《魏書》（4.104-5, 24.654 和 97.2140）比對之後，發現此人的漢名為長孫蘭。

結合以上論述後，毫無疑問地，「木蘭」和「僕闌」在當時胡人的稱呼中是相同的，而且在北方中國既用作家族名，又用作人名。

相同字根的另外一種可能的譯寫，是一個普遍的名字：「伏連」（b'iuk-liän）。從拓跋部的將軍到吐谷渾的可汗，[20] 都能印證此名（吐谷渾是遷徙自東北、與現代西藏接壤的草原遊牧族群）。我進而考察的是，這些譯寫的資料中，漢字「伏」經常與「步」（b'uo）、「佛」（b'iuət）等字互換。根據巴贊（Louis Bazin）的研究[21]，在譯寫胡人名「län」時，會使用漢字的「連」（liän），胡名「宥連」就是證明，據說此名意味著「雲」，即蒙古語的「ä'ülän」。[22]

這些已有充分根據、但未經證實的轉寫形式還提供了我們一個「名—字相應」的有趣事例。據《北齊書》（20.283）的記載，北齊有一位重要的胡人，名叫庫狄伏連，字仲山，即「在山之中」的意思。接著便闡述這個名與字之間的關聯。

◡「木蘭」意涵的初步說明 ◡

　　約莫半個多世紀前，巴贊就曾試圖找出在阿爾泰語中，「僕闌」（b'uk-lân 或 b'uok-lân）一詞最初意指什麼。結果和我在前一節所指出的一樣，「僕闌」只不過是「木蘭」的變體。然而，巴贊的解答範圍從「boq」（排泄物）、「buq」（壞脾氣），一直到「boγ」（衣袋）都有——就像他自己承認的，這些答案實在難以令人滿意。即使史料日益增加，要辨識出相對應的語詞仍然是項艱鉅的任務。

　　首先必須縮小搜索的範圍。考慮到前面提及的兩個「名—字相應」的例子，以及阿爾泰語系族群之間深厚的文化傳統，他們當中許多人與牧群一起逐水草而居，或是在森林中狩獵，因此我認為「木蘭」或「僕闌」之名極有可能取自動物界，並與在漢語中的涵義形成鮮明的對比。

　　讓我們來看看「木蘭」的第二個字符「蘭」。巴贊將其看作是突厥語中的複數型詞尾「-lar」，即便以發音來說有此可能，但可惜並沒有任何與拓跋相關的漢語音轉資料能予以佐證。在我看來，「蘭」所指的更有可能是個普遍的動物性詞尾「-lān」，這點我會在之後加以闡述。另外雖然可能性較低，但有數個案例顯示，拓跋語中的「-n」後綴，有著某種未知的文法功能。[23]

　　從這最後一項的可能性中，可推論出中古漢語「木蘭」或「僕闌」的字根「b'uk-lâ」應該是古突厥語中的「buγra」（牡駱駝）。但是此種解釋，除了在「男性」或「強大」的意思上符合「名—字相應」的原則之外，多少還是存在著爭議，因此難以成立。

　　首先，如果我們認為「伏連」是同一字根的另一種形式，那麼庫狄伏連的字「仲山」就很難與伏連相對應，因為駱駝並不是

生長在森林的動物，不符合仲山「在山之中」的涵義。

其次，「駱駝」這個解釋存在著時空錯置的問題：在阿爾泰的社會環境裡，已經證實是以駱駝為名的人物中，最著名的當屬喀喇汗王朝（Karakhanid）的布格拉汗（Bughra Khan）[24]，以及幾名西突厥汗國人[25]，但他們活躍的年代較晚，活動的區域也大多在中亞西部，在當地駱駝非常重要，而拓跋部的發源地卻是在中國東北的森林區。

不過，「駱駝」一說難以成立的主要癥結點在於文化。如前所述，西晉傾覆後的數世紀以來，各個遊牧群體與原先以遊牧為業的群體主宰了中國北方的政治舞台，此狀況甚至一直延伸到唐朝的前半期。在這段歷史長河中，草原文化大舉入侵中原國家。除卻中國史學中頑強的華夏中心論傳統，以及嚴重偏頗的紀錄，據元代史家胡三省所言，事實上，至少一直到宋朝亡國之際，拓跋部的後代及其北方的弟兄們都還是能在中原呼風喚雨；這樣的觀點肯定能讓不少北方特徵現出端倪，其中一些我也在第一章中詳細闡述過。漢語人名詞彙也是個絕佳的寫照，因為當中不僅包含了「胡人」的元素，還反映出伊朗／波斯人和其他西域人士的深厚影響，即使他們向來都是與中原為敵的數個草原政權的盟友（這是拓跋時代研究不多的主題）。我將在後面的章節中檢視的特殊現象——這個時代突然出現「含有『神』意」（神事名）的人名，且蔚為風尚——便是屬於此種影響的例子。

以上就是以「駱駝」解釋「木蘭」或「僕蘭」的根本問題所在。用動物命名，是阿爾泰語系族群中非常廣泛的文化傳統，在這段漫長時期中，就算從漢語的命名方式來看也可佐證這一點；這反映出了遊牧民族在北朝的政治主導地位。一些在漢人文化中遭到厭惡或鄙視的動物，例如狼和狗，反而十分受到北方族群的

尊敬。當時的漢語人名詞彙便可證實這一點，這些動物名不僅用作姓，更常用來命名。（可參見第三章舉出的案例）相反地，駱駝在中國的文化形象較為中性，或者可說是正面，就像《木蘭辭》中作者的認知：「願借明駝千里足，送兒還故鄉。」然而，在整個南北朝時期，卻從未在北朝中找到以駱駝為名的案例。唯一的疑似案例是古老的中國姓氏「駱」。「駱」字意指有著黑鬃毛的白馬，之後成為組成「駱駝」的其中一個字符。另外，在《魏書》（113.3308）中曾提及一個胡姓「他駱拔氏」（t'â-lâk-b'uât），後來漢化成為「駱氏」。除了單以「駱」字為姓氏的例子，在此時期當中，從來沒有找到其他以「駱駝」為名的案例；除非我們假定「他駱拔氏」中的「駱」字為誤植，才有辦法將此姓氏連結到阿爾泰語中「駱駝」的相關語詞。只是目前沒有絲毫證據能證明這種推論。在改從漢姓時，標準做法是使用音譯的方式，將多字符的胡人姓氏用其中一個字代替。

至於後來以「駱駝」為名的突厥式名字，我的看法是受到伊朗影響的結果。此外，我認為以駱駝當作個人名字，源自古代操伊朗語的族群，一些早期的案例都可以印證，像是祆教（Zoroastrianism）推測的創始人瑣羅亞斯德（Zarathuštra）。瑪莉・博伊斯（Mary Boyce, 1920-2006）等人根據印度—伊朗語中表示「駱駝」的字根「*uštra」，把這個名字解釋為「可以管理駱駝的人」。[26]

∽「鹿」的解釋 ∼

我認為，「木蘭」或「僕蘭」在阿爾泰語系的同源詞更可能是「bulān」（另有語音上的形式變體，例如「pulan」、「bolan」、 「bülän」）。在阿爾泰語系下的各種語言中，這個詞意指「駝鹿」、「雄鹿」、「麋鹿」、「鹿」等等。[27] 其中最引人注目的肯定是喀什噶里所指出的涵義：「大型野生動物……帶有一隻角。」[28] 喀什噶里的解釋十分重要，因為正如塞諾（亦譯西諾，Denis Sinor, 1916-2011）所闡釋的，這使得「bulän」成為了「本土」阿爾泰語中唯一指稱「麒麟」的語詞。[29] 不過，大多數學者似乎都同意，「bulän」的原始意涵應該是「駝鹿」，或某種大型的、可能是指雄性的鹿科（Cervidae）中的成員。

從語義上來說，這些涵義能夠完美地符合前面指出的「木蘭／僕蘭」的「名—字相應」關係，即「男性、強大的」和「在山之中」。同樣重要的是，「麒麟」、「駝鹿」、「鹿」的解釋也解決了前述以「駱駝」為解釋的主要爭議，也就是在當時拓跋部人名中的例證。

漢語中的「麒麟」（日語稱為 kirin），轉譯成古突厥語後是「kälän」。[30] 麒麟從中國古代以來，都是極受尊奉的象徵和半神話式的祥瑞之兆。據稱孔子長年來等待著麒麟現身，視其為聖賢統治者降臨的徵兆。後來也演變出其他將孔子與麒麟聯想在一起的傳說。儘管如此，一直到南北朝時期，才能確認有直接以「麒麟」二字取名的例子。這當然是屬於極為通俗的普羅大眾之名，而不是士族講究的文雅稱號，[31] 因而很少在正史中出現。有趣的是，「麒麟」之名在拓跋部及其族群中顯得特別受歡迎，至少可以找到四個以「麒麟」為名的證據（《魏書》40.917, 60.1331；《周書》19.311, 27.453）。其中有三個名字明顯是胡姓，分別是「陸」（「步六孤」的縮寫，與族名「步落稽」有關）、「叱干」和「宇文」。第四個例證則是韓麒麟，正巧與韓木蘭同姓，史料中清楚記載了他來自邊疆的昌黎，並自稱是西漢大司馬韓增的後代；這

樣的託詞，顯然美化了實際上的「胡人」出身。因此，若是要說韓木蘭被賦予了「雄」的漢名，也不算牽強，因為他和韓麒麟不僅生存年代相近，而且還活躍於同一個地區。

此外，單個漢字「麟」時常出現在胡名之中，但由於缺少進一步的證據，很難確定「麟」這個漢字是否真的代表「麒麟」，還是只是對外來音的譯寫。然而，基本上確實有些證據顯示，這指的就是「麒麟」。例如，後燕的皇子慕容麟（？-398），就因為他名字中的「麟」字，而將麒麟現身視為是他稱帝野心的徵兆。另外一個例子是慕容普驎（中古漢語發音為「p'uo-lien」），發音非常接近「bulān」的變體（《晉書》127.3164；《魏書》15.374）。

表 2-1　正史中通報看到「麒麟」現身的次數

東晉 （317-420）	劉宋 （420-479）	蕭齊 （479-502）	蕭梁 （502-507）	拓跋魏 （386-534）
1	1	1	0	8

以往鮮少注意到，拓跋部對「麒麟」特別痴迷的原因中，顯示出了怎樣的文化脈絡。根據對《晉書》、《宋書》、《南齊書》、《梁書》和《魏書》等官修正史的全面檢視，在表格中列出了這段時期中五個朝代的統計數據，清楚地闡明了此論點。在表 2-1 中，前四個朝代都是南方的漢人政權，唯獨拓跋魏是北朝的胡人政權。不過，由於各個朝代都只統轄了中國的部分區域，在他們疆域之外所通報的麒麟現身次數並未採計。

除此之外，表格中拓跋魏特別多的通報次數，也反映出在

阿爾泰文化中，鹿科向來被視為是神聖的動物。[32] 此種信仰在古代歐亞大陸中廣為流傳，並且一路延伸到北歐。舊大陸上留存的大量古代鹿科圖像和符號引出了「天鹿」（cosmic deer）的概念。[33] 我們甚至可以進一步推斷，這個傳統和中國的麒麟崇拜有著共同的起源，可以一路追溯到長城尚未成為文化隔閡之前，當時集約農業也尚未完全成為中國經濟的主體，這段歷程在西元前的最後五百年才大致完成。

除了這些統計數字，還有其他例子可證明當時中國北方各民族的「鹿崇拜」，尤以拓跋部為其中典型。

- 北魏太武帝拓跋燾使用的年號「神麚」（428-431，神聖〔雌〕鹿之意）。這是中國史上唯一一個以「鹿」為年號的政權。

- 除此之外，中國史上只有三個政權使用過「麟」（〔雌〕麒麟）作為年號。前兩次都是「麟嘉」，取「麒麟吉兆」之意，首先是匈奴的自立政權，繼承漢國創立前趙的漢烈宗劉聰（？-318）的第四個年號（316-317），接下來是氐／藏族政權的後涼太祖呂光的第二個年號（389-395）。第三次則是「麟德」（664-665），取「麒麟之德」之意，是早期唐高宗李治的年號。正如我先前所示，唐皇室事實上就是拓跋魏在政治和血統上的繼承者。

- 《魏書》（1.2 和 112b.2927）中曾經兩次提及一個十分有意思的拓跋部早期傳說，據說拓跋部在西元後的二或三世紀之間，踏出了中國的東北森林區，並在一頭「其形似馬、其聲類牛」的神獸的導引之下，來到一片曾為「匈奴之故地」的豐茂草原。這個故事立刻讓我聯想到

那隻領導匈人穿越辛梅里安博斯普魯斯王國（Cimmerian Bosporus）進入克里米亞的著名雌鹿，[34] 以及那隻阻止成吉思汗進入印度，指示他班師回朝，「形如鹿而馬尾，其色綠」的著名角獸。[35]

- 與中國傳統將麒麟當作和平與戒殺戮的形象形成鮮明對比的是，拓跋政權通過設置騏驎官四十人來護衛皇宮，將麒麟的符碼用於尚武的軍事層面（《魏書》113.2974）。我認為這很可能就是唐採用麒麟符號的起源，連同虎、獅、鷹和豹，作為武官官服上表示官品的飾紋（《舊唐書》45.1953；亦見於《通典》61.1725）。這個麒麟的新「戰士」角色，雖然與華夏信仰相矛盾，卻完全符合古代草原和西伯利亞文化中鹿的形象。[36]

在這最後的分析中，深藏於拓跋皇室頒布的漢化命令之後的，是這支前遊牧民族骨子裡深植的草原文化傳統，與漢名同步使用的「胡人」命名法就是其中一個特徵，例如北朝貴族普遍有的胡「字」或「乳名」，隋唐兩朝的皇室也是如此。因此，拓跋部的麒麟崇拜和史料中廣為出現的麒麟之名必定有個「胡人」根源。此外，塞諾在研究〈關於獨角獸的阿爾泰名稱〉（"Sur les noms altaiques de la licorne"）中指出，一直到回鶻人離開蒙古並定居於中亞綠洲之後，由漢語借代而來的外來語「麒麟」才出現在阿爾泰語系的各個語言中。容我再次引用他的結論，在「本土」阿爾泰語系中，唯有「bulān」是指稱「麒麟」的語詞。此外，經過證實，有位可薩汗國的可汗（Khazar king）就名為「bulān」，[37] 其時代遠遠早於喀喇汗王朝的布格拉汗。

我特別留意到歐亞大陸和草原傳統向來將雄性和鹿科相聯

繫。例如，據安·艾尼茨（Enn Ernits）近來研究科拉半島（Kola Peninsula）薩米人（Sami）的馴鹿神話，總結道：「在薩米人的民間宗教中，馴鹿與**男性**世系群有關。」[38] 此外，雖然埃絲特·雅各布森（Esther Jacobson）在其書中討論到古代西伯利亞的鹿崇拜，並試圖建構出一個鹿女神的存在，但她也承認，在草原各處所發現、稱為鹿石的石頭多不勝數，而且「毫無疑問地皆指涉到人類**男性**」的形象，如此一來，「這些鹿石的**男性**關聯毋庸置疑」。她還引用了其他學者的研究，「可以想見，這些帶著角的鹿形象指涉的是遊牧民的**男性祖先**，並且能總結出斯基泰—西伯利亞（Scytho-Siberian）族群的鹿形象與圖騰、部落祖先、**男性戰士和男性**皆息息相關」（引文中的粗體皆為我所加）。[39] 這種草原上鹿形象的男性本質，理所當然能與前面提到的韓雄本名「雄」、字「木蘭」的「名—字相應」關係相印證。

～ 漢語譯寫說明 ～

　　儘管有強而有力的證據證實在拓跋政權中曾出現過以麒麟為名的胡名，但要將「木蘭」或「僕闌」與此名相連接的癥結在於，「木」和「僕」在中古漢語中皆有「-k」尾音。因此，就無法確實證明漢語中的「木蘭」或「僕闌」是否就是對「bulān」或其變體的譯寫，畢竟，其中似乎沒有絲毫的軟顎音。

　　考量到兩個漢字，即「pu」和「mu」，皆屬於古代「入聲」的類別，其特點是其輔音韻尾（-t、-k、-p），直到今日仍然存在於幾個南方方言當中，尤其是粵語。近五十年前，蒲立本發表了一項研究[40]，闡述了入聲字被廣泛用作表示「外來複輔音」（foreign consonant cluster）的單個子音或單個後綴子音。他的

另一個結論是，漢語中的「突厥」可能只是單純從「Türk」而來，而不是如從馬迦特（Josef Markwart, 1864-1930）和伯希和（Paul Pelliot, 1878-1945）以來所假設的，認為蒙古語的複數形式「*Türküt」是源自漢語譯寫後的「-t」詞尾。

這最後的結論有著技術上的爭議，在所有蒲立本對於「外來複輔音」的實證案例中，入聲字總是用來譯寫第一個子音，而不是像常見的突厥語譯寫案例，入聲字是用來譯寫子音詞尾。除卻這一點，他所指出的像這樣的字符通常是由單個子音譯寫而來，則更令人信服。我認為應該將他的論點再向前推進一步，也就是如果假設在面對外來語詞時，入聲字只能用來譯寫第一個子音，那麼就很難說明入聲字也能用來表示第一個子音與母音，即無法說明入聲字也能用來表示去掉韻尾塞音的整個音節。

固然案例確實比比皆是，但大量漢語譯寫資料的詳實研究證實了這些入聲字的運用，並不能輕易用語音同化（assimilation）、或是其他與下一個音節的連音方式來解釋。時空的限制讓我無法列出更多與我的研究最為相關的例證。不發音的韻尾塞音以粗體字表示。為了避免過多的註釋，除非另有說明，梵語的譯寫資料是基於《大正藏》和師覺月（P. C. Bagchi）的兩卷梵文—漢語譯寫研究中的幾個漢梵詞彙表。

- 幾乎所有學者（夏德〔F. Hirth, 1845-1927〕、沙畹〔E. Chavannes, 1865-1918〕、伯希和等）都證實被漢語音轉成「木鹿」（muk-luk）的古代中亞城市（《後漢書》88.2918 和《新唐書》221b.6245），就是現代土庫曼的城市梅爾夫（Merv），古稱「Mûlu」。[41]
- 吐蕃（Bod）的梵文名「Bhuṭa」被音轉為「Puzha」

（b'uk-ta）[42]。

- 來自《大正藏》的一些案例（漢語譯寫＜梵文字）：
  ◇ boqifu（puât-kiət-b'iwa**k**）＜ pakva，「煮熟、成熟的」。
  ◇ yutaimo（jiu-t'âi-muâ**t**）＜ utma，「高的」。
  ◇ shejiedi（siät-kiät-tiei）＜ çakti，「矛」。
  ◇ salishabo（sät-lji-ṣat-puâ）＜ sarṣapa，「芥末」。
  ◇ nalameluo（nâ**p**-lât-muâ-lâ）＜ duravala/durbala，「虛弱的」[43]。
  ◇ naqu（nâ**p**-kiwo）＜ dukha，「痛苦、艱苦的」。

- 著名的佛教學者玄奘（600-664）也留下了許多案例，人人皆知他熟稔梵語，並致力於佛教典籍翻譯（可能也將某部佛經由漢語翻回梵文）[44]，我在此先舉出兩個案例，其中之一是許多人名皆用「笈多」（k'iuk-tâ）來音轉「gupta」（巴利語〔Pali〕的形式是「gutta」，與第一個字符的「-k」詞尾不相和），另一個是用「畢鉢羅」（piĕ**t**-puât-lâ）表示「胡椒」（pippala）。[45]

- 新舊唐書中所記載的「九姓部落」（九個回鶻部落）[46]提供了兩個極為有力的案例：「藥羅葛」（iak-lâ-kât）和「藥勿葛」（iak-miuət-kât）。「藥羅葛」在鋼和泰（Alexander von Staël-Holstein, 1877-1937）的著名藏卷中的塞種（Saka）部之中為「yah:idakari」，以及在回鶻魯尼文碑銘（Uighur Runic inscriptions）中記為「yaɣlaqar」。然而，「藥勿葛」在鋼和泰藏卷中譯成「yabūttikari」。恆寧（Walter Bruno Henning, 1908-1967）已經開始探尋為什麼會用同一個漢字「藥」（iak）來翻譯「yaɣ」和「ya」。[47]

- 伯希和 [48] 已經確認了在《無瑕之光》（*Vimalaprabha*）藏文版中提到的 Pa-lan-ba Sum-pa 人（「-ba」是一個後綴），是漢語記錄中的「白蘭」（bʼɐk-lân）部落。

應該注意的是，前兩個例子與「木蘭」或「僕蘭」之名的首字相同，但是最後一個例子與我們的推論——漢語的「bʼuk-lân」即阿爾泰語系的「bulān」——有著驚人的相似。

更具啟發性的是一組胡名，以及已知的諸多變體：[49]

1. 叱利（tsiet-lji）～叱利（tsiet-liät）
2. 乞扶（kʼiət-bʼiu）～乞步（kʼiət-bʼuo）～乞佛（kʼiət-bʼiuət）～乞扶（kʼiət-bʼiu**k**）
3. 僕固（bʼuk-kuoʼ）～僕骨（bʼuk-kuət）[50]
4. 達步（dât-bʼuo）～達勃（dât-bʼuət）
5. 賀遂（γâ-zwi）～賀術（γâ-dʼźʼiuĕt）
6. 莫折（mâk-tśia）～莫者（mâk-tśiät）[51]

乍看之下，具有詞尾「-t」的形式似乎加強了過往馬迦特和伯希和所提出的理論，即用漢名「突厥」來表示「Türk」，表現出一些（原始）蒙古語的複數形式「*Türküt」。然而，仔細推敲之後，除了具有開放後綴音節（open final syllable）的相同形式之外，在大多數的情況下，無法證實有用（原始）蒙古語作為中介，更無法解釋詞尾「-k」及羌／藏族人名的問題（6）。相反地，這些變體大為印證了在許多漢語對外語的翻譯中，入聲字的韻尾塞音可以與許多開放的音節相對應。詞尾「-t」的頻繁出現可以代表了一個簡單的既成事實，也就是在所有入聲字中，或

至少是在譯寫的時候，此種類型的數量更多。例如，我們可以注意到，在正史《南齊書》和《魏書》中，將同一個胡姓分別記錄成「伏鹿孤」（b'iuk-luk-ku）和「步六孤」（b'uo-luk-ku），[52] 它們都是保爾加人的同源詞，這正是建立中世紀保加利亞王國的族群。由於阿爾泰語系中缺乏「初始複輔音」（initial consonant cluster），便能釐清這兩個漢語翻譯中的第一個漢字字符鐵定是由不只一個子音「b-」音轉而來。順道一提，這些案例和塞種用「bākū」的形式來指稱部族名「僕固」（b'uk-kuət）（3），皆強力支持了克勞森（Gerard Clauson, 1891-1974）的論點，不過似乎只有他獨樹一格地將 Türkü 解讀為「Türk」族名在古突厥語中的形式，此想法備受蒲立本等學者的批評。[53]

除此之外，胡姓的音轉「伏鹿孤」提醒了我，首個字符「伏」（b'iuk）在漢語中時常用來替代「步」（b'uo），特別是遇到佛教中含有「神」意的人名（神事名），漢字「佛」（b'iuət）是對「佛祖」（Buddha）最正統的音轉。因此，「伏」（b'iuk）的韻尾塞音「-k」，在這類的譯寫中必須維持不發音。

我認為在譯寫一個外來語詞時，中古漢語的「入聲」字經常會帶有不發音的韻尾塞音，這其實並不是個創新的發現。在研究過類似的資料之後，哈爾馬塔（J. Harmatta, 1917-2004）也得出了這樣的結論：漢語入聲音節「鐵定有兩個語音變體」（CVC 和 CV），因此「〔這些〕〔入聲〕音節的兩個語音實體，就能互為替換，不管那些外來語音節是否具備韻尾塞音，都能用它們來表現」。[54]

有趣的是，在超過一甲子之後，在研究中國高僧玄奘傳記的回鶻文翻譯時，塞諾從另一個翻譯的方向發現了相同的現象，即漢語的入聲字可以音轉成沒有輔音韻尾的古突厥語。在塞諾所記

錄的三個案例中，可以看出漢語塞音「-k」在譯寫成古突厥語後並不發音。[55]

⸺ 駱駝與麒麟之間 ⸺

以上的討論用「bulān」一詞加以闡述，使得「木蘭」或「僕蘭」之名的「麒麟」涵義變得更為可信。然而，我們仍須承認，若以語音的角度來著手，「buɣra」一詞似乎也能說得通。因此，要想全面性地闡述「木蘭」之名的爭論，絕對必須細細審視阿爾泰語系中各語支相關的額外資料或舊日爭論。

讓我們從另一個角度再來看看「buɣra」一詞。值得注意的是，這個「性別限定的語詞」（gender specific word）從古到今都不是阿爾泰語系中諸語言指稱「駱駝」的主要用詞，因為突厥語詞「tevē」及其眾多的變體，以及其他方言中的同源詞，在此方面的指稱都毋庸置疑。[56]這讓我不禁開始對「buɣra」的原始涵義存疑。

即使是在今日，突厥語族中的「buɣra」也不是如一般所認為的意指「牡駱駝」。雅庫特語（Yakut）的同源詞「būr」意指「雄（鹿）」，類似的意思（「雄性駝鹿」）在其他諸多突厥語言中都能找到。[57]這樣一來，再加上索米─芬蘭語（Suomi-Finnish）的語詞「peura」（「獵物」之意），讓萊塞寧（Matti Räsänen）闡釋道：「buɣra 最初不是指牡駱駝，而是指雄鹿。」[58]換句話說，「bulān」（麒麟）和「buɣra」等類似語詞也都有鹿科的字根。德福（Gerhard Doerfer, 1920-2003）似乎接受了這種「語義轉化」（semantic change；德文：Bedeutungswandlung）的可能性，但不認可萊塞寧的索米─芬蘭語同源詞的說法。[59]

不論萊塞寧的結論正確與否，都似乎理所當然地認為古人應該不會過分關注於鹿科和駱駝科（Camelidae）在分類學上的準確性，或是眾多草食反芻動物之間的差異。萊塞寧所稱只不過是此種忽視科學嚴謹性的其中一個案例。我們還可以引用雅庫特語用語「taba」一詞來指稱「馴鹿」，這正是突厥語「tevē」（駱駝）的同源詞。[60]鹿科和駱駝科的語詞混用也反映在漢語的「駝鹿」，指稱的是一種大型鹿科動物「Alces alces」。根據一份十一世紀的史料，這個鹿科家族大型成員的「駝鹿」之名，可能是從「北方胡人」而來。[61]我也引述了「駱駝」的「駱」這個漢字字符，它的原始涵義意指「有著黑馬鬃的白馬」，與駱駝科其實絲毫無涉，這讓這個草食四足動物的語義混亂，又添加了一個「馬」的涵義。我們也可以注意到，高加索語系各語言中的語詞「bulān」轉變成了「bison」（「野牛」之意，例如車臣語中的「bula」就是指「野牛」）。[62]英語中「deer」一詞的原始涵義也是另一種例證：根據《牛津英語詞典》（Oxford English Dictionary）第二版，「deer」的原意為「野獸：通常是四足動物」；而德語的同源詞「Tier」（動物，同英文的「animal」）也確實證明了這個語詞的普遍涵義。

如此看來，萊塞寧「buɣra」的理論要想進一步將拓跋部包含在內，似乎仍然有點牽強，拓跋部或許可以和駱駝源於同一片森林區，但駱駝至少不是他們日常關注的事務。即使在今天，我們看到許多看似冗言贅字的表達方式，例如奧斯曼突厥語中的「buɣra tävä」一詞，支持了「buɣra」並不是一開始就有「駱駝」涵義的論點。這也可以與伊朗語中的「mäjä」相比較，「mäjä」經突厥語廣泛挪用，通常意味「雌性動物」，尤指「雌駱駝」。[63]

由此觀之，阿爾泰語系中的「buɣra」（牡駱駝）、「buɣu」

（牡鹿）和「buqa」（公牛）等語詞就算沒有同源的關係，至少存在著某種相似性，如同過往阿爾泰語言學家對此議題的爭辯不休，這個問題的爭論未來還會繼續延燒。[64] 然而，任誰都無法否認這三個語詞之間一個明顯的共同點：主要都是指稱雄性的反芻四足動物。

最後，讓我們回頭檢視「bulān」一詞。從第一個音節中短母音的長度看來，似乎已經排除了任何原先存在著軟顎音的可能性。其詞源是否符合「麒麟」一說，也仍然是個謎團。歸根究柢，在華夏傳統中，麒麟本來就是集合了多種動物特徵的綜合體，像是鹿、馬、水牛或野牛等等。班格（Willy Bang, 1869-1934）也承認這個詞源的模稜兩可，認為「bulān」的形式可能受到「qulān」（意指「野驢」〔wild ass〕）一詞的影響。[65] 克勞森則指出，「-lān」似乎是個極為普遍的動物語詞後綴。[66] 喀什噶里則列出了七個這樣的動物語詞，分別是「pulān」（駝鹿），「qulān」（野驢）、「arslān」（獅子）、「burslān」（老虎）、「aplān」（老鼠）、「yamlān」（老鼠）、「yilān」（蛇）。[67] 我還可以再補充兩個：「baklān」（一種特殊的羔羊）[68] 和「qaplān」（老虎）。[69] 這個詞組囊括了食肉動物、食草動物（反芻和囓齒動物）和爬行動物，並不符合一般常見的動物分類，如果我們要將這個後綴的出現，歸因於動物的人格化，或者是將圖騰中的動物神格化，似乎過於草率。無論如何，「bulān」真正的字根都會是「bu-」。因此，基於「bulān」的本質是「大型雄性鹿科動物」，那麼就應從屬於前面討論過的「雄鹿／公牛」類別中。

確實，在成就非凡的《阿爾泰語系詞源學詞典》（*Etymological Dictionary of the Altaic Languages*）中，斯塔羅斯金（Sergei

Starostin, 1953-2005）舉出阿爾泰字根「*mula」（鹿的一種）與通古斯語（Tungusic）的字根「*mul-」、原始蒙古語的字根「*maral」（山鹿），以及原始突厥語的字根「*bulan」（駝鹿）相比較。[70] 這些字根，特別是原始突厥語的形式，近乎完美地與拓跋部的「木蘭」之名相符合。

　　總而言之，古代的拓跋語早在一千年前就已經失傳，如今已無法一一判定當中每個語詞的原始形式。但是仍然可以合理地推斷，「木蘭」之名是由「bulān」或「buklān」音轉而來，並且同屬於阿爾泰語族中「雄鹿／公牛」的詞組，除此之外，「木蘭」還是本土阿爾泰語中唯一指稱「麒麟」的語詞。

▶ 鎏金飛廉紋六曲銀盤。
▲ 彩繪貼金騎馬俑，出土於陝西乾縣懿德太子墓。

第 三 章

兄弟之事和犬科動物的形象

「胡人」語言的入侵

Brotherly Matters and the Canine Image: The Invasion of "Barbarian" Tongues

⌒「四海之內皆兄弟也」⌒

偉大聖人的領頭弟子——子夏，心懷孔子對完美社會的理想：「大同」和仁愛的社會。當他聽到司馬牛抱怨道：「人皆有兄弟，我獨亡。」（言中之意是：他的兄弟不行手足之道），子夏安慰師兄弟說：「君子敬而無失，與人恭而有禮；四海之內，皆兄弟也。」[1]

這只是在傳統華夏社會中，闡述兄弟情誼（不論是否有血緣關係）重要性的一個例子。此外，儒家強調維繫適當的社會和家庭秩序，「兄」、「弟」之間的明顯區別是漢語、社會習俗和個人意識中歷久不衰的特徵，與大多數的印歐社會形成鮮明的對比。事實上，「兄弟」是儒家五倫之一，其他四個是君臣、父子、夫妻和朋友。

在這樣的歷史脈絡之下，令人吃驚的是，雖然這個核心親屬關係中，「兄」這個概念的家族和社會功能在很大的程度上堅定不移，甚至還隨著時序的演進而不斷增大，但是這個詞在現代中國的形態載體（morphologic carrier）已經被另一個親族詞彙

「哥」給篡奪。「哥」這個詞彙滲透了今日所有的漢語方言,並超越家族的稱謂,發揮了更為廣泛的語言角色。這個詞彙及其變體充斥在正式演講、日常對話,以及民間情歌中,從上海這樣的大都市,到最遙遠的內陸山村無所不在,這的確相當驚人。相比之下,原來的漢語詞彙「兄」已經被放逐到少數古體和大部分文學學術名詞中。

儒家起初泛兄弟的概念充分體現在這個現代詞彙「哥」當中。例如,在清朝時期分布甚廣的反滿祕密盟會「哥老會」。在後文革時期,「哥兒們」是每個講當代口語漢語的學生都知道的流行語,這個稱呼的字面意義是「兄長」和「弟兄們」。事實上,漢字「哥」在現在也可當作字尾使用,只要加在一種特定職業的語詞之後,便形成一個指稱該行業勞工(男性)的常見用語。一個典型的例子是「的哥」,藉由在「的」字之後加上「哥」字,指稱「(男性)計程車司機」。「的」字是從「的士」(粵語的計程車)轉化而來的縮寫。

漢字「哥」也經常出現在轉寫和翻譯日益增多的外來語詞中。例如,手機曾經被廣稱為「大哥大」,一個來源未知的奇怪詞彙,現在已經逐漸被更實際的語詞「手機」取代。最天馬行空的,可說是通俗的音譯「偉哥」,字面涵義是「好棒哥」,用來指稱治療勃起功能障礙的藥物「威而鋼」。事實上,通俗中國史家易中天日前便出版了一本文集,名為《你好,偉哥》。[2]

在這個廣泛的社會脈絡下(除卻中華人民共和國的人口控制政策不時造成的災難性後果,如果嚴格執行一胎化,將危及所有指稱兄弟姊妹的親族關係詞彙),鑑於全世界遍布的漢語人口,「哥」絕對是地球上最常使用的詞彙之一,每天會被講上數百億次。然而,令人震驚的是,這個典型的中國親屬術語根本不是源

自漢語！它之所以能入侵如汪洋般眾多的漢語人口，得利於拓跋部及其弟兄和後裔，當然也包括了唐朝皇室。

ᔓ「哥」的原始蒙古語來源和阿干的案例 ᔓ

讓我們再回頭來看漢字「哥」。事實上，它應該是「歌」這個同音異義字的原始形式，意思是「唱歌」。正如博學的清代語言學家段玉裁（1735-1815）所言，「歌」之後因為發「哥聲」而假借而來。[3] 假借的動機是相同的發音，不過因語義學的用途，在漢—藏歷史語言學中也不算罕見。

正如幾位著名的清朝學者所觀察到的，用「哥」指稱「兄長」發生得相當晚：這種用法的記錄首見於唐中期至晚期。[4]《唐會要》（5.56）中的一段軼事，並沒有被清代和現代學者所留意，是關於唐太宗的弟弟李元名（624-689）稱呼他為「二哥」。雖然這是早期使用此一詞彙的一個顯而易見的例子，不過應該指出的是，《唐會要》最早的部分成書於北宋年間，而編纂的時間不會早於唐德宗時期（780-805），[5] 距離這段對話已經有一百五十多年。

一旦人們領略到口語漢語中親屬關係詞彙的兩個基本模式——使用疊字的，以及那些加有「阿 -」前綴的——「哥」字演變成指稱「兄長」詞彙的起源，便變得很清楚。第二個模式在古代特別常見，可能象徵著一個共同的漢—藏特徵。事實上，幾乎所有表示親屬關係的漢字都可以和「阿 -」前綴一起使用。[6] 直接的證據早在東漢末年就已被發現，例如著名的才女蔡琰寫成的《悲憤詩》，[7] 她是東漢名士蔡邕（132-192）的女兒。詩中，她被俘至南匈奴領土之後腹中的兩個孩子出世，後來中國北方的軍

閥曹操（155-220）用重金將她贖回，悲憤的女詩人在描述她與兩個孩子從此將「存亡永乖隔」時，用「阿母」一詞指稱「媽咪」。不久之後，在上一章提到的建安時代（196-220）的樂府《孔雀東南飛》的悲劇中，至少出現了四個阿開頭的稱呼，即「阿母」、「阿女」、「阿妹」和「阿兄」。保羅・班奈狄克（Paul Benedict）必定因錯誤的資訊而得出結論，認為這個用法是漢語晚期（約600）的發展。[8]

接著，由高本漢（Bernhard Karlgren, 1889-1978）重構的「阿哥」的中古漢語發音是「aka」；它近似於蒙古的親屬詞彙「akha」，且具有相同的涵義，使得這個詞的起源受人注目。

蒙古族親屬詞彙「akha / agha」的證據比蒙古部落的出現要早上好幾個世紀。更具體地說，它回溯到紀錄在斷代史《晉書》當中，《阿干之歌》的著名故事（《晉書》，97.2537）：在西晉（265-316）初年，中國東北集體放牧的一個鮮卑部落慕容氏中，年輕且有良好出身（出自正妻）的領導人慕容廆與他的庶長兄吐谷渾爭吵，吵架的內容是關於他們各自繼承部落馬群的放牧地點。哥哥之後決定離開，發誓帶領他的部落到一個距離他弟弟土地「萬里之外」的地方。這樣一來，他最終在中國西北部建立了吐谷渾王國，且延續了五百年之久，一直到中唐時期被吐蕃王國征服和吸收。[9]據說慕容廆十分後悔與兄長爭吵，為了表達對兄長的思念，他寫下了憂鬱的《阿干之歌》。《晉書》闡釋道：「鮮卑謂兄為阿干。」

吐谷渾所屬部落的遷徙可能反映了幼子繼承制的草原傳統，其中最年幼的兒子「斡赤斤」，繼承父母的家園。龐大的蒙古帝國在分給成吉思汗的四個兒子時，可能便是此傳統最好的例子。《阿干之歌》的語言含義可能是指稱「兄長」的蒙古字根「akha

/ agha」在歷史上的首次亮相。

伯希和應該是第一位用蒙古字根 akha（aqa）來辨識「阿干」的西方學者，[10] 而卜弼德和巴贊也遵循此路線，[11] 指出慕容部語言中的蒙古語本質。事實上，清朝漢人學者翟灝（? -1788）早已做了類似的觀察。[12] 此處的問題在於，如何解釋「-n」詞尾既不是中古、也不是現代蒙古語中指稱「兄長」的詞幹。巴贊試圖援引複數型後綴「-nar」（實際上，使用一個假定的通用蒙古語複數字尾「-n」會更加適合）。[13] 但是這個含蓄的解釋方法與「阿干」出現的歷史背景相抵觸：所有的漢語記錄都顯示這個故事中只有一位兄長。《晉書》中的解釋（97.2537）和用作正式歌名的「阿干」一詞，也排除了屬格／所有格後綴的可能性。愈是熟悉漢語記錄，便會更加謹慎地使用其中的論點，伯希和暗示了在蒙古語中有習慣不確定「-n」詞尾的可能性。然而，對於指涉兄長的關鍵一詞，似乎無法證實出現在已知的歷史上和現代的蒙古語中。在任何情況下，如同本書其他地方所指出的，詞尾「-n」的文法功能證明在漢語文獻中保留了古代鮮卑語詞，這點仍然是個耐人尋味的謎團。

人們可能會注意到，「阿干」一詞也可以被確認是女真─滿洲詞彙中的「兄長」，而詞尾「-n」在中古女真語和之後的滿語中，都能得到很好的驗證。[14] 實際上，正如魏復古（Karl Wittfogel）和馮家昇（1904-1970）所注意到的，[15] 沙畹稱吐谷渾是「la nation tongouse」（即通古斯族）。[16] 然而，雖然蒙古語或通古斯語是「阿干」一詞的語源，但關鍵之處是，「阿干」似乎不是拓跋鮮卑用來指涉「兄長」的詞彙。我有兩個證據可以支持此一觀察。

首先，《魏書》（101.2233）與《晉書》的紀載形成鮮明的

對比。《魏書》明確指出，「阿干」是「徒河（何）」使用的語詞，「徒河」是《魏書》作者魏收（507-572）所使用的一個帶有貶義、稱呼慕容集團的詞彙，因為魏收曾侍奉拓跋魏及其繼承者北齊。有人可能會強調，魏收身為史家，非常了解應該使用貶低詞彙來稱呼拓跋的敵人，但就算是南朝正統的華夏漢人政權，他也以「島夷」稱之（《魏書》97.2129）。雖然事實上，鮮卑或鮮卑化的北齊建立者高歡（496-547）也承認，這些南方朝代被許多北方的士大夫尊為「正朔所在」（《北齊書》，24.347）。

第二，「echi」的同源詞。此著名的古突厥語詞彙意指「兄長」和「叔父」，早期拓跋部很清楚地是使用第二個意思「叔父」。「echi」是拓跋皇族之名「乙旃」，此名可追溯到拓跋部剛興起的早期階段，當時的首領拓跋鄰第一次分割他們日益增加的部族追隨者，史稱「七分國人」。這個稱呼後來漢化成為「叔孫」，也就是「叔父後裔」的意思（《魏書》113.3006）。卜弼德在他一九三六年的拓跋語研究中，似乎是第一個認識到，古突厥語詞「echi」的同源詞「乙旃氏」（中古漢語發音為 iet-tsian），奇怪地也帶有詞尾「-n」。

「echi」和類似的突厥親屬關係詞彙，反映出了一個根深柢固的古老草原文化特徵，即缺乏明確的「輩分」之間的界線。據我所知，卡爾·格倫貝克（Kaare Grønbech, 1901-1957）是第一位在一篇簡短而透澈的文章中，[17] 指出這個有趣社會結構的學者。他發現，由「自我」（ego）延展出的家族之中，所有男性成員年齡在父親和「自我」之間的，即父親的弟弟和「自我」的兄長，都被賦予了相同的親屬稱謂，而不論他們的實際輩分。女性親屬亦是如此。這種對世代差異的忽視在拓跋政權及其繼承人、特別是唐皇室中十分明顯；我稍後將詳細闡述。因此，幾乎

可以肯定的是，古老突厥字根「echi」的第一個含義（兄長），也被拓跋保留了下來。

不久，蒙古語詞彙「akha / agha」（aqa / aya）很快就出現了。根據克勞森的研究[18]，它最終幾乎取代了所有突厥方言中的「echi」。後面將討論到，同樣的情況也可能發生在拓跋諸部。更有趣的是，拓跋和後來的西亞突厥政權、尤其是奧斯曼帝國之間密切的相似性。當人們注意到在漢語記錄中（《魏書》15.375和《新唐書》71.2404）「內阿干」或「內行阿干」（字面意義是「運行內部的阿干」）的官名，以及奧斯曼帝國服侍蘇丹家族「內庭」、「外庭」的官員，其官名是「agha」時，便能更加斷言，此種歷史上的類似之處確實存在。[19]

讓我們回到詞尾「-n」。將數個拓跋部詞彙和它們主要的阿爾泰語系的原始形式相對照後，便能發現這種詞尾。除了梅維恆指出的文法功能尚未被確定外[20]，它可能是單純反映出某些方言中的早期鼻音形式，而漢語則用尾音「-n」來表現。

兄弟乎？父子乎？突厥關連與輩分界線

由於語音和語義的相似，以及事實上可能留下最早「哥」的使用紀錄的人群，皆有一定程度的非漢緒餘（其中包括鼎鼎大名的唐朝詩人白居易），這個現代的漢族親屬稱謂，極有可能是一些古老的蒙古語或其他阿爾泰語的借詞。如同前面提到的，這些詞也在大部分的現代突厥語中出現。至少，我們可以很有把握地說，這個漢字比更加古典的「兄」還要普遍，是因為草原族群和文化對此影響甚鉅。

但這並不是我主要的關切點。「哥」第一次作為親屬稱謂的

使用紀錄在漢語中並不是指涉一名兄弟，而是指「父親」。使用者不用說正是唐朝皇室，也包括唐太宗。在一些案例中，特別發現了這位皇帝親筆教誨太子李治的文字。唐太宗向來以對中國書法的熱愛、甚或是痴迷而聞名，這篇文字落款為「哥哥敕」，保存在北宋（960-1127）初年編輯而成、珍貴的書法匯集《淳化閣帖》中。換句話說，皇帝使用親屬稱謂「哥」的疊字形式，指涉他自己和太子的關係。這麼說來，漢字「哥」用於稱呼「父親」的紀錄實際上早於「兄長」。自清朝以來，這種奇特的用法讓許多中國學者極為困惑，提出包括「唐代的特殊家庭制」或「親從子名制（teknonymy）的一種形式」等等解釋，但沒有一種能真的令人信服。迫使作為第一位對中國親屬制度進行科學研究的現代學者馮漢驥（1899-1977），將之稱為「最令人費解」的案例。[21]

　　許多人都能正確地將經常發生的「醜聞」或甚至是「亂倫」的婚姻關係歸因於李氏受到草原風俗的影響，特別是行之有年的「收繼婚」習俗。但是似乎很少人能觸及此問題的核心：如前所述，古老的草原文化缺乏清晰的輩分界線。隋代官員顏之推（531-591）一度抱怨「北人」社會中的不當行為，絲毫不顧忌輩分倫常：「比見北人，甚輕此節，行路相逢，便定昆季，望年觀貌，不擇是非，至有結父為兄，托子為弟者。」[22]然而，唐朝皇室繼續顯露出對儒家傳統的漠視。尤有甚者，雖然玄宗皇帝稱同族成員李佺（在闕特勤碑上的記錄為 Lisün）[23]為「叔父」[24]，但是在《舊唐書》（60.2345）和《新唐書》（70.2016）中皆清楚記錄下李佺比皇帝輩分還要高了兩代。另外像是唐德宗，他將孫子李謜（782-799）收為兒子撫養（《新唐書》82.3624），違背了儒家五倫之一。我將會在第七章中闡述，偉大詩人白居易的

父親娶了自己的外甥女之事也十分重要，似乎會為我們帶來第一個使用「哥」指稱「兄長」的可信記錄。

　　無獨有偶，幾個世紀之後的蒙元統治菁英中，再次出現了此種忽視輩分倫常的狀況，時常將弟弟認做兒子、阿姨認做祖母等等。[25]然而，對於用「哥」（中古漢語的 ka）來指稱「父親」似乎早於現在普遍認為的「兄長」之意，存在一個更簡單的解釋：「哥」就是當時拓跋貴族指稱「父親」的詞彙。

　　讓我們來考察阿爾泰語系中的資料。事實上，拉德洛夫（Wilhelm Radloff, 1837-1918）已經記錄了「akha / agha」的變體可能意指突厥語中的「父親」。[26]如同萊德豪斯爵士（Sir James Redhouse, 1811-1892）的研究所指出的，現代土耳其語仍然可以反映出，「agha」可能意味著「一個家庭中的首腦」。[27]在雅庫特語，這個長期以來與其他突厥語相隔離的語言，「父親」一詞剛好正是「agha」。[28]這同樣適用於多爾干語（Dolgans），[29]根據塞諾的說法，他們可能是「通古斯語系中突厥化的通古斯語」（Toungouzes turcisés〔Tukicized Tunguz〕）。[30]另外哈薩克語中也可以找到更多的證據，該語言中「ake、eke」意指「父親」。[31]甚至，吉爾吉斯語也有一個類似的詞彙「ake」指「父親」。[32]有意思的是，哈卡斯語（Khakass）的「agha」指的是「祖父」，而蕭爾突厥語（Shor）的「akka」也是如此。相較唐太宗著名的「哥哥敕」落款，土庫曼語中有一個「獨特」的稱謂「kaka」也指「父親」。

　　俄羅斯學者們編纂的兩部一流的詞源學詞典（阿爾泰語和突厥語），當中的內容都強力支持了我的主張。例如，斯塔羅斯金和同事重建的一個原始突厥語的字根「*(i)āka」，可能指稱「叔叔、父親、祖父」。[33]除此之外，塞佛先（Ervand Sevortian,

1901-1978）加入的好幾種突厥方言中，「ağa」都代表「父親」。[34]

　　總而言之，似乎有足夠的理由主張，哥、哥哥或阿哥可能是拓跋語指稱「父親」的詞彙。這些推論顯示出「akha / agha」這個語詞的意涵存在相當大的差異，並且反映在當代突厥語系中的變體；如同波克羅夫斯卡亞（L. A. Pokrovskaia）所觀察到的，這種變化可能有段漫長的歷史。這也強化了漢語親屬稱謂「哥」是阿爾泰語系外來語的主張。我要進而指出中國學者繆鉞（1904-1995）所發現的等式，也就是拓跋官職名「阿干」在漢語中相當於是「長者」。[35] 這與波克羅夫斯卡亞提出的「akha / agha」一詞的核心涵義十分接近。[36]

　　我還可以再另外舉出一些案例說明，突厥稱謂與（原始）蒙古語詞「agha / akha」的關係（可能是從其演變而來），以及其中的社會學涵義。首先是，北齊皇室成員「皆呼父為『兄兄』」（《北齊書》12.160），他們正是拓跋部的直接繼承人。有人試圖將這筆紀載歸因於是「哥哥」的筆誤——假設「哥」在漢語中的「兄長」或「兄」之意，在當時已經流傳已久，因為有充分的證據指出原始蒙古語的元素確實存在於拓跋聯盟之中。第二，蘭司鐵（Gustaf Ramstedt, 1873-1950）記錄了一個有趣的案例：在卡爾梅克人（Kalmyks）中，當祖父還在領導家族時，通常稱為「etsege」（父親），而父親則會降位，被稱為「叔叔」。[37] 而當祖母還健在時，母親也會發生同樣的降級。關於前述的「哥哥／兄兄」的用法，是否也代表了類似的社會學現象，也是個很有意思的問題。順著這樣的思路，我觀察到了我要舉出的第三個案例：北齊的太原王（546-562）曾被記錄稱其母為「姊姊」（《北齊書》9.125）。[38]

相關的詞源學研究透過另一個常見的突厥稱謂「acha」，連繫到現代突厥語中普遍的稱謂「ata」，這兩個詞意指「父親」。[39] 我們還可以觀察烏拉爾語系（Uralic）和芬蘭—烏戈爾語族（Finno-Ugric）的關聯，尤其可以特別注意薩莫耶德語（Samoyed）的語詞「aca」，和拉布蘭語（Lapp）的「acci」皆指稱「父親」。拉布蘭語的稱謂「ække」和「æge」指「父親的兄弟」；另外薩莫耶德語的語詞「agga」意指「高」和「大」。[40] 但它們都超出了本書討論的範圍。

唐皇室雖然為了後代，費盡心力消除了所有可能會顯現出他們與非漢族群體關連的蛛絲馬跡，但是正如我在第一章所強調的，要把這些痕跡在當時代全部隱藏起來，又是完全不同的事情。這樣的努力即使在經過了五百多年後，南宋大儒朱熹（1130-1200）仍然能夠觀察到：「唐源流出於夷狄，故閨門失禮之事，不以為異。」（《朱子語類》136.3245）

幸好有唐人盧言所著的《盧氏雜說》，我們如今才能在北宋早期彙編的《太平廣記》中讀到以下的故事：

> 文宗為莊恪選妃，朝臣家子女者悉被進名，士庶為之不安。帝知之，召宰臣曰：「朕欲為太子婚娶，本求汝鄭門衣冠子女為新婦，聞在外朝臣，皆不願共聯作親情，何也？朕是數百年衣冠。無何神堯打家羅訶去。」因遂罷其選。（《太平廣記》184.1379）

這段文字生動地顯示了當時的傳統華夏士族如何看待當朝皇室，而其中引用的唐文宗的最後一句話，後世難解其意。陳寅恪的著作中引註了本段史料的另一個版本，其中令人困惑的「羅訶」

二字，根據皇室血統被認為應是「何羅」，[41] 這也表明這些史家已經無法正確解讀皇帝的話，使得流傳下來的文字有所謬誤。

我已反覆地觀察到，唐皇室出身自拓跋貴族一員，而此段敘述中皇帝似乎正受到不認同其身分的臣子挑戰，他們寧可找到一個更好、亦即出身更好的女婿，也不願意與太子聯姻。皇帝明顯感到惱怒，因此可能在選擇他的用語時不甚謹慎。也因為如此，我相信他所謂的「何羅」，在重建中古漢語發音之後，正確的讀音應該是「ghala」，指拓跋語詞中的「兒子」。斯塔羅斯金推測，有一個意指「兒子／男孩」的古老突厥語詞「oghul」，[42] 與一種旁蒙古語（Para-Mongolic）的形式「*oghala」也是同樣的意思。[43]

我進一步注意到，「何羅」這個字，儘管在漢語中毫無意義，最早出現在西漢（206BC-25AD），是一位出身邊疆、名為「馬何羅」的軍官。我嘗試將這個名字，當作可能是阿爾泰語系字根「oghul / *oghala」的最初印證。人們很早就意識到，漢語紀錄中匈奴指稱「公主」的語詞「juci」（*kiotsiər）[44]，與指「女兒」、「女孩」的突厥字根「qïz / khïz」是同源詞。

饒富興味的是，馬何羅和他的弟弟馬通之後在漢朝罕見的謀反中，發揮了關鍵的作用，弭平了衛太子起兵對父親漢武帝的反抗。根據《漢書》（68.2960-61）和《資治通鑑》（22.743-44），在這次的亂事中，馬通與戍衛首都長安的匈奴騎兵有著密切的聯繫，由此可以強烈地懷疑馬氏兄弟深諳匈奴語。更有意思的是，雖然馬通在史料中是馬何羅的弟弟，但他的名字也可以近乎完美地音轉成突厥語詞「tun oghul」，意指「長子」。[45]

回到唐代，親屬稱謂也是唐皇室與滿清政權之間，另一個顯著相似的範例。眾所周知，作為清朝統治者的滿洲人逐漸且幾乎丟失了他們的母語。然而，熟稔過去一百多年來中國文學的人都

知道，即使是在清朝末年，滿洲人的親屬稱謂如「阿瑪」（父親）、「格格」（女兒、公主），以及「福晉」（妻子、女士，錯譯為漢語的「夫人」）等等，都還經常在日常中使用。事實上，直到今日，這些滿洲人稱謂依然時時出現在大量、且通常是通俗、浮濫的中國肥皂劇中，這些宮廷劇改編自清朝人物和事件，讓成千上萬的中國民眾重溫這段歷史。換句話說，這些親屬稱謂被證明是滿清征服者正在死去的「國語」中，在現代中國最有適應力的遺留。

～「奴才」的傳說～

除了各式各樣的滿洲人親屬稱謂之外，上述的現代肥皂劇也使中國電視觀眾重新熟悉了另一個特殊的清代稱呼「nucai」，從漢語的字面意思上看來則是「奴才」。有清一代，這是在滿洲皇帝或主人跟前使用的「謙卑的僕人／奴隸」的自稱，並為旗人所用，即滿洲政權起初的部落追隨者及其後裔，成員大多是滿洲人和蒙古人，以及少數的漢人（包括中國傳世經典《紅樓夢》的作者曹雪芹）。大多數漢人大臣自稱為「臣」，意指「您（謙卑的）臣民」。姑且不論之後在文化和語言上近乎同化，主要人口的漢人與旗人之間的區別，依舊是滿洲統治自始自終令人感興趣的面向之一。

儘管漢人大臣的自稱「臣」和「奴」有相同的字源，皆可回溯至殷商甲骨文，但清朝旗人所用的「奴才」一詞實際上是一個偽新詞（pseudo-neologism），該詞第一次出現在中國歷史中可以追溯至中古早期，當許多遊牧集團、包括拓跋部統治中國北方的時候——這個觀點早就已經被多位清朝學者提出。但是，至今

還是受到忽略的是，古代和接近現代的用法之間帶有重要的語義差異，亦即當「奴才」第一次在歷史上出現時，與清朝和今日都有著截然不同的意義。

這個稱呼在接近現代的涵義是形容一個處於非自願或有償奴役狀態的人，然而與此大相逕庭的是，中古時期「奴才」被專門用來指稱一個無能或卑劣的人。

事實上，當這個詞在中古初期首次出現時，有趣之處在於，幾乎總是用於外族或與其關係緊密的夥伴，也就是並非用作自稱，而是用來鄙視。更讓人在意的是，遭汙辱的不幸目標遠非奴僕，反而總是一個掌握大權和身分重要的人，包括皇子甚至是皇帝，與清朝時的用法相去甚遠。

例如，之後成立漢國（304-329）的南匈奴單于劉淵（？-310），曾經輕蔑地評論成都王司馬穎（279-306）在八王之亂時試圖奪權，這個手足相殘的陰謀不僅摧毀了晉朝，並為北方部落的人民開啟了在未來幾個世紀遷入和統治中國心臟地帶的大門（《晉書》101.2648）：「〔司馬〕穎不用吾言，逆自奔潰，真奴才也。然吾與其有言矣，不可不救。」根據記載，氐族（原吐蕃）首領李特（？-303）省思蜀漢（221-263）後主劉禪（207-271）即便享有極有利的地理優勢，卻將自己的國家拱手交給魏國（220-265）的遠征軍，而感慨地說道：「劉氏有此地而面縛於人，豈不奴才也！」[46] 李特的兒子李雄（274-334）在日後也創立了成漢政權（304-347）。

那些早期被貼上「奴才」標籤的人物就是並非奴隸的最佳範例，由氐族首領苻堅（338-375）的得力左右手王猛（325-375）的言論即可看出這一點。苻堅是前秦（350-394）中最成功但極富悲劇性的皇帝，王猛擊潰了前燕（337-370）太傅慕容評指揮

的大軍，幫助前秦併吞了盤踞中國東北部的慕容鮮卑。根據記載，在三七〇年的關鍵戰役前夕，王猛率領的人數較少的遠征軍，對峙由慕容評指揮的數十萬守衛大軍時：「〔慕容〕評為人貪鄙，鄣固山泉，鬻樵及水，積錢帛如丘陵；士卒怨憤，莫有鬥志。猛聞之，笑曰：『慕容評真奴才，雖億兆之眾不足畏，況數十萬乎！』」（《資治通鑑》102.3233）撇開其他內容不談，能夠聚積「錢帛如丘陵」，如貪得無厭的上庸王慕容鮮卑所表現的，肯定不會是奴隸之身。

因此，繼續將「奴才」視為漢語的貶抑之詞並不適當。回溯至古代中國，已知奴隸之中便曾出現過有才之人，躍升成為朝中能臣。可以舉出的例子像是，傳說中商朝的第一位宰相伊尹，以及春秋時期秦國的百里奚，在顯赫之前皆曾為奴。

當時受過教育的漢人肯定意識到了這個貶抑之詞在「胡人」和其同夥之間普遍產生的尷尬之處，因而拒絕使用。當類似這樣的案例由漢人史家重述時，或將含有貶意的「奴才」改為「庸才」（《資治通鑑》82.2621）、或者改成更符合情理的表述方式，例如「奴僕下才」（《晉書》107.2796；《資治通鑑》99.3126）。不過漢族士人顏之推做了一次罕有的例外，用這個詞彙來形容那些幾乎沒有真才實學的南方世族子弟，他改「奴才」為同音詞「駑才」，意思如同字面上指「最下馬也」。[47] 這些受過教育的編輯是個額外的暗示，顯示出這個原始的貶抑之詞「奴才」並不是本土漢語的詞彙。

⟿ 原始蒙古語借詞？ ⟾

那麼，「奴才」這個語詞從何而來？我認為「奴才」是蒙古

語的同源詞「noqai / nokhai」，意思就是「狗」。

我們可以從好幾個方面來闡釋這個詞源。首先，遠在成吉思汗崛起，以及巨大的蒙古帝國建立之前，有幾個操蒙古語的部落居住在中國邊境，當時蒙古語指稱「狗」的字根便已開始流傳。契丹集團便明確地表現出此點，一般認為他們使用的是一種蒙古語，且之後在中國北方建立了遼（916-1126），以及位於中亞的哈喇契丹帝國（Karakitan Empire，中國史書稱西遼）。這個重要的族群為後世帶來了中國的替代名稱「Cathay」（Kitay），甚至東斯拉夫語支（俄語、烏克蘭語、保加利亞語等）也用「Kitai」指稱中國。然而，在遼國的紀錄中也同時留下了一個詞彙「niehenai」（狗頭）。石泰安（Rolf Stein, 1911-1999）是第一個將「niehe」認定成是蒙古語詞「noqai」（狗）的同源詞的學者。[48]

如果有人認為「狗頭」這個詞彙與契丹的宗教儀式有關，那麼也會是屬於一個相當晚的時期（十到十二世紀），而我早在拓跋魏時期，就找到了同樣的蒙古語字根的證據。但是，我要先回到五世紀的最後十年開始觀察，當時北魏孝文帝（元宏，471-499 在位）正屬行漢化。

這個有名的漢化政策包括，將拓跋朝廷從北方的平城遷到中國古都洛陽，並正式禁止鮮卑的語言、習俗、服裝和姓氏。此一舉措顯然是基於年輕拓跋皇帝希望一統南北的野心。結果導致，幾乎所有的「胡人」家族（即部落）的姓氏，甚至包括皇室的姓氏拓跋，都被轉換成漢語、或聽起來像漢語的姓氏。

我們當然毋須太過驚訝，這種對拓跋文化緒餘的徹底放棄，絕對會激起強烈的「民族主義」的抵抗，迫使孝文帝慎重且巧妙地開始，減輕其部族同胞的怨忿和反抗，我們可以找到好幾個阿

爾泰語系的姓氏轉成漢語的範例。例如「叱奴」改為「狼」、「宥連」改為「雲」。[49] 皇室的姓氏「拓跋」改為「元」的變化可能也屬於同一類，雖然尚未能確認有令人滿意的詞源。

我已經發現了這個類別中的另一個案例，即將姓氏從「若干」改為「苟」，和「狗」是同音異義字，但用「草」部取代了「犬」部。有充分的證據表明，這個新的漢語姓氏是「狗」的委婉語（euphemism），如下所闡述的。因此，「胡人」原本的「若干」（漢語發音是 nziak-kan）鐵定是蒙古字根「noqai」的同源詞，儘管再一次有著「-n」詞尾。

這種流行的中國委婉語「狗」有很強的文化原因，可以找到許多範例來支持。有時這兩個同音異義字其實是可以互換的。最有趣的範例是晚唐作家封演在他的《封氏聞見記》（10.133）中所記述的故事：

兼御史大夫韋倫（716-799）[50]，奉使吐蕃，以御史苟曾為判官，行有日矣。或謂倫曰：「吐蕃諱狗，大夫將一苟判官，何以求好？」倫遽奏其事，今上令改「苟」為「荀」，而其人不易。及使還，曾遂姓荀，不歸舊姓。

根據官修正史（《舊唐書》12.323 和 12.326），韋倫兩次出使吐蕃，分別於七七九年九月二十二日和七八〇年六月十一日啟程。「苟判官」的故事十分有可能發生在七七九年，這是韋倫第一次出使，因為他交還了從前軍事衝突中所俘虜的五百多名吐蕃戰俘，成功大幅改善了唐蕃關係。這些戰俘的遣返，有些在唐朝關押了數年，顯然為來年夏天的後續出使任務創造了足夠的善意。無論如何，上頭所述的狗避忌被吐蕃廣為記錄的狗圖騰所證

實，我之後就會回到這個主題。

因此，五世紀的拓跋魏改漢姓是歷史上蒙古語字根「noqai」的最早證明。這也適用於以犬科動物為名的草原習俗。例如，塞諾曾經評論：「這在我們看來可能有點奇怪，『狗』是蒙古人最喜歡的其中一個名字，有許多史料都可以證明，當時留下的就有好幾十個。」[51] 內梅特（Gyula Németh, 1890-1976）進一步指出，基於圖騰的犬科動物名字，被大量用在族群名稱（noms ethniques），或者是部落和氏族名。[52] 根據王德毅和同事所編纂的索引，至少可以在中國史料中找到，元朝時有二十二位名為「Noqai」（犬）的蒙古人。[53] 我稍後會討論這個主題。

第二個則是從語義的角度，闡釋中古漢語貶抑詞「奴才」來自蒙古語中指稱「狗」的「noqai」字根。如前所述，「奴才」在中古時的重要意涵是「無能之人」，而不是被奴役的人。這恰恰是古代中國經常提到的狗的隱喻，不管這種用法對真正的犬科動物智慧是否公允。

例如，如同《後漢書》（72.2331）中，當軍閥權臣董卓（？-192）遭到信任的愛將呂布刺殺前，他詛咒道：「庸狗敢如是邪！」

最好的例子是三國魏的實際開國君主曹操（220-65），魏是主導三國時代的國家。他是一位天賦異稟的詩人政治家，如前面所提到的，他從南匈奴贖回了詩人蔡文姬。二一三年的春天，曹操野心勃勃地試圖跨越長江一統中國，卻被之後創立吳國（222-80）的孫權（182-252，字仲謀）的強大軍事防衛所瓦解，曹操被迫承認他的對手，一個軍閥的兒子；相較於另一個軍閥的弱小兒子，曹操曾輕而易舉地就接收了他從過世父親那裡繼承的國土（《三國志》47.1119），因而感嘆道：「生子當如孫仲謀，劉

景升兒子若豚犬耳！」

　　另一個用狗隱喻無能之輩的絕佳範例出自苻朗，是前述前秦君主苻堅的遠房姪兒。據說苻朗已經徹底漢化、受過良好教育，天賦異稟卻狂傲自大。當前秦在三八三年的淝水之戰中命懸一線時，苻朗被迫在三八四年投降東晉，避居於南方。他在東晉首都落腳之後，有僧人想向他引見江東世族王家的兩兄弟，苻朗倨傲答道：「吏部為誰？非人面而狗心、狗面而人心兄弟者乎？」（《晉書》114.2936）苻朗的回答源於他自己的觀點，認為王家兄弟一個俊秀但愚笨，另一個貌醜卻有才，而在古代中國，心被認為是思考的器官。應該加以補充的是，幾年過後，被其譏為「人面而狗心」的王家兄弟挾怨報復，而遭到處死（《晉書》114.2937）。總而言之，這幾個故事和其他故事都闡明了，中古早期的中國貶抑詞「奴才」和狗都有同樣的隱喻。

　　第三個檢視「nucai-noqai / nokhai」具有相同意涵的角度當然是發音。自蒙古帝國以降，蒙古語詞的「noqai」幾乎沒有什麼變化，這表明同樣的發音可以回溯至幾世紀前成吉思汗的先祖。根據高本漢的說法，「奴才」的中古漢語發音是「nuo-dzʼai」。蒲立本重建了早期中古漢語的「nɔ-dzəj」和晚期中古漢語的「nuĕ-tsɦaj」，兩者並沒有太大的區別。[54] 因此，要在「nucai」和「noqai」之間調和首輔音（initial consonant）和元音（vowel）的發音，幾乎不會遭遇什麼困難。

　　問題在於第二個輔音。高本漢的「dzʼ」是出自威妥瑪拼音「ts / tsʼ」的聲音，其或多或少是蒲立本提出的晚期中古漢語（自唐以降）的發音，如今已經由拼音字母「c」來呈現。然而，拼音字母「c」畢竟和中古拉丁語並不相似，如軟顎音「k/q」和舌尖塞擦音（alveolar affricate）「ts / tsʼ」呈現的。但是，漢語軟顎

音和舌尖塞擦音（齒齦有嘶音〔dental sibilant〕）聲母（initials）之間的相似，起初可由其之後的許多漢字和眾多方言的趨同來證明，並由現代拼音字母「j／q」（威妥瑪拼音是 ch／ch'）來呈現。[55] 這些趨同很大程度上受限於有著高前元音（high front vowel）或中音的（顎音化）案例，並非「奴才」第二音節裡的中／低前元音都是真實的。然而，論述中古漢語的語音體系中最重要的一篇專著，即隋唐時期學者陸德明所著的《經典釋文》，特殊的漢字「cai」在前近代中國反切的注音系統中，持續地用來當做「輔音」，有著「dz'／ts'」聲母的漢字則在之後與軟顎音聲母相混合。[56]

同樣有問題的是第二個輔音以及聲母與「nucai」和「noqai」之間的元音的相似，應該被強調的是，前者並不是後者直接的音轉：「nucai」畢竟以偽漢語語詞呈現，如此一來類似於呈現出語義轉借或變義字的曲解形式。

附帶一提，自從馬可·孛羅（Marco Polo, 1254-1324）以降，中古歐洲語對蒙古指稱「狗」語詞的翻譯，前後都接元音間的「-q-」（-kh-）或發音相似的「-γ-」（-gh-）被用好幾種不同的方式譯寫，包括「-c-」和「-ch-」。[57]

∽ 懼犬或親犬？古代亞洲的犬科動物形象 ∽

關於中古早期漢語的貶抑詞「奴才」的所有事實都已經被討論過，即在漢語中找不到這個語詞，蒙古字根「noqai」的當代環境，兩個詞彙的發音和語義類似，只能視為「nucai < noqai」衍生的偶然證據。可以證明其相似性的最強力證據出自《晉書》的一段話，描述古代藏人的氏族首領和匈奴前趙政權皇室官員的

條件交換。更有甚者，這個段落對於亞洲早期的歷史有著重要的人類學和文化意義。

在三二五年，一場令人吃驚的反突襲，氐族首領楊難敵（？-334）從匈奴前趙政權手中，奪回了他的舊日基地，堡壘城鎮仇池，並抓住了前趙的守將田崧。《晉書》（103.2697；亦可參見《資治通鑑》93.2934）的敘述引述如下（粗體為筆者強調）：

難敵左右叱（田）崧令拜，崧瞋目叱之曰：「**氐狗**！安有天子牧伯而向賊拜乎！」難敵曰：「子岱（田崧的字），吾當與子終定大事。子謂劉氏可為盡忠，吾獨不可乎！」崧属色大言曰：「若賊**氐奴才**，安敢欲希覬非分！吾寧為國家鬼，豈可為汝臣，何不速殺我！」顧排一人，取其劍，前刺難敵，不中，為難敵所殺。

這段史料讓我想到前一章討論過的《木蘭辭》。古詩同時使用了「可汗」和「天子」，顯然是指同一位君主。同時，在我們目前討論的史料，匈奴政權的皇室高官用「氐狗」和「氐奴才」來指稱同一位氐族首領。這更進一步讓「奴才」等同「狗」的等式更為可信，氐族如同古藏人也有狗的圖騰，因此匈奴大將軍田崧輕蔑地用「氐狗」來羞辱氐族首領。

有許多跡象與氐人的狗圖騰相關。例如，著名的氐族貴姓在前秦政權至少出了兩名皇后，即苟姓（《晉書》113.2884），是「狗」的同音異義字。也有一個氐族人名為「苟奴」（《魏書》101.2232），是完美的神事名，用來崇敬狗的祖先。最具說服力的證據是三世紀的中國史料（《三國志》30.858）：「氐人有王，所從來久矣。……其種非一，稱槃瓠之後。」此處所提到的槃瓠

是著名的「狗祖先」，在中國西部和南部都流傳有這個說法。[58]事實上，這個狗祖先不只變形或融合進這些外族群體所創造的神話中，也進入了今日大多數漢人之中[59]。這個神話加上前面提到的吐蕃對狗的禁忌，強烈地證明了漢藏語使用者之間常見的犬圖騰緒餘。

然而，同樣顯而易見的是，當這個貶抑詞「奴才」首次出現在中國時，狗或者其他犬科動物成員的文化形象，幾乎和今日所有的華文社會中一樣低下，並沒有作為受崇敬的圖騰象徵。狗作為隱喻，經常與另一種低下動物「豬」一起使用，用於描述中古漢語使用者無能和其他卑劣的特性。

那麼，我們如何協調犬科動物這兩種截然不同的歷史文化角色呢？

在我看來，中國犬科動物圖像的演變，反映了古代亞洲兩個相悖的文化傳統的衝突，一個可以稱做是「懼犬性」（cynophobic），另一個則是「親犬性」（cynophilic）。這兩種文化傳統也與經濟發展和經濟條件密切相關或受其影響。

過去兩千年來的亞洲歷史中，於史料中占據大多數篇幅的敘述，是由內亞草原遊牧與中國腹地的精耕細作農業間的長城形成的清晰界線或「文化斷層」（cultural discontinuity）所宰制。現在鮮少有人注意到，這個亞洲衝突的基本模式是相對較晚的發展，在西元前五世紀之間才或多或少開始僵固。在史前和早期歷史中，廣袤的歐亞大陸呈現出有著不同衝突和交流模式的「文化連續體」（cultural continuum）。

近代中國學者傅斯年（1896-1950），曾任中央研究院歷史與語言研究所創始所長及台灣大學前任校長，率先觀察到，與過去兩千年相反，西元前兩千年東亞的歷史衝突格局是東方對西

方。[60] 我無意重述一次他巧妙、簡潔又精闢的觀察，除了能加重我的論述的部分，即「懼犬性」對「親犬性」的文化衝突正是普遍東西對抗的其中一部分。

簡單來說，大多數早期的漢—藏語使用者都屬於西方一個廣大的「親犬性複合群體」（cynophilic complex）。這種「親犬性複合群體」延伸到操阿爾泰語的部落和許多操印歐語的族群。對於操阿爾泰語的部落來說，這個傳統由突厥和蒙古族群中普遍和眾所周知的狼圖騰充分證實，而且在其中找到許多廣為流行的犬科動物人名、氏族名和部落名，和許多其他事情，證明了蒙古語的「奴才」同時是族稱（ethnonym）和人名。

印歐語族「親犬性」傳統的最佳範例就是皈信伊斯蘭教之前的伊朗人和操伊朗語的群體，尤其特別強調了狗在祆教中的神聖作用。根據祆教的聖典《阿維斯陀》（Avesta），不僅攻擊狗會遭到嚴重的懲罰，[61] 希羅多德（Herodotus）的觀察（I.140）證實了，「穆護（Magi，祆教僧侶）可以用自己的雙手殺死任何東西，**除了狗和人以外**，但若要這麼做，需要特別留意」。（粗體為筆者強調）古希臘的「歷史之父」也描述了（希羅多德 I.110）古伊朗阿契美尼德帝國（Achaemenid Empire）的創立者居魯士大帝（Cyrus the Great）是個遭遺棄的嬰兒，由牧羊人和他的妻子 Spico 撫養成人，她的中間名就是「狗」：「這個傢伙是 Mitradates，他和另一個國王的奴隸住在一起，這個女人的名字在希臘文是 Cyno，母狗的意思。」費耐生[62] 討論這個段落時試圖要「讓大家都知道（居魯士）是被狗所救」。有更多範例可以看出古伊朗人喜愛並崇敬狗。作為一個範例，我引用了一個最近的研究：「狗在祆教中的地位特殊，因為牠們被認為有著神聖的眼神，可以嚇退魔鬼。為此，狗在葬禮中的『犬視』（sagdid）

儀式中有著重要的作用……據說，家中的狗會為靈魂引路，保護其在死後不受魔鬼的攻擊。因此，在古代，祆教徒的家裡都會有一隻狗，而這種做法仍然適用於現今大多數的祆教徒。」[63]

基於狗具有這種神聖的角色，我們只能想像，普遍來說當有「懼犬性」的阿拉伯人征服了「親犬性」的伊朗人，他們經歷了伊斯蘭化之後會有多痛苦。然而，阿拉伯人的傳統也在現代得到報復。[64]

有趣的是，皈信伊斯蘭教之前伊朗人的「親犬性」傳統，竟然沒有影響到古代印度人。接下來引用的印度聖典《吠陀經》（The Vedas）段落中的輪迴說，是根據一個人的作為而定，論述道：「因此，那些在這一世作為良善的人——（重生）的前景確實會讓他們進入一個舒適的子宮，無論是婆羅門（Brahmin）的子宮，還是剎帝利（Kshatriya）的子宮或吠舍（Vaishya）的子宮。但是那些在這一世作為醜惡的人，其前景確實會讓他們進入一個醜惡的子宮，可能是狗或是豬的子宮，或遭拋棄的（「首陀羅」〔candāla〕）子宮。」[65] 令人嘖嘖稱奇的是，豬狗地位低下的看法與中古華夏的社會極為相似，顯然是受到佛教的影響。我會推測，雅利安人（Aryan）在征服天竺之後，經歷了一種文化轉型，類似於早期的「親犬性」的華夏群體，正如我稍後所述，處於狗的價值不高的環境中。古代印度教與華夏世界之間這種文化共鳴的後果之一，就是中古中國出現的羞辱性的名字，很有可能是佛教傳入後的副產品，狗和豬是這些名字中典型的「沒有價值」的題材。

在伊朗這一端，根據來世中的狗的角色，我很難不去注意到皈信伊斯蘭教之前的伊朗人和早期北亞部落民的共通點。《後漢書》（90.2980）描述了烏桓的葬禮風俗，這個族群通常被認為

是鮮卑的近親，其大多數在中國心臟區的東北方逐水草放牧，如下所述：「俗貴兵死，斂屍以棺，有哭泣之哀，至葬則歌舞相送。肥養一犬，以彩繩纓牽，并取死者所乘馬衣物，皆燒而送之（尚不能確定狗是否也要一起焚燒），言以屬累犬，使護死者神靈歸赤山。」

在華夏─藏族這一方，中國西部的古藏人群體像是氐和羌等普遍來說都是「親犬性」，可以從中國史家記錄的許多犬科動物氏族名和人名中推斷出來，除了之前提到的「槃瓠」狗祖先傳說。在華夏群體之中，有跡象顯示西征商朝的周人部族，是第一個名副其實的中國王朝，原本屬於在「親犬性」複合體中。例如，周人早年的傳統會將「白」狼當作吉祥的象徵，周武王在一舉擊敗商朝的重要戰役的前夕，據稱使用了一個豺狼的隱喻來描述他的雄兵。遲至春秋時期（770-476BC），在周人部族繁衍的華夏國家中，仍然有犬科動物的姓氏，像是「狼」和「狐」，以及用「狗」命名的例子。

與此同時，中國東部及外海的部落也出現了明顯的「懼犬性」傳統，一直延伸到朝鮮半島，經由食狗肉的習俗和狗屠夫職業表現出來，這個職業只在古代中國的沿海地區出現。這也是狗在文化和隱喻形象上，很快就跟豬連在一起的顯著原因。商人起源於東方，擁有與古朝鮮人相似的鳥類祖先神話，顯然共享了這種「懼犬性」的緒餘，如大量的商朝文獻所顯示，這種文化態度只會因為西方許多敵對的「親犬性」部落的存在而加劇，特別是吐蕃。在狗牲上的甲骨文紀錄，或是類似的祖先崇拜儀式中的羊牲和豬牲，[66] 考慮到其將狗當作肉的來源，更進一步證明了商人的東方起源。

在征服商朝並完全採行商人的高度文化，特別是先進的文字

後，周朝的高度社會自然而然也必須承繼一些商朝宮廷中輕視的那些不那麼文明的「犬部落」伙伴，他們被排除在這種征服的文化戰利品之外，這是中古遊牧侵略者不斷循環的一種模式，特別是在一千五百年之後，跟隨周人的腳步威震八方的拓跋。在大部分的周代國祚中，在「犬戎」於西元前七七一年入侵，並放火燒了周代首都之後，這個驕傲的優越感轉成真正的厭惡，儘管事實上，這些掠奪者是被政見不同的周人貴族請進城來襲擊周天子的。正如著名的《春秋左氏傳》（本書簡寫為《左傳》，4.214），春秋時期很快就出現了「戎狄豺狼，不可厭也」的記載，儘管這些「犬戎」和西方一些華夏國家有著持續的通婚和頻繁的聯盟，仍然開始將這些「戎狄」等同於中國政治文化語言中的犬科動物。不過，有趣的是，我發現上述著名的「戎狄豺狼」的「懼犬性」言論，是出自東方沿海的齊國的知名政治家管仲（？-645BC）之口，而齊國也是目前最早發現有狗屠夫職業的地方。

同時，根本的經濟變遷正在展開，精耕細作農業逐漸在華夏國家確立，加快了耕地的私有化，並導致了西元前五九四年，孔子家鄉魯國實行「初稅畝」的里程碑（《左傳》11.614）。除了因為狩獵在經濟上益發無足輕重，狗的地位便繼續邊緣化，此一趨勢也是拉鐵摩爾（Owen Lattimore, 1900-1989）針對東亞遊牧與農業分歧，所提出的「漸進分化」理論（progressive differentiation）的驅動機制。[67]隨著華夏社群在愈來愈多的征服的土地上開展精耕細作，他們較不「文明」的鄰居在以下的概念中逐漸被野蠻化：被華夏農業擴張驅趕到北方荒地、草原和沙漠，他們被迫日益仰賴飼養動物，而非耕種。最後，當華夏群體徹底切斷了其與之前的「犬戎」兄弟姻親之間的文化聯繫，這個過程導致了「純粹」遊牧生活的出現。[68]東方的「懼犬性」傳統最終

消滅了西方的「親犬性」緒餘，史前東亞的東西衝突模式被如今長城所劃分的農業南方和遊牧北方之間的對抗所取代。

當中古早期，草原遊牧部落重新進入中國腹地，最初只在東部區域盛行的這種厭狗傳統，已經深入華夏族群的意識形態，並跨越國界。這創造出一種有趣的文化衝突模式。另一方面，我們可以看到犬科動物的人名和氏族名在中國重新出現，這明顯與另一種新興的風潮有所差異，佛教引進中國之後，過去被厭惡的豬和狗被重新用在人名當中，因為如《唱贊奧義書》（Chāndogya Upanishad）所敘述的，這兩隻動物有著「醜惡」的子宮，用來取名能讓名字帶有貶意，以避免上天的妒恨。

從另一方面來說，根據大約十五個世紀之前「親犬性」的周人部族吸收了「懼犬性」的商人高度文化的範例，中古時期來自西北方、較早漢化的遊牧民族迅速地學習到漢語中有關狗的貶抑詞。在其他許多例子中，先前提到的諷刺言辭，說到兩個兄弟分別是「人面而狗心」和「狗面而人心」，就是出自氏族人士之口，他們是有著狗圖騰的吐蕃的前身。除此之外，如第二章所述，那些「胡人」或是「胡化」的人會稱漢人為「漢狗」。

另一段透露端倪的悲劇故事是拓跋魏的壽陽長公主，記錄在《洛陽伽藍記》之中。（2.76）當拓跋魏朝廷瓦解，羯族將軍爾朱世隆（500-532）企圖玷汙美麗的公主，公主勇敢地罵道：「胡狗，敢辱天王女乎。」拓跋公主最後因拒絕爾朱世隆，而遭到縊殺。這個故事當中牽涉到幾個有意思的問題，從羯族人的高加索身體特徵，到拓跋皇帝的身分認同——天王，這是草原神聖王權的明確痕跡，我將會在第六章中加以闡述。此處的一個癥結點在於，拓跋公主咒罵她從前的遊牧弟兄為「胡狗」。這就是原始蒙古語的借詞「奴才」當時的政治文化環境。

儘管新獲得了狗的貶抑詞，古老的「親犬性」特徵仍然相當頑強。我前面已經提過，唐朝第三位皇帝的乳名「雉奴」，十分有可能指得就是蒙古語走樣的「狼」。在七四七年，時值中唐時期，我相信，出現了破天荒第一次的文字紀錄證據，雖然帶有負面的眼光，但能證明韓國人歷史悠久的食狗傳統：唐朝名將高仙芝（？-755）是高麗人（《舊唐書》54.3025），曾被他崇拜狗的古藏族（羌族）的上級夫蒙靈督（？-756）咒罵為「啖狗腸高麗奴！啖狗屎高麗奴！」。

　　與「氐奴才」和「氐狗」一起觀之，我們可以聽到東亞的「懼犬性」東方和「親犬性」西方之間的一次生死亡衝突的回聲，是一場長期以來遭人遺忘的古代戰役，和特洛伊戰爭一樣古老。

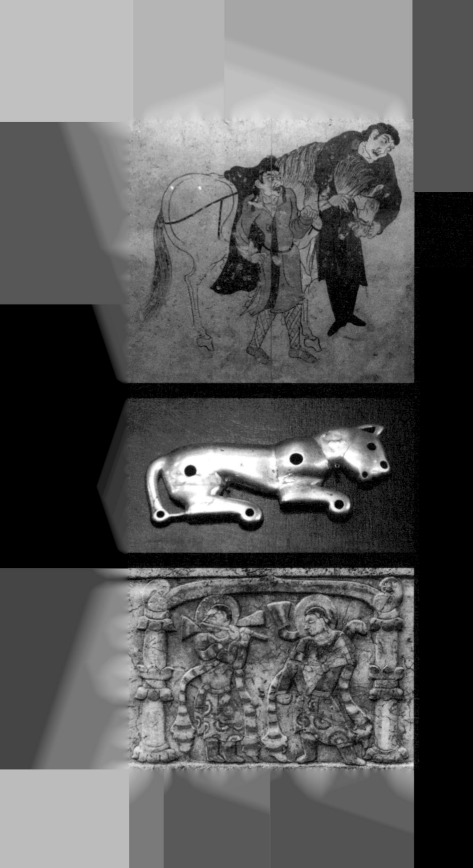

第 四 章

匈人和保爾加人
漢語的出處

The Huns and the Bulgars: The Chinese Chapter

⁓《周書（北周史）・稽胡傳》譯註 ⁓

「稽胡」又稱「步落稽」，為匈奴別種，向來被視為是漢國（前趙）開國君主劉淵所領導的（以南匈奴為首的）五部的後裔。另外一說則稱其為山戎、赤狄之後。遍布離石以西、安定以東之間，[1] 面積約七、八百里（一里約四一六公尺）的範圍，他們居住在山谷之間，繁衍成諸多部族。如今已成「土著」之勢[2]，並從事一些農業活動。他們所居之處幾無桑樹和蠶種，但仍能製造多種麻布。男子服飾和殯葬方式皆類似當地的華夏群體，婦女則多以蜃貝為耳飾及頸飾。

他們的許多群落皆與漢人混居，部落首領雖通曉書文，但仍操胡語，故需要通譯與漢人溝通。（「與華民錯居，其渠帥頗識文字。然語類夷狄，因譯乃通。」）其舉止與（中國）禮教相悖，生性既貪婪又殘忍，喜行淫穢之事，尤好未婚女性，而這些未婚女性往往直到出嫁前夕，才會與姘夫分離。擁有越多段關係的女孩，往往越受未來的夫婿所重視，[3] 但一旦出嫁之後，丈夫便看管甚嚴，若發現有通姦之事，一律受到懲處。夫死之後，會再嫁

予其兄弟。

　　（稽胡）雖然已是郡縣下的編戶齊民，但和一般人民相比，繇役賦稅皆較為輕薄。住在深山中的部族一般未能歸化，仍然極為凶悍，且因山高險阻的保護，故時常叛亂。

　　在拓跋魏孝昌年間（525-527），稽胡領袖劉蠡升（？-535）於雲陽谷自稱天子[4]，改元神嘉（525-527），取其神聖吉運之意，並設置朝廷官員。此時正值魏朝政局混亂之時，中央無力討伐，劉蠡升便縱容部眾打家劫舍，汾、晉之間再無寧日。[5]

　　直到北齊神武帝高歡從洛陽遷都鄴城[6]，才開始密謀要討伐劉蠡升，高歡佯裝要將女兒嫁與劉蠡升所立的太子。劉蠡升不疑有他，派太子前往鄴城迎娶，高歡準備了甚為豐厚的嫁妝，大婚之日卻遲遲未定。和親讓劉蠡升逐漸疏於防備，大統元年（535）三月，高歡舉兵偷襲，劉蠡升帶領一小隊兵馬外出徵兵，卻遭自己所封的北部王所殺害，首級被呈獻給高歡。劉蠡升的部眾轉立其第三子南海王為王，並組織兵馬迎戰，但皆不敵高歡的大軍，南海王和其弟西海王最後慘遭俘虜，其皇后妃嬪及王公以下等四百餘人皆歸降鄴城。

　　許多居住於黃河西岸的稽胡部族，[7]仍然挺而走險，堅持不降（北周和其前身西魏殘餘〔535-556〕）。但因（宇文朝廷）忙於與高歡爭奪正統，故無暇顧及稽胡。直到（北周）太祖[8]才派黃門郎楊忠（507-568）前往安撫。大統五年（539）黑水的部眾率先反叛，[9]緊接著在大統七年（541），另一位稽胡首領、夏州刺史劉平伏[10]派兵占領上郡，[11]之後北山稽胡[12]諸部也連年起兵反叛。太祖相繼派遣李遠、于謹、侯莫陳崇、李弼等人討伐。（見《周書·列傳》，特別是 25.418-22、15.243-50、16.268-70 及 15.239-41）

到了武成初年（559-560），延州稽胡首領[13]郝阿保、郝狼皮率領部眾歸附（北）齊，郝阿保自封為丞相，狼皮自封為柱國，並和另一個部族首領劉桑德相互呼應。之後在柱國豆盧寧（《周書‧列傳》19.308-10）的運籌帷幄之下，北周中央的軍隊才與地方的延州刺史高琳（《周書‧列傳》29.495-97）聯手加以弭平。但隔年（560）郝狼皮又帶領餘黨起而叛之，北周高祖宇文邕（543-578，西魏權臣宇文泰第四子、北周第三代皇帝）遂詔大將軍韓果（《周書‧列傳》27.441-42）派兵征討，遭俘或處死之人不計其數。

到了保定年間（561-565），離石生胡[14]屢次劫掠汾河北岸，勳州刺史韋孝寬[15]（《周書‧列傳》31.535-44）在許多險要之處興建要塞，以阻擋稽胡的攻勢。待楊忠[16]與突厥聯手討伐（北）齊，稽胡諸部仍然拒不接受懷柔，更不願供應軍隊糧餉。楊忠遂虛張聲勢，佯裝欲派突厥軍隊轉而攻打稽胡諸部，眾首領才被迫進獻軍餉，詳細過程可參閱《周書‧楊忠傳》。其後丹州、綏州、銀州等稽胡部眾又在另一位首領蒲川別帥郝三郎的組織之下連年起兵做亂。[17]高祖宇文邕又命達奚震、辛威、于寔等人征討（《周書‧列傳》19.306-7、27.447-48 及 15.250-51），一舉將其擊破，並遣散諸部。

天和（566-571）二年，延州總管宇文盛（《周書‧列傳》29.493）率軍兵臨銀州城下，白鬱久同、喬是羅等稽胡首領欲偷襲宇文盛的軍隊，反而全數遭到殲滅，宇文盛更乘勝追擊，剿滅了包括喬三勿等首領。天和五年（570），劉雄（《周書‧列傳》29.503-5）由綏州前往北境巡視。[18]許多稽胡首領，包括喬白郎、喬素勿同等人欲越過黃河截擊劉雄，但皆遭劉雄擊退。

建德（572-577）五年，高祖宇文邕在晉州打敗（北）齊

軍[19]，並乘勝追擊，讓齊軍無暇整頓，只能棄甲逃竄，稽胡乘機竊取其軍備，並擁立劉蠡升之孫沒鐸為帝，號聖武皇帝，年號石平。

建德六年（577），高祖宇文邕平定東夏（即北齊，統御拓跋魏東部領土），並欲趁機將稽胡一網打盡，但齊王（宇文）憲（544-578，西魏權臣宇文泰第五子，生平可見《周書·列傳》12.187-96）認為其部族眾多，且山谷阻絕難以攻陷，皇軍甚難將其一舉殲滅，應該先根除其首領，後招降其部眾。高祖宇文邕採納其建議，令齊王憲為行軍元帥，輔以督行軍總管趙王（宇文）招、譙王（宇文）儉、滕王（宇文）逌等人討伐稽胡。[20] 大軍先在馬邑（鎮）[21] 停留，之後齊王兵分幾路，同時攻打稽胡，沒鐸遂派遣其黨羽天柱鎮守黃河東岸，並令大帥穆支護衛河西，試圖先護住險要之處，並分散齊王憲的兵力。齊王憲命譙王儉攻打天柱，滕王逌追擊穆支，兩人皆予以攻破，斬首數萬敵軍，待得趙王招生擒沒鐸，稽胡餘黨盡數投降。

宣政元年（578），汾州稽胡首領劉受羅千再度反叛，越王（宇文）盛（《周書·列傳》13.204-5）帶兵征討[22]，並將其俘虜。自此稽胡劫掠才宣告平息。

ᴗ族群源流及其聯盟ᴗ

六世紀初，當拓跋魏因六鎮之亂而瀕臨瓦解時，華北有名為「步落稽」的「胡人」集團。在漢文史料中，「步落稽」總是被簡化成「稽胡」，「胡」這個字最初專指匈奴一族，但逐漸用來泛指各個蠻族集團，此字本身就是一個令人困惑的主題，我會在本章中考究。卜弼德是首位研究此胡人集團的西方學者。[23] 然而，他對於「步落稽」的族群名與窩瓦河和多瑙河的保爾加人的族群

名之辨別，既造成了需要嚴加考證的問題，更產生了令人困惑的連結。

對於「步落稽」的總述可見於《周書》卷四十九（頁897-899），我已在前一節中加以譯註。許多大部頭的經典史書都徵引或節略了這段對「步落稽」最全面的敘述，例如《通典》、《太平寰宇記》、《通志》和《文獻通考》。[24]「步落稽」的段落也散落在《北史》、《北齊書》、《周書》和其他斷代史中。中國學者林幹（1916-2017）的著作[25]是對匈奴史料最近乎詳盡的編纂，也許更可說是對「步落稽」最完整的彙編，而周一良（1913-2001）和唐長孺（1911-1994）也都對所謂「雜胡」有廣泛的考證，其中「步落稽」被視為是其中一個構成部分。[26]

根據《周書》中對「步落稽」的紀錄[27]，其為「匈奴別種」，並且是漢／前趙（304-329）開國君主劉淵的五部後裔。雖然對於劉淵自身的族群淵源，特別是他是否是「純血統」的匈奴人，仍然眾說紛紜，不過前趙一般被視為是匈奴政權。

《周書》這個最早對於「步落稽」源流的史料似乎至少有部分精確性，因「步落稽」至少涵蓋了未被吸納進鮮卑的大部分匈奴殘部。除了《周書》的證據外，其他的證據也可見以下論述：

1. 唐長孺的論證令人信服（頁443），許多史料的記載都顯現出「步落稽」的地理分布，與西晉一代（265-316）的南匈奴相符。特別是稽胡族人密布的汾河西岸，與《晉書》中所記載的「南匈奴五部」所盤踞的地區相重合。這極為有力地支持了《周書·稽胡傳》的開頭。另外，《周書·稽胡傳》中一再提到的離石，正是匈奴政權漢國的開國君主劉淵所立的第一個都城。

2. 許多「步落稽」的氏族名，特別是領導者的「劉」氏，以及「呼延」氏和「喬」氏，都是公認的匈奴姓氏。[28]

3. 《北齊書》（27.378）中的破六韓常列傳，其姓氏就是「步落稽」的變形，明白地顯示出此姓氏源於匈奴一族。

4. 如同將深入考證的，「步落稽」屬於「胡人」的一個或數個集團，可以概略稱為北朝時的「雜胡」。根據唐長孺的說法（頁444），「步落稽」一詞確實可以取代「雜胡」。唐長孺總結道「步落稽」是諸「雜胡」最後的融合。很多雜胡集團可以被連結到漢文史料中的匈奴。而這個舊日匈奴連結所蘊含的延伸意涵，將會在之後加以討論。

相反地，若是根據《周書》中所載的「匈奴別種」，就難以論證出「步落稽」是匈奴的原始核心氏族，或是其他「純種」的後裔。[29]另一個種族的面向在於，有強而有力的證據顯示「步落稽」明顯混合了許多歐洲人種或高加索人種：[30]

1. 《太平寰宇記》（35.292）引用了隋朝的史料，描述當時普遍認為「步落稽」是「胡頭漢舌」。這顯示出在顯著的漢化後（漢舌），「步落稽」仍然維持能顯示出區別的身體外觀。

2. 許多「步落稽」和「山胡」（「山胡」是當時對「步落稽」的另一個稱呼，將會在其後加以解釋）的氏族名，例如「白」和「曹」，就是典型的起源自中亞。周一良（頁151-153）就推測「步落稽」為來自西域的中亞人，之後遷徙到中國北方。唐長孺則指出「步落稽」的地理分布和其中很多古代的匈奴氏族名，並不支持周一良的觀點。

之後會再深入闡述這個問題。

3. 若是如同唐長孺的結論，「步落稽」是許多雜胡部落的最後融合，那麼他們便自然而然包含「羯」，其擁有「高鼻多鬚」的身體特徵，一般也被視為是高加索人的特色（《資治通鑑》98.3100）。[31]

4. 「步落稽」具有高加索人特徵證據的另一個面向是，漢語「胡」這個字的原始意涵的迅速轉變，即從指稱匈奴到指稱高加索的中亞人士，都和「雜胡」的出現密切相關。

　　關於他們的生活形態，《周書》的紀載清楚顯示出「步落稽」在當時已經普遍定居，並且開始從事部分農業活動。然而，這可能並不全然源於他們已經顯著漢化（著漢服、採漢族的殯葬方式等等，以及最後變成「漢舌」），亦或是源於他們的中亞特徵。現代的考古學顯示出，相較於古代文獻，包括匈奴和歐洲的匈人都擁有可觀的農業活動。[32]

　　除卻顯著的中亞特徵和定居生活形態，還有許多有力的證據能顯示出「步落稽」的遊牧文化緒餘：《唐會要》、《舊唐書》和《新唐書》都將「步落稽」的音樂歸於「北狄」。此外，他們和吐谷渾與鮮卑雜居──這兩個群體的阿爾泰傾向毋庸置疑。最重要的是，《唐會要》和《舊唐書》皆提到北狄樂皆「馬上樂」。說到唐代中亞音樂的流行，具有中亞血統的知名詩人白居易就是最佳的例證，這也是本書第七章的主題，[33] 這些正史中的紀錄將「步落稽」的音樂與「西戎」之樂相區別，就是「步落稽」過去是遊牧民的強力證據。

　　「步落稽」的遊牧文化認同可以由有限的語言學紀錄更進一

步強化。少數流傳至今的「步落稽」文字看來似乎都是阿爾泰語系，特別是突厥語系。卜弼德辨識出「庫利」（奴）和「可野」（堡）。[34] 我則注意到「步落稽」的「渭牙」一字，可以指某個西土的樹種（《太平寰宇記》35.293），也可以指稱中古突厥語的「yiɣac」（wood）。[35] 其他像是「庫碼」（Kutuo）這個地名，卜弼德辨識其為蒙古語中的「kuda」（親家之義）[36]，也出自「步落稽」居住的區域；但是要留意的是，蒲立本指出其中仍有疑慮，因為匈奴主要的語言元素即為阿爾泰。對此，我再補上史料中的另一段：「《北狄樂》，其可知者鮮卑、吐谷渾、部落稽三國。」《舊唐書》（29.1072），提及他們的歌「咸多『可汗』之辭」，這在一種稱為《簸邏回》的樂曲中特別顯著，這可能就是從「步落稽」這個字根中變化而來。由此可知，「步落稽」稱呼其統治者為可汗，這是一個明顯的阿爾泰語特徵，雖然這個稱號並不是源自阿爾泰語系。

總而言之，根據卜弼德的說法，「步落稽」或是中國的保爾加人都屬於匈奴聯盟中的殘餘，其未被後起的鮮卑集團給吸納，而是混合了許多歐洲人種。或至少可以說，他們的文化和語言的親屬關係都多少類似阿爾泰語系。

～混種或「麻煩製造者」？～

在我們回顧卜弼德對「步落稽」和保爾加人那備受爭議的分辨方式，與後來同樣極具爭議性的、以詞源學分辨族名的方式之前，得先討論「步落稽」是否是一個混合的種族。

如同之前所顯示的，「步落稽」不只是那個時代眾多雜胡群體的其中之一，此詞也意指那些最終相互融合的群體。接下來衍

生的問題在於，「雜胡」究竟代表什麼？此處的「雜胡」是「雜種胡」的簡稱，通常帶有「雜種」之義。「雜種」一詞具有「混種」和「雜種」的雙重意涵，「雜種胡」的確切意涵便是在這兩種之間持續爭論。這樣的差異就像英文詞「miscellaneous」的意思是「mixed」，並非不可理解。

如同前幾章的論證，這個值得關住的議題反映出的不只是單純漢語字面上的涵義，即「雜種」向來都是汙辱人的詞彙，而自有其中古和現代的脈絡可循。例如在西元五〇五年，蕭梁（502-57）官員丘遲（464-508）以一封留名千古的書信便讓原本投奔北魏的舊日蕭齊將領陳伯之轉而來降，當中有不少華夏中心式的句子（《梁書》20.314-15）：「故知霜露所均，不育異類；姬（周朝皇室的姓氏）漢舊邦，無取雜種。」同樣的偏見顯然也出現在西方文化中，才會讓卜弼德在數十年前下此評論，然而如同我之前對此主題的研究，我嚴正懷疑有哪個有自尊心的人類群體會自稱「混種」？

但像這種敏感的歐洲中心和華夏中心思維可能不會為許多古代或現代的群體所察覺，因為他們並不覺得「混種」有何可恥之處。其中一個案例就是中古時期北中國的鐵弗部族，根據《北史》（93.3062；亦可見於《魏書》95.2054）記載：「北人謂胡（匈奴）父鮮卑母為『鐵弗』，因以號為姓。」換句話說，北方群體用意指「胡父鮮卑母」的詞彙「鐵弗」當作自我認同。

更有甚者，此群體中知名的首領赫連勃勃（？-425），在建立大夏後覺得有必要將皇室改姓「赫連」，取其「徽赫實與天連」之義。然而，富有華夏中心思維的《北史》和《魏書》卻認為「鐵弗」一詞帶有貶意，[37] 雖然赫連勃勃令皇族以外的其餘鐵弗部眾改姓「鐵伐」，是因為「鐵伐」在漢文字的意涵更為鏗鏘有力：

「庶朕宗族子孫剛銳如鐵，皆堪伐人。」（《晉書》130.3206）

千年之後，在古代歐亞的彼岸，新的「混種」現身於美洲新大陸，此為歐洲早期的拓荒者與當地土著的後代。而如同遙遠的古老東方，像梅蒂人（Métis）和麥士蒂索人（Mestizos）等詞彙皆明白無誤地是指「雜種」，但直到現在都被這些混血人士視為是引以為傲的自我認同。[38] 總結可知，在華夏文化與歐洲文化的觸角之外，普遍以「混種」的氏族名為傲。

讓我們回到北朝時期的「步落稽」和泛稱的「雜胡」，確實早在雜胡之前，就有指稱「混種胡人」的詞彙，例如《三國志》（16.512-13）中的「諸胡」。但在《後漢書》（76.2463）中提到的「雜種胡騎」，之後被用來指稱某個雜胡集團的軍事單位，顯示出北朝的雜胡很有可能是「雜種胡」的簡稱。如此一來，這個詞彙極有可能要被放到「混種」的脈絡之中去理解。最佳的例證是自稱「我父是胡，母是突厥」的安祿山（《舊唐書》104.3213和《資治通鑑》216.6916），因此稱之為「雜種胡」（《舊唐書》150a.5367），蒲立本將之正確地翻譯為「混種的胡人」（hu barbarian of mixed race）。[39]

除此之外，當我看到《周書‧稽胡傳》的釋譯，「步落稽」為「匈奴別種」，且為「劉元海（淵）五部之苗裔」時，我覺得特別有意思的是，此時期其他自稱「混種」的群體，像是後來改為「鐵伐」的「鐵弗」，都擁有近乎相同的出身，皆為「匈奴之後，劉元海之族」（《晉書》130.3201）。我要進而指出劉淵自詡為匈奴貴族世系，其實存有諸多爭議。雖然劉氏極有可能是南匈奴聯盟的一分子，但是一些特殊姓氏，像是屠各或休屠各（亦可簡化為休屠），這些群體都幾乎不可能是「純種」的匈奴。他們早就被《後漢書》（76.2463）以「雜種」稱之，之後被定為「雜胡」

群體，這暗示了當舊日的匈奴聯盟開始被其他遊牧勢力取代，這條漸進的群體融合之路就已開始，特別是鮮卑的出現，就是一個導致「雜種胡」出現的過程。這片拼圖的最後一塊就是唐長孺的獨到見解，也就是前面所引述的：「步落稽」體現出「雜胡」最後的融合。

總結所有的證據，漢文史料包含了強烈的高加索元素，支持了「步落稽」為「雜胡」的見解。同時，史料也記載了「步落稽」和泛稱的「雜胡」是拓跋魏及繼承它的北周、北齊，甚至是隋代和初唐層出不窮的「國安問題」。這些朝代的歷史充斥著雜胡的叛亂，以及政府持續想方設法的恩威並施。確實，即使是在初唐時期，「步落稽」之名總是會連結到許多叛亂，「步落稽／雜胡」和拓跋魏與其繼承者的持續衝突，便如同舊日匈奴和鮮卑的競爭。[40] 在此脈絡之下，如同《周書》中明確的表示，「步落稽」在北朝和之後的隋唐統治者眼中，向來都是麻煩製造者。

無獨有偶，更早的「胡父鮮卑母」的「鐵弗」就已經享有了同樣的惡名，他們不只總是在與拓跋和其他鮮卑群體對峙，他們的領袖赫連勃勃賜予的鐵弗部眾的新概念「鐵伐」，就是對其敵人明確的警告──這個「混種」難以被討伐。另一層意思則是這些混血群體所具備的「麻煩製造者」特色，天生就難以被納入主流之內。

匈奴和「胡」的族群名（ethnonym）

不論是匈奴純種後裔或是「別種」，「步落稽」都是曾經強盛的匈奴集團的最後一塊碎片。如前所示，他們為長久以來的匈奴的族群和語言認同問題，注入了一縷活水。儘管經歷了幾個世

紀的頻繁互動，不論是與兩漢還是其後代的討伐征戰或和平貿易，匈奴的身分直到今日都還是個謎團。問題的癥結點在於匈奴是蒙古人嗎？還是突厥人？抑或兩者皆非？

如同本書在附錄中所論及的拓跋的語言認同，首要的困難點在於只有極其稀少的語言資料可供使用，其中大部分的詞彙和姓名都已經譯寫成（中古）漢語。自從上個世紀時白鳥庫吉（Shiratori Kurakichi, 1865-1942）投入此研究以來，有一段時間都認為答案不過是在蒙古或突厥中二選一，而白鳥庫吉似乎在這兩種選項中猶豫不決。[41] 之後的梅興—黑爾芬（Otto Mänchen-Helfen, 1894-1969）發現當時匈奴帝國中可能生活著現今的愒族（Ket）或葉尼塞—漢特人（Yenisei-Ostiaks）的祖先，並且其中一些匈奴詞彙可能是從原始愒族的語言中挪用而來。[42] 不久之後，李蓋提（Lajos Ligeti, 1902-1987）首度嘗試證明匈奴屬於愒族。[43] 受到這些先驅的啟迪，蒲立本在一九六三年基於語言資料，認為匈奴可能根本不是阿爾泰語系，進而擴展了這個理論。他指出匈奴語屬於葉尼塞語系（Yenisei languages），而其和愒語（Kettish）在現代正是親戚。[44] 這個論點自提出以來，便受到學術界的關注。[45]

特別有意思的點在於，同樣的葉尼塞語族也或多或少與漢藏語系有一定的聯繫。[46] 匈奴的語言問題如此一來似乎便兜了一圈又回到原點。確實，我發現到原始漢語與匈奴在語言學上的可能連結，其中包含了前面所論及的氏族名「赫連」，直到今日都還保留在漢語之中。[47]

與這個議題相關的是既古老又難解的胡漢關係謎團，即「胡」這個字的原始涵義的變化。從兩漢直到南北朝，「胡」是提到匈奴（及其聯盟中的成員）時用的主要族群名。例如，晉朝

的文獻裡清楚記載著「胡」普遍用來稱呼北狄。[48] 但是在唐代，「胡」更泛指中亞或「西方的蠻族」。這個問題吸引了許多著名學者的目光。[49] 但對於「胡」的字義為何會有如此突然的轉變，卻無人能給出一個合理的解釋。例如，王國維和岑仲勉（1885-1961）皆以匈奴很有可能起源於高加索或伊朗，來試著解釋「胡」的雙重意涵，這確實是真知灼見，可惜沒有歷史或考古材料可供證明。

雖然「步落稽」可能無法確實回溯到匈奴的核心，且之後鮮卑勢力的崛起和統治皆明顯導致了許多胡人群體的出現，使得這些群體以「雜胡」為總稱，並以「步落稽」為其最後出現在歷史中的面貌。這個過程被詳加記載在漢文史料中。例如，《晉書》（56.1533-34）提及「并州之胡，本實匈奴桀惡之寇也」，并州在當時即為「步落稽」的主要落腳之處。這段紀錄被唐長孺和林幹在研究中加以徵引，並加上許多有詳細記載的案例。

因為我們始終無法確切解答族群認同問題，此解體過程的重建便無可避免地導致了原始匈奴聯盟主要由歐洲人種所構成的推斷。首先，大部分的印度—伊朗中亞綠洲和城邦國家有很長一段時間都處於匈奴的直接掌控之下，更被視為是「匈奴之右臂」。有些綠洲和城邦國家在漢朝的壓力下，依舊堅定其對匈奴的忠誠。[50] 梅興—黑爾芬也闡述了匈奴在漢朝之後持續增加的高加索元素。[51] 至少我們可更為確定地推論，這是吸納許多阿爾泰化的高加索群體的匈奴帝國在崩潰後的必然產物。嚈、滑國，以及／或者白匈奴等等都代表著西遷的群體，[52] 然而，「步落稽」和其餘雜胡群體則留在原處。值得記上一筆的是在剛開始，如同《隋書》（84.1862）所云，就連突厥人都被視為是雜胡的後裔。[53]

我認為「步落稽」可能是「胡」的字義變化中遭到忽略的一

個環節，這和雜胡出現在北朝的時間相符，而「步落稽」被廣泛視為「山胡」就是一個適例。其之後的名稱直到初唐都還很盛行（如同編纂於唐代的《北齊書》，不斷用「山胡」來指稱「步落稽」），依循此發展軌跡，我發現了一筆有趣的資料。

西元七五一年，由高句麗名將高仙芝所帶領的唐軍，在怛羅斯河畔不敵阿拉伯與當地的突厥群體組成的聯軍，吃了一場影響甚鉅的敗仗。[54] 最後，唐軍中的許多人成為戰俘，並被帶往時值阿拔斯王朝的阿拉伯帝國。根據李約瑟（Joseph Needham, 1900-1995）的研究，這場戰爭大幅加速了中國技術和發明的向外傳播，特別是造紙術。[55] 其中有位戰俘杜環最終得以經由海路返回中國，並將自己這段特殊的遊歷記錄成書，內容包括目睹了中國工匠在阿拔斯王朝首都亞俱羅（Aqula，為敘利亞語，阿拉伯文稱為苦法〔Kufa〕）的工作情形。[56] 這本杜環親筆寫下的回憶錄《經行記》已經散佚，只在其族叔杜佑（735-812）所編纂的政書《通典》中留下了少數珍貴的殘篇：「諸國陸行之所經也（從中亞到阿拔斯王朝首都），山胡則一種，法（宗教）有數般。」（《通典》193.1041）杜環客居中亞和西亞數年，他絕對非常熟悉此區域的諸多文化和語言。例如，他對伊朗於一百多年前被阿拉伯人所滅的精闢評論，被杜佑一字一句地引述在《通典》對舊日薩珊王朝（Sassanid Persia）的記錄中（《通典》193.1042）。除此之外，杜環對當地三大宗教的簡述也相當精確，[57] 他同時也確實地記錄下可薩「突厥」的位置（《通典》193.1044）。因此有意思的是，他選擇使用「山胡」來指稱伊朗化的中亞諸族，而沒有用唐代的正式稱呼「胡」。我認為杜環的用字遣詞既提供了族群和語言上的支持，也極有可能反映出活躍於當地的就算不是「步落稽」自身，至少也是許多突厥化的伊朗群體，這與該地區

大部分在之後的突厥化相一致。

　　總而言之，「步落稽」是「雜胡」最後的稱呼絕非偶然。如同前面所闡述的，雜胡的演變包含了在之前的匈奴群體中日益增加的高加索人種成分。隨著源於中國北方的匈奴殘留群體以及中亞印歐族群的持續融合，再加上許多這些群體的西遷，「胡」這個稱呼在相對較短的時間裡獲得了這個新的主要意涵。這極有可能也是中亞突厥化的前兆。

～「步落稽」和歐洲保爾加人的比較 ～

　　卜弼德推想「步落稽」（Buluoji）是保爾加人（Bulgar）的同源詞，這引發了兩個引人玩味的議題。首先當然是這個同源詞的關聯性是否確鑿，再來則是這兩個族群是否有所關聯。雖然只有少數的史料能支持其中一個說法，特別是後者，但另一方面，在「步落稽」和保爾加人之間有著兩個有趣的相似點，因此即使無法證明兩者有直接的關係，仍然對於這兩個族群的研究有所價值。

　　首先，先用中國史料裡的匈奴簡單分析一下歐洲匈人的普遍認同：恆寧對「粟特文古信札」（Sogdian Ancient Letters）的研究，[58] 特別是對於粟特語中的「匈奴」（xwn），一度被認為是證明此中聯繫的終極證據。[59] 但是梅興—黑爾芬很快就指出此「終極證據」的諸多問題。[60] 伊朗學研究者較為支持恆寧的結論，[61] 阿爾泰語言學家卻持續漠視此證據，並認為此理論尚未被證實。[62]

　　「步落稽」和保爾加人之間最重要的相似性是他們分別是匈奴和匈人的後裔。如同我所爬梳的，由「步落稽」是早期匈奴帝國中的其中一支遺族（不過應該不是統治氏族的後裔），便可以

清楚地證明「步落稽」和匈奴聯盟之間的聯繫。反過來說，早在保爾加人和歐洲匈人首次現身於歐洲歷史中，兩者的聯繫就已被記錄下來。事實上，當代的歐洲史料持續將保爾加人等同於匈人，[63] 頻繁到讓現代學者德茲契夫（D. Detschev）草率地推論保爾加人得名於格皮德人（Gepids）和東哥德人（Ostrogoths）對阿提拉（Attila, 406-453）的匈人帝國後裔的稱呼。[64] 現代的研究也認同保爾加人君主世系表上的名字「衣爾尼克」（Irnik），就是阿提拉最小的兒子「厄爾奈克」（Ernach）。[65] 內梅特將這些史料解釋成歐洲匈人成分和新到來的烏古斯突厥群體的混合。[66] 最起碼，匈人和保爾加人的聯繫遠比匈人和匈奴的聯繫更加證據確鑿。然而，這個相似性較難證明「步落稽」和保爾加人之間的聯繫，特別是在匈人和匈奴的等同尚且存疑時。這是因為歐洲的匈人只能是北匈奴的後裔，然而「步落稽」卻清清楚楚地、儘管可能只是部分承繼於南匈奴。除了西元四八年導致他們永遠分裂的原始差異以外，幾個世紀以來，匈奴的這兩支都經歷了在歐亞大陸不同區域的劇烈遷徙、融合和演變 [67]，遠比「步落稽」和保爾加人來的更早。

　　第二個相似點是兩個族族名的詞源學或意涵。卜弼德推論「步落稽」和保爾加人兩詞的同源關係雖然的確缺乏堅實的證據，所以只能永遠當成是推論。[68] 但這兩個名稱確實有著令人深思的相似點。那就是保爾加人之名的爭議性。在現代學術的早期，大家的看法似乎毫無異議地同意「bulγa」意指「混合、變成混血」。這涉及第一個相似點，梅興—黑爾芬對歐洲匈人已經是「混血」的結論十分有價值。[69] 然而從那時開始，就已經提出了許多其他可替代的詞源學解釋。[70] 特別引人注意的是「煽動、反抗」的解釋，之後內梅特便支持此觀點，而不是早先受到推崇

的「混血」理論。[71] 彼得‧高登（Peter Golden）原先也同意「混血」的解釋，但如今也轉而支持新的「擾亂者」的解釋。[72] 然而，如同前面所顯示的，沒有必要將這兩個有所差異的解釋視為互斥關係，因為考量到「步落稽」在中國活動的情形，這兩個解釋是可以並存的，即這個群體既是「混血」，同時也是持續搗亂的「麻煩製造者」。更有甚者，早在大約一世紀之前，「胡人」首領赫連勃勃就宣示了其族名「鐵弗」的原始涵義是「胡父鮮卑母」，也可以指稱「鐵伐」。這很明顯又是另一個起源於草原的族群名具有雙重涵義的案例。

這些相似性確實不能證明「步落稽」和保爾加人群體的直接關連，然而，我們也不能免俗地提及後者與中古東亞世界隨即出現的可能接觸。

首先，根據一位阿拉伯的作者伊本‧納迪姆（Ibn al-Nadim）的敘述，保爾加人一度使用漢文字母以及摩尼字母（Manichaean script）書寫。[73] 雖然，這個極不尋常的故事，可能會因伊本‧納迪姆所缺乏的可信度而大打折扣，但保爾加人使用十二生肖卻是不爭的事實，這清楚的顯示在知名的保爾加君主世系表上。[74] 這裡不是要鑽研生肖的來源，而是如同本書各處所論的，羅傑瑞（Jerry Norman, 1936-2012）最近公開的考古發現和南亞語系的連結[75]讓十二生肖的「中國—草原」的傳播路徑毫無爭議。

普里查克（Omeljan Pritsak, 1919-2006）[76]可能太想試圖找出（南）匈奴的屠各一族（古漢語的發音是「*d'o-klak」）和保爾加君主世系表上的主要氏族咄陸王族（Dulo）的同一性，而屠各一族正是「步落稽」的祖先，且是雜胡群體中的重要名稱。[77]保爾加人使用生肖可能也因為他們屬於烏古斯突厥人（根據克勞

森研究，為 l/r 突厥語支），據巴贊的紀錄，他們與今日主要使用「共通突厥語」的族群同樣採用奠基於十二生肖的古曆法。[78] 但是，歷史事實對此解釋提出挑戰，也就是所有其他內陸亞洲人民，即突厥人、吐蕃人、蒙古人和其他古代印度—伊朗群體都使用生肖，他們都和中國文化世界持續有直接的接觸。這樣一來，可能還需要另一個讓人信服的說法解釋為什麼使用生肖的保爾加人會是唯一的例外。

中國的「步落稽」從政治面到文化面，對中國歷史有著深厚的影響，然而卻長期受到傳統華夏中心主義的史家所忽視。我已經觸及了「步落稽」在政治上的角色。最佳例證就是最後導致拓跋魏王朝崩潰的六鎮之亂。亂事的開端與領導就是由破六韓拔陵（466-525）所領導（《資治通鑑》149.4674）。從另一個觀點來看，這可以視為是前匈奴群體對鮮卑的最後復仇，因為鮮卑取代了匈奴先前在草原上的霸權。

長久以來被忽視的還有「步落稽」對中國文化和宗教緒餘的重要貢獻。例如，在浩瀚的敦煌石窟藝術中最著名的真實人物可說就是佛教僧侶劉薩河，許多記錄都說他是「步落稽」。[79] 但是最需注意的案例當屬中國最重要的韻書《切韻》的作者陸法言，之後的中國學者陳垣只點出了陸法言是鮮卑人，[80] 而沒有注意到他出自「步落稽」的漢化氏族——陸氏即「步落稽」字根的另一種變形。即使到了今日，我們仍不禁驚嘆於這些遭邊緣化的「雜種胡」群體在中古中國的傲人成就。

瑣羅亞斯德教，也就是祆教，是中古中國的主流信仰之一。

安伽墓是一座位於西安的北周粟特人古墓葬。墓主安伽從他的姓氏來看，應是
原自中亞安國的粟特人，曾任北周大都督、同州薩保。粟特人大多信仰祆教，
通常以火燒的方式處理遺體。二圖分別為安伽墓圍屏石榻、安伽墓石門門額上
的祆教火壇浮雕線摹圖。

第 五 章

「白鼥」神諭之謎
伊 朗 的 陰 影

The Mystery of the "White-Drake" Oracle: The Iranian Shadows

❦「以夷制夷」：當局勢轉變之時 ❦

晚期的費正清（John K. Fairbank, 1907-1991）針對數個所謂的非中國王朝歸納出一個通則，就是：「一旦這些非華夏王朝定都北京後，儘管會做出許多革新，但仍會為了平衡、利用華夏傳統統治中國，並且大規模地經營他們的對外關係。」[1] 然而，費正清對於這些非華夏王朝對外政策的論述，可能也引來了諸多爭議，本章將就他所歸納出的「征服王朝」統治政策的幾個特點，來提出異議。我認為中國的異族政權不但大幅脫離了「用華夏傳統來治理中國」的窠臼，而且這些「征服王朝」大多還反轉了「華夏對外關係的經營方式」（或說是邊疆政策），並適用此方式在管理中國的國內事務上。

在這兩千多年之間，「中國對外政策」基本上就是華夏的邊疆政策，其傳統上遵循的原則就是「以夷制夷」，或說是其變體，白話來說，就是「用蠻族來壓制或統治蠻族」。這樣的原則可以概括成「分而治之」或者是「敵人的敵人就是我的朋友」。此策略儘管可追溯至漢朝（206BC-220AD），但充其量只帶來了有

限且短暫的成效，不過起碼沒有造成太嚴重的災禍。但在之後的兩宋（960-1368），這樣的邊疆政策受到檢驗，且帶來了兩次愚蠢的外交失誤，導致或加速了金國（1115-1234）和蒙元（1260-1368）的建立。

和費正清所稱的相反，在中國史上許多發源於草原的「征服強權」在「統治中國」時，可說是反轉了認為他們是被吸納之一方的形勢——亦即採用「以『文明』制『文明』」的政策。更有甚者，之前的遊牧民族對華夏統治政策的巧妙運用，在中國留下了長久的痕跡，在今日的中國人身上仍然清晰可見。

蒙元的政策可能是這個巧妙政策最被詳加記載的範例，蒙古朝廷亟需定居的人才和行政經驗，但又不太相信最後征服的南人，於是制定了有差別待遇的律法，造就了極為有利於所謂色目人——多半來自中亞、西亞——的社會階級結構，而犧牲了南人和已漢化的群體。特殊的地位和待遇為這些外來人口帶來了空前的機會，使得他們前仆後繼地湧入中國。這項政策的結果，套句艾茲赫德（Samuel Adshead, 1932- ）的話來說，就是「在元朝治下，有更多非華夏人士來到中國，數量可能超越了十九世紀前的中國各個時期」。[2] 馬可・孛羅的家族可能就是其中一個例子。由於色目人在蒙元政權中發揮了恰如其分的作用，也就是他們在「以『文明』制『文明』」的政治社會體系中所被指定的角色，因此艾茲赫德極為巧妙地稱其為「助理征服者」。

由於蒙元已經超出了本書的範圍，我會在別處加以詳細考證，在這裡想提及的只是蒙古政策的重要遺風：在中國永久建立了伊斯蘭的信仰。且不論元朝國祚的短促——在正史中甚至還構不上完整的一個世紀，但由於蒙古朝廷的「統治政策」，讓這些中亞和西亞穆斯林「助理征服者」人潮迅速成為至關重要的多

數。這些關鍵多數足以讓許多伊斯蘭社群，特別是中國西部的穆斯林，安然度過元朝亡國之後的迫害和「去胡化」的舉措。此處並不是要鑽研這些穆斯林社群在中國漫長的奮鬥史，以及他們如何在蒙元傾覆後的幾個世紀中仍持續增長；重點在於今日的回民，即漢化了的穆斯林仍然被視為是中華人民共和國第二大的「民族」，這必然是受到國內和地緣政治的影響。

⌇ 東亞史失落的篇章：持續的中亞牌 ⌇

蒙元用「助理征服者」來協助統治和征服的巧妙策略，已是眾所周知之事，且也有不少相關研究。我在此章中要提出的主張，在於這絕不是此種策略第一次在東亞出現。中亞和西亞穆斯林不只充斥於蒙元首都（北京）的朝廷之上，也遍及中國各省的行政組織，而比其更久遠之前，早就有其他遊牧民族或出身草原的政權已經在東亞使用「以『文明』制『文明』」的策略，並將之琢磨得淋漓盡致。也就是說，打從第一道長城築起，遊牧民族與出身草原的政權在面對中國或中國腹地時，總是打著中亞牌，這在東亞可說是個屢見不鮮的現象，或說是一齣地緣政治的牌局。

然而，直到現在，蒙元仍然是這個精密策略的唯一案例，其他所有的先例都被扔進史書的垃圾桶裡，遭到眾人的遺忘。換句話說，活躍於當時的前伊斯蘭時期的伊朗人和定居於中亞的其他印歐—伊朗群體的作用和影響，是東亞史上失落的篇章。這個事實本身就是個很有意思的主題，值得特別關注。對於這段空白，我只提出兩大主因。

第一，如同我已經論述過的唐朝的華夏外表，正當這些前伊

斯蘭時期的伊朗因素發揮影響力之時，正值中國儒家士族和士大夫把持正史的編纂，且古代東亞各種型式的書寫都掌握在這群人手中。率先打破此壟斷的是漢文的佛教文獻，其以古代印度和印度文化為中心，這個自成一格的中古史料和文化實體非常有助於蒙元事例的普及，可惜，這對於前伊斯蘭時期的伊朗人和伊朗化的群體來說為時已晚。

第二個主因是在阿拉伯征服伊朗薩珊王朝（Sassanian）和中亞之後，古代伊朗人和伊朗文化的紀錄不是遭禁，就是早已散佚。與古代漢文、印度文的佛教、希臘文的拜占庭和阿拉伯的典籍紀錄相比，古伊朗流傳下來的史料短少，大多只是斷簡殘編，因此彌足珍貴。在中亞操伊朗語的廣大地區，向西方擴散的突厥化，讓這種令人遺憾的情況更為加劇，而此過程也類似於此區域向東的伊斯蘭化。很多非伊斯蘭的突厥文獻也面臨同樣的命運，遭禁或刻意遺棄。

匈奴是打中亞牌的最早案例，長期以來，漢族和匈奴的衝突焦點其實就在於對中亞、或者號稱是「匈奴右臂」之西域的控制。匈奴善加利用了西域的物質和人力資源，尤其是透過定居其中的城邦國家來提供。狄宇宙（Nicola Di Cosmo, 1957-）在一九九四年對於匈奴帝國的經濟基礎的研究，就觸及了物質資源，但因為缺乏資料，仍然未論及匈奴從中亞所獲取的人力資源。若參考中亞牌在歷史上的模式，不難推論出匈奴也得利於西域的人力資源，這也為匈奴中強烈的高加索元素提供了重要的立基點；除了在史前時代，這些本土的印歐部落可能曾居住在中國北方或西北方之外。

中亞牌的模式在後漢時代更為清晰。除卻儒家士大夫幾近持續壟斷東亞正史的編纂，中亞人士和其它胡人移民在各個異族政

權中的痕跡，在中國北方變得愈來愈難以忽視。這些異族人士之所以會日益增多，可以追溯至印度次大陸，在佛教傳至東亞之後，最大的主體絕對是伊朗人或操伊朗語的群體。

在這些蒙元時代「助理征服者」的先行者之中，粟特人肯定占據了舞台中央。索格底亞那的原住民粟特人說著屬於東伊朗語支的語言，活動範圍遍及河中地區（Transoxania）的廣袤區域，涵蓋了今日塔吉克、烏茲別克南方和阿富汗北部的大多數領土。眾所周知，粟特人是古代絲路上手腕絕佳的掮客和商人，唐朝正史記載他們向來「為利所趨」。因此，一般認為「粟特貿易網絡」可歸因於從克里米亞到滿洲的粟特旅人、社群和殖民者。對這段歷史最多著墨的當代研究當屬魏義天（Etienne de la Vaissière, 1969- ）所著的《粟特商人史》（*Histoire des marchands sogdiens*）。[3] 但是除了商業，粟特人也「身兼通譯、伶人、育馬人、工匠和思想傳播者」。[4] 套句葛樂耐（Frantz Grenet, 1952- ）的話來說，「粟特人的大量湧入是中國文化史的要素」。[5] 葛樂耐的論點不僅有近現代學術的支持，愈來愈多的考古新發現也可予以證實。雖然目前只有少數的學者注意到，中古中國時期粟特人和其他操伊朗語移民的政治影響力，這在接下來牽涉到童謠的謎語中會再加以闡述。

～ 雄雞之謎 ～

打從歷史的黎明伊始，民歌就在中國占據要角，最佳例證就是六經之一的《詩經》，其中收錄的大多數詩歌都是民歌。不僅國君和行政管理者藉由採集和監測民歌來判斷輿論，以此來改善其統治，史家也用這些歌來評斷古今統治者的功過。這反映在周

滅商的征服行動被美化成討伐暴君：國君的權力來自上天的命令，「天視自我民視，天聽自我民聽」，換句話說，也就是古代中國版本的「人民的聲音就是上帝的聲音」（vox populi, vox Dei）。

這段誓詞據說出自周武王之口，成於推翻商朝的決戰前夕。[6] 這段宣誓的真實性當然備受質疑，極有可能是周滅商後的宣傳舉措的一部分。然而，孟子在他討伐無道昏君的評論中摘錄了這段話（《十三經注疏》，頁 2737），證明了此說的古老。

在眾多民歌當中，童謠同樣占有一席之地：他們通常被視為「上帝的聲音」（vox Dei），或說是神諭。我們可將此視為前述周征服商的政治理論的邏輯延伸：上天透過未腐化且無偏私之人——也就是天真無邪的孩童之口發聲。中國歷史中充斥著這樣的故事，這些據稱是自發性的兒歌如何預言了未來的事件，尤其是統治者和政權的興衰。[7] 而這種由來已久的傳統，很快就成為一種常用的政治伎倆：創造、傳播或採集，接著對童謠加以闡釋，常常成為有心人士所策劃的「政治宣傳」的一環。

例如，在軍閥董卓（？-192）的遭刺將一起精心謀劃的政變推向頂點之前，京師流傳著一首童謠：「千里草，何青青。十日卜，不得生。」（《後漢書·志》13.3285），當中的「千里草」和「十日卜」巧妙指涉了「董」和「卓」這兩個漢字。相信沒有人會天真到看不出來這首童謠背後的政治黑幕。

在同一個脈絡之下，《北齊書》也記載了一個令人費解的故事，裡頭對「步落稽」之名的解釋甚為怪異，如同我在前一章所指出的北朝「雜胡」之稱及保爾加人的可能同源詞，北齊的第四位君主武成帝高湛（537-568；561-565 在位）為開國君主高歡的第九子，小字「步落稽」。約莫西元五六一年，高湛在其兄孝

昭帝高衍（535-561；560-561 在位）的治下擔任右丞相，當時
北齊正流傳著一首童謠：

中興寺內白鳧翁，四方側聽聲雍雍，道人聞之夜打鐘。
（《北齊書》14.183）

根據《北齊書》中所記載的輿論操弄者的解釋，當時的丞相
府就是舊日的中興寺，而「鳧翁」為「雄雞」之意，指的就是高
湛的小字「步落稽」，而這首童謠恰恰預言了高湛將繼承皇位。
在此案例中，癥結之處在於「雄雞」所代表的政治涵義，打
從北朝一開始（386-589），金雞就是皇權的象徵，特別用於宣
布大赦之時，這正是新皇登基的標準程序。中唐時期的史料《封
氏聞見記》告訴我們（4.39-40）：

國有大赦，則命衛尉樹金雞於闕下，武庫令掌其事。雞以
黃金為首，建之於高檐之上，宣赦畢則除之。……（此傳
統）魏、晉已前無聞焉。或云始自後魏（拓跋魏），亦云起
自呂光（338-399，後涼〔380-403〕開國君主，後涼為呂氏
一族在中國西北部所建立的政權，為古藏人分支所建的前秦
〔350-394〕的分支）。……北齊每有赦宥，則於閶闔門前
樹金雞，三日而止。萬人競就金雞柱下取少土，云：「佩之
日利。」數日間遂成坑，所司亦不禁約。

正史的記載也證實了此一習俗（例如《新唐書》48.1269），
豎立金雞明顯是個類似節慶的公眾儀式，普羅大眾皆可參與。我
們還應該要注意的是，在大赦中，幾乎所有大至叛亂、小至輕罪

的罪犯，都獲得減刑或赦免，如此一來，千萬個家庭的生命都牽涉其中，因為他們家中都有成員因各種原因而違法。簡而言之，在那個沒有報紙、收音機，或是脫口秀節目等大眾媒體的年代，要想向一般大眾彰顯一個人的政治才能和形象，最好的辦法就是將這個人和金雞扯上關係。《封氏聞見記》繼續記載了高湛當上北齊皇帝後的故事（4.40，亦可參見《北齊書》11.146），這時高湛的姪兒河間王高孝琬（541-566）（4.40，亦可參見《北齊書》11.146）同樣在童謠中與雄雞沾上了邊，預示了他將成為天子，高湛聽聞後二話不說便將其處死。

讓我們回到前面的「白鳧」神諭，童謠中的關鍵「雄雞」要牽連到據稱的高湛即位，會有兩個困難之處。第一，「鳧」字指的是「鴨」，或更常見的解釋是「白鳥」，早在《詩經》第二五八首中就已被證實，很難再證明也可以指涉「雄雞」——中國典籍中幾乎沒有分毫證據可以解釋這個怪異的指涉。事實上，在首屈一指的現代漢語辭書《辭源》（頁1917）中，只引用了高湛這個故事來證實這個指涉。第二，如同《北齊書》中的明確記載，高湛的小字「步落稽」應當要能支持這個指涉，然而若是廣為蒐尋古代和現代突厥—蒙古的史料，就會發現沒有絲毫的線索能證明這個字能指涉、或與「雄雞」相關。

儘管卜弼德對「步落稽」這個族群名首開先例的解釋，包括對高湛乳名的闡釋，以及他對北齊政權的細緻研究，完全駁斥了在《北齊書》中涉及高湛繼位的「雄雞」之說；我也承認自己多年來因前述兩個困難而求解未果，但之後我認識到持續地打中亞牌將會是關鍵，並開始深入研究其中的連繫。

我最後不得不承認關於「白鳧」神諭兩大難題的解答，還得追溯至伊朗語指稱「鳥」的字根「mwrγ-」（mwrgh-）。[8]在第

二章中，我詳細說明了在上古漢語和中古漢語中，脣音「m-」和「b-」時常可以交互替換，特別是在轉寫非漢語詞彙和姓名時。其中的例子包括 moheduo（莫賀咄）< baɣadur（意指「英雄」）[9]、Pojie（中古漢語發音為「b'uo-tsia」）< Matsya（「婆嗟」，古代印度北方的族群）[10]，以及磨勒 mole（mua-lək）< balïq，是突厥語的「魚」。[11] 我們也可以再加上構擬後的古伊朗語原始的 *buxsux，是苜蓿 muxu 的轉寫，這是勞費爾（Berthold Laufer, 1874-1934）在「alfalfa」條所提出的。[12] 至於另一個轉寫的方向，也就是漢語中的「萬 wan」（miwan，「多數」之意），成為突厥語中的「ban」和「wu」（mu），而中國天干中的「戊」，則成為突厥語中的「bou」[13]。在這幾個特別的案例中，至少有四個漢語對於字根「bulɣa」的譯寫以脣音「m-」開頭。「bulɣ- > mwrɣ-」的等同引導我們辨識出「鳧」（「水鳥」之意）和「步落稽」的關連，這或多或少解決了我們對於高湛乳名和「鳧」關連的雙關謎語。

然而，即便「mwrɣ-」是伊朗語中一般用來指稱「鳥」的詞根，童謠預言中的癥結點在於「雄雞」的影射，這兩者之間有何關連？答案就在當時亞洲內陸廣泛使用的十二生肖中。相對於中國人的雞年，粟特人用的不是別的，恰好就是「mrɣyy」這個字。[14] 這個事實讓伊朗語或粟特語的等同成為這雙關謎語的完美解答。如果「鳧」所影射的「雄雞」，是源自粟特語，那麼這個解答可說是又有意思、又發人省思。

如同我在之前的章節中所提到的，十二生肖在中國腹地之外的流行導致了所謂非源自漢語的生肖理論。這些理論，或說是推測，事實上強化了傳統漢文書寫中的儒家偏見，歷史很少會關注未受教育的人民的大眾文化，即使這些受過教育的仕紳階級根

本也很難完全隔絕於這些日常傳統之外。[15] 令人啼笑皆非的是，正是這些入侵的遊牧民族協助將這些「庶民的」漢族傳統——尤其是十二生肖——推向歷史的前端或甚至是表層：最早使用漢文「生肖」的記錄，正是出自西元五六四年，北周權臣宇文護（513-572）所接到的一封極不尋常的信，寫信的人是他的母親閻姬，遭到敵對政權北齊幽禁多年。[16] 此一封信可能是漢文的翻譯本，也有可能是先用拓跋鮮卑語口述，再用漢文寫下，因為當中含有些許少見的方言或近似於方言的說法。這不僅僅是拓跋魏傾頹後多年混亂中的一齣感人肺腑且生動鮮明的人生悲喜劇，更是首度提到用十二生肖來計算歲數的記錄，其表現方式與今日的生肖幾無二致。[17]

儘管如上所述，十二生肖普及於華北這些原為遊牧民的群體間，他們往昔的草原弟兄生活於中國文化的勢力範圍內，而上述的伊朗群體也是相同狀況，高湛的乳名「步落稽」仍然和此種紀年方式毫無關係，因為正史記錄他出生於五三八年，也就是「馬」年。[18] 換句話說，雖然當時政治上的「競選幕僚」為了要傳播此神聖的政治意涵，而借用了伊朗或說是粟特人的語詞，但高湛的「胡人」小名卻可能另有其出處，可能是高氏一族啟人疑竇的異族背景，又或者是高湛根本就是「麻煩製造者」。[19] 雖說這個案例很有意思地反映出阿爾泰、伊朗和中國文化之間的三方交流，但似乎並未提出新的詞源來證明保爾加人的族群名。

令人玩味的是，伊朗語的「鳥」字根「mwrγ」也以「mriga」的型式出現在印度語系中，但卻有截然不同的涵義，指稱的是不同種的獵物，特別是指「鹿」。[20] 這些歧異甚大的語義讓學者發現到詞根「mrga」是源自一些中亞地方的借詞。這個詞根在佛教有著特殊的意義：佛陀第一次布道的花園就是以「mrigadava」

來命名，通常被譯作「鹿園」（鹿野苑）。關於佛陀「在鹿園中初轉法輪」的故事在佛經中屢見不鮮，而佛教藝術和圖像中最流行的主題就是兩隻鹿分別在法輪兩旁。我們自然而然地會推測出依照當時佛教在北朝鼎盛的程度，應該普遍會將印度和佛教理解為同源的文化，特別是以民間來說（在南朝，佛教反而是在士人和精英階層蔚為風尚）。因此，「白鳧」神諭等同於伊朗語中的「鳥」的這個事實，如果與信仰無涉，那就是另一個表露出當時兩個「異族」文化在北齊中的強弱關係的跡象。

「白鳧」神諭真正引人入勝的癥結點在於其中的社會政治意涵。這個神諭要能對社會產生影響的首要條件是北齊國境內得有廣大的伊朗—粟特移民社群；第二則是這個社群一定已經融入了北齊的政治進程中。

當代的一些事例應該也能加以闡明此種社會政治局勢。在二〇〇四年加拿大的聯邦大選中，加拿大第三大黨新民主黨（New Democratic Party）主席雷頓（Jack Layton, 1950-2011）在電視上的競選廣告說著（怪腔怪調的）廣東話和漢語。這個發展反映出中國移民的急速攀升以及他們在加拿大日益強大的政治影響力；雷頓先生自己的妻子就是華裔。像溫哥華和多倫多這種大城市，漢語已經取代法語成為第二通用語。無獨有偶，據二〇〇五年《紐約時報》的報導，紐約市長彭博（Michael Rubens Bloomberg, 1942-）在為了拼連任而製作的競選廣告中，也企圖用說漢語來吸收大批華人移民社群的選票。[21] 另一個類似的例子是西班牙語在美國的影響力日增，不僅在商業上，更體現在政治上，這個現象可歸因於美國境內急速擴張的拉丁美洲裔人口，數量多到讓前總統小布希（George W. Bush, 1946-）不得不用他無疑微乎其微的西班牙語能力當作巨大的政治資產來宣傳。

若只看草原出身的「胡人貴族」在華北地區富有政治影響力的特殊局勢，中國的中古早期當然和現代的北美有很大的差距，而當時的「政治活動」用民謠來傳播神諭，當然也和現代民主普選和大眾媒體大相逕庭。但鑑於前述提到的雙重事實，即有大量的伊朗系移民人口和其群體已獲得相當大的政治權力，這都可以透過史料加以證明，即使這些史料可能帶有華夏中心思想，還有愈來愈多的考古證明可供舉證。我並不希望過度鑽研這個主題，即這個中古早期的局勢可說是蒙元雇用「助理征服者」的先行者或祖先活躍的時代，我只希望能引用諸多漢文史料來支持自己的論點。

　　著名的《洛陽伽藍記》詳加記述了拓跋魏首都洛陽的僧院和佛寺，並對城市中的中亞、西亞移民人口有以下的描述：（3.161）

　　　自蔥嶺以西，至於大秦（一般認為是中國對羅馬帝國的稱呼），百國千城，莫不款附（拓跋帝國）。商胡販客，日奔（中國）塞下，所謂盡天地之區已。樂中國土風因而宅（於洛陽）者，不可勝數。是以附化之民，萬有餘家。[22]

　　關於伊朗人和講伊朗語的移民，還有更具體的記錄顯示他們信奉祆教。當中講述有一位拓跋魏的皇太后尊奉「胡天」，一般認為是祆教的主神阿胡拉·馬茲達（Ahura Mazda），《隋書》（7.149）詳加記述了承繼拓跋政權的北齊和北周如何競相吸引西域人民，這個重要的案例也被許多人視為是祆教在中國的伊始：

　　　後主（北齊）末年，祭非其鬼，至於躬自鼓，以事胡天。

鄴中（北齊首都）遂多淫祀，茲風至今不絕。後周欲招來西域，又有拜胡天制，皇帝親焉。其儀並從夷俗，淫僻不可紀也。

　　上述的引文清楚表明了，鼓勵西域人民來中國是這些出身草原的異族政權的官方政策，這招致了大量的伊朗人和講伊朗語的移民。而在幾個世紀之後的蒙元時期，統治者同樣用這種政策來「以『文明』制『文明』」。

　　想當然耳，在華夏中心思想的正史中，對於伊朗和講伊朗語的人物和習俗，大多是語帶輕蔑。而中國作家私下在他們偶爾為之的對外國新移民的評議中，則習於在傳統儒家教條上加入異族題材以嘩眾取寵。結果就是中古早期對中國的中亞、西亞移民的研究大抵上仍是非政治性的，其中更以薛愛華的《撒馬爾罕的金桃》（ *The Golden Peaches of Samarkand* ）為代表。近年來，得力於最新的考古研究，這些研究無論是在規模還是材料上都有大幅擴張之勢。[23] 然而在我看來，這些仍舊不足以將這些西域移民視作華北拓跋系政權和其他草原出身統治者的協力者，或說是「助理征服者」，由於這些外來政權不信任本土的華夏人口，特別是不信任那些儒家精英，因此較其蒙古繼承者將此策略發揮得更為深遠。[24]

　　然而，「白鳧」神諭之所以有意義，並不在於有助於揭開這個千古謎題，而在於它有助於反映出在拓跋魏和其異族繼承者的華北治下，這些中亞和西亞移民的政治影響力有多大。他們的政治地位也可以由其他儒家士人的偶然提及而透出端倪，像是北齊顏之推（531-591）在其著名的《顏氏家訓》中，無意間提到了在北齊宮廷中有兩位漢人官員之所以能在異族統治下官運亨

通，在於他們有通曉「鮮卑語」和「胡書」（異族文字）的本領（5.301）。所謂「胡書」當然指的就是在絲路盛行超過一千年的粟特文字，在今日的蒙文和滿文中仍舊能循得此粟特語根源。顏之推這段極為短促的紀錄，明顯暗示了鮮卑統治者對非華夏族裔、卻也「文明化」族群的依賴，這點與蒙元時期極為倚仗色目人十分類似。

～ 從亞塞拜然到敦煌：拜火信仰來到中國 ～

如同伊斯蘭信仰在中國的落地生根是蒙元統治的一大緒餘，同樣也有大批的異族宗教信仰因華北「胡人」統治者「以『文明』制『文明』」的精巧策略而來到中國。當中最重要的例子當屬佛教，其牽涉的範圍既深且廣，使我難以在此處詳加論及。然而另一些知名度略遜一籌的信仰也在此時被這些「助理征服者」從西域帶往中土，它們在中國的信徒數量無法讓其在中國長期扎根，祆教就是其中之一。

如上述的引文顯示，承繼拓跋魏一朝的兩個異族政權競相藉由崇敬和祭祀「胡天」來使伊朗移民效忠，無論是薩珊王朝的正統教派或是粟特人和其他中亞城邦中的變體型式，祆教都無疑地盛行於華北。已故的中國學者陳垣（1880-1971）在研究中率先總結道，中亞移民在中國中古時期所信奉的大多是祆教，和蒙元時期的景教（Nestorianism）沒有不同。這個長久以來被接受的觀點在近來受到許多學者的挑戰。然而，陳垣其中一個最主要的論述仍然有其可信度，即目前為止並未發現漢文的祆教經典。這個與有實體漢文經典流傳下來的摩尼教（Manichaeism）形成了鮮明的對比，而就算是早期的景教除了在西安留下著名的「大秦

景教流行中國碑」以外，漢文的經典也流傳至今。

讓我們先花一點時間探究祆教的「主神」，或說是阿胡拉·馬茲達，其以單一的漢字「祆」稱之，這個名稱在漢文中成為祆教的同義詞，然而對於「祆」的詞源則有多種分歧。貝利（Harold Bailey, 1899-1996）在《于闐語文書四》（*Khotanese Texts IV*）中指出這個字是伊朗語「at(h)ar」（意指「火〔神〕」）的譯寫，這個主題我將在之後加以論述。[25] 貝利的論點和漢文史料中時常用來指稱「祆教」的「火祆」相符。拜火是祆教在幾乎所有古代紀錄中最為突出的形象，不論是在漢文或其他史料中。這個傳統可以回溯至古代印度—伊朗或甚至是印歐語族中的拜火儀式。海勒（Friedrich Heiler, 1892-1967）曾在他命名的印歐語族宗教（Indogermanischen Religion）研究中討論過「火」在其中的地位。[26] 在印度次大陸裡，這個緒餘為古代吠陀獻祭儀式中的拜火儀式所證明，此傳統以「火壇祭」（Agnicayana）的迷人形式流傳至今。[27]

然而，隨著近日漢語語音學的進展，「祆」基於其在古代的發音「hlin」，極有可能是「天」字的同源詞，這個主題將在第六章中討論。

這個特殊的漢字「祆」被近年來許多學者用來駁斥陳垣的論點，也就是在中古中國，只有中亞移民信奉祆教。其中最著名的就是林梅村（1956-）指出發生在唐代中國東南方的民亂就是由祆教徒所領導，此結論全然奠基於這個字被聲稱出現在墓誌之中。[28] 然而，林梅村的理論失之於草率和牽強，這在近年來的中國學界屢見不鮮。待發現到在唐代的刑法用「妖」這個字指涉林梅村所指的民亂時，便可知道關鍵字「祆」極有可能是唐代公文中時常使用的「妖」的變體，他的論述也就全然瓦解。[29] 儘管如

此，情況卻常常大相逕庭——這兩個字在許多時候都幾乎完全等同，但另一些對「妖」字的變體，卻經證實和祆教毫無關係。[30]此外，我們所知道的祆教之後在漢文紀錄中會完全和摩尼教混淆。

更有意思的是，祆教的「天神」被之後的中國娼妓視為她們的「職業守護神」。[31]更有甚者，另一個可能是源於中國戲曲，並且時常出現在中國民間傳說中的守護神「二郎神」，也被認為很有可能是粟特祆教中維施帕卡神（Veshparkar）的變體。[32]然而，這些例子都無法直接證明中古的本土華夏族裔有信奉祆教之舉。

然而，還有一個記錄在伯希和藏敦煌寫卷（Pelliot Collection Document）P.2569（P 代表 Pelliot，第 2569 號是〈官酒戶馬三娘龍紛堆牒〉）中的例子，被近代另一位史家[33]吹捧為「火祆咒文」（Zoroastrian spell），這顯然是為了補強漢譯祆教經典的缺乏（或是漢文祆教文獻）所做的努力，是對於陳垣論點的最主要駁斥。這樣一個帶有誤導性的說法也與一個顯而易見的事實相矛盾，那就是這個紀錄只不過是古老的中國民俗傳統中「驅儺」（qunuo）的通告（並且長久以來此活動都是官方儀禮與慶典的開場），用來「驅邪」。[34]其中所有的人物，不論是凡是仙，都純粹源自漢人傳統（例如，無佛教成分）。這樣一來，在活動中以下一連串神祇的出現，從三危聖者、蓬萊七賢、商山四皓，一直到城隍都是源自漢人傳統，唯一來自祆教的神靈只有來自安城的「火祆」。鑑於中亞對唐朝文化生活的深厚影響，特別是在音樂、表演藝術及民間節慶中，這樣的情況並不出人意料。[35]考慮到唐代的兼容並蓄，各式各樣的異族風尚盛行於民，「安城」之名這個簡單的事實就顯示了來自布哈拉（Bukhara）的中亞移民

已經成為一個社群，[36] 這也成為祆教信仰出現在本土華夏族裔之間的佐證。在《新唐書》中（75b.3445-46），確確實實記載了中亞移民安氏擔任「薩寶」一職，此職位雖然有可能出自印度—梵文，但在北周和隋朝時期，這幾乎總是被認定為祆教的頭銜。[37]

其他這些近代學者引用的證據都顯示出祆教在當時被視為是異族信仰，簡而言之，除了這些近代的說法，目前已知的史料都無法成為駁斥陳垣論點的直接證據。

～中國的「神事名」～

為了提出祆教信仰在中國中古時期時已經傳入華夏人群的首個確鑿證據，我必須先簡短說明漢名詞彙資料中顯示的古代胡漢交流（Xeno-Sinitic exchanges）。儘管缺乏證據，但根據「歷史始於蘇美」（history begins at Sumer）的論調，會推論出「華夏文明外來說」（或至少是某種型式的文化推力），這個華夏文明可能源於近東的論調持續當道。例如，中國古代科技的現代權威李約瑟毫無證據就把漢語中「氣」的概念和古天竺的「氣」（prana，意指「生命能量」），全部地歸於美索不達米亞源流。[38]

正如下一章我將加以闡述的，一個至今未受重視、反對這種華夏文明源流的「近東假說」的簡單論據是，漢族人名詞彙中完全沒有「神事名」（Theophoric），這和古代的美索不達米亞和其他所有近東文化形成鮮明的差異，包括像是蘇美人（Sumerian）、埃及人、閃族（阿卡德人〔Akkadian〕、亞述人〔Assyrian〕、腓尼基人〔Phoenician〕、阿拉姆人〔Aramaic〕、希伯來人和阿拉伯人等等），以及印歐語族（西台人〔Hittite〕、

希臘人、印度—伊朗人等等）的文化，都有著許許多多「神事名」。事實上這些古老的「上帝的贈禮」的名字（例如約翰〔John〕、約書亞〔Joshua〕，希歐多爾〔Theodore〕等）直到今日依舊盛行於西方的命名文化。[39] 這就顯示出了中國與世界其他文明的絕對差異，這也關係到中國向來缺乏強烈有神論（theistic）的宗教傳統。

如同介紹佛教經由中亞傳入一樣，美索不達米亞緒餘也是在中古時期終於傳到中國，這個充滿爭議的論調，首先為清代學者趙翼（1727-1814，詳見下一章）留意到。為了本章的主旨，我先簡單列舉一些將在下一章詳加解釋的論點：

1. 所有近東的「神事名」的基本類型，即動詞句（verbal-sentence）、名詞句（nominal-sentence）、單詞（one-word）、屬格結構（genitive-construct），以及甚至是簡稱名（hypocoristica）都已被證實。但是動詞句（神賜〔god-gives〕、神佑〔god-protects〕）和屬格（神的禮物〔god's gift〕、神之子〔god's son〕等等）都跟隨著單詞類型，是迄今為止絕大多數漢文「神事名」的成分。

2. 這在「奴隸／僕人」的名字特別流行，顯然是直接受到波斯（特別是粟特人）影響的結果。例如包括像是「天奴」、「神奴」、「佛奴」、「僧伽奴」，以及甚至是「三奴」（這裡的「三」明顯是指佛家的「三寶」〔Triratna〕）。

3. 雖然明確的「神賜」（god-given）或「天賜」（heaven-given）的型式，皆已經證實可以對應到巴利文／梵文中的「-datta」、伊朗文中的「-data」，以及希臘文中

的「-doros」，包括唐朝開國皇帝李淵（566-635）的曾祖父李天賜，但另一更受歡迎的形式是採取「神之子」（son-of-deity）類型，例如像是佛兒、佛女、法子、神子等等。這些神的部分亦通常是從「三寶」而來。

4. 鑑於漢文人名有其長度限制，名字通常最多是由兩個漢字組成，[40] 一般的型式通常是指有神祇的稱號，而不會加上其他的漢字。趙翼其實就留意到了這個型式，如此一來，我們就會看到像是「浮屠」、「菩薩」、「金剛」，以及「羅漢」等等這樣的人名。

～一個「火崇拜」的人名～

從敦煌文書中，可以發現有許多為了勞役和其他政府勞工機關的名冊，主要是出自唐玄宗天寶年間（742-756；P.3559、P.2657、P.3018 和 P.2803）。這些史料在一九三六年採集並出版，成為許多學者深入研究的主題。[41] 名冊中可以找到一個名為「氾頭子」，「頭子」這個名字可說是傳統漢名中一個十分有意思的現象。

首先，我認為「氾」姓雖然不算太常見，但可證實是西漢以降的漢人姓氏。[42] 這個姓氏在敦煌時期卻十分常見，至少有七個氾姓人士是敦煌石窟的供養人。[43] 這個姓與所謂的「昭武九姓」及其他中亞姓氏絲毫無涉。[44] 事實上，敦煌文書中也發現了殘存的氾氏宗譜，[45] 這個家系的枝葉極為繁茂，記載也極為詳盡，後人幾乎不可能加以偽造。二來，「頭子」（字面上是「頭」加上「子」，「子」是一種口語化的名詞詞尾），在晚近也意指「首領」或「領頭」，[46] 但在當時還未證實有出現這層涵義，且如果

要用來避免上天妒恨，特別是作為一個「賤名」（opporobrious name），這個未帶有絲毫貶意的字可稱不上是個好選擇，假如要想要避免神妒，「首領」的涵義也很難讓人將之與「無價值」聯想在一起。更有甚者，這個名字並不是非特例：也有人以「頭子」稱呼政府官員中的「侍郎」，另外在高昌王國時期（460-640）的吐魯番墓葬中出土的文書裡，還有個名喚「張頭子」的人。[47]

因此，我認為「頭子」之名很有可能是新引進中國的另一個「神事名」，採用的是「頭之子」的型式。這個論點得到另一個在吐魯番找到的人名「頭奴」支持。[48]那麼，接下來的問題是，「頭」這個字究竟指何方神祇？我認為「頭」應該是「阿頭六」的簡稱，由伊朗語中的「ātar」（意指「火」）譯寫而來，其同時也指稱祆教中的火神。

第一，在「頭子」裡的「頭」字是「阿頭六」的簡稱，這可以從吐魯番出土的人名資料中得到充分地證實：「阿頭六子」、「趙阿頭六」、「匡頭六子」、「員頭六子」、「郭阿頭六」、「李頭六子」、「張頭六兒」、「曹頭六」、「王頭六兒」、「王頭六子」，以及「隗頭六奴」，如是等等。[49]這些名字都可以被轉寫成「頭六之子」、「頭六之奴」或簡單的「阿頭六」，這種命名方式可追溯至六世紀末、七世紀初。

第二，「神事名」與「ātar / Ātar」相關聯這一點在古代伊朗世界已被廣泛證實，很有可能還早於祆教信仰的建立，並且如前所述，還能夠反映出古代雅利安人（Aryan）的火崇拜。與我們的討論更為相關的是，「神事名」含有印度火神「阿耆尼」（Agni）的元素，這也恰恰顯示出印度人對「火崇拜」的文化用詞。[50]例如，巴利文型式可用像是「阿耆達多」（Aggidatta，火之贈禮）及「阿耆米塔」（Aggimittā，火之友人）等名字證

實。[51] 在早期伊朗語的例子當中，希臘史家克泰夏斯（Ctesias）記載的阿契美尼德帝國的開國君主居魯士大帝（約600-529 BCE）曾被一個名喚「阿特拉達特斯」（Atradates）的牧羊人撫養長大，[52] 這是這個常見的古伊朗語名字「Ātaredāta」在希臘語中的寫法。而這位牧羊人的名字的字面解釋是「Ātar的贈禮」，也可以譯寫成「Ātar之子」。[53] 另一個希臘史家達馬斯庫斯（Nicolaus Damascenus），就稱「阿特拉達特斯」是居魯士的父親。

與「Ātar」相關的「神事名」可經由祆教經典《阿維斯陀》（Avesta）證明。例子包括了剛才提到的「Ātaredāta」（Ātar的贈禮）以及「Ātarepāta」（Ātar保佑），在至少唱到八個這種名字的《Frawardin Yasht》（給守護天使的聖歌）中，這兩者都有被提及。尤斯梯（Ferdinand Justi, 1837-1907）率先匯集了數十個與「Ātar」相關的古代伊朗「神事名」，並收錄在他初版於一八九五年的《波斯姓名之書》（Iranische Namenbuch）中。其中最有意思的當屬「Ātūnbandak」這個名字，意指「Ātar之奴／僕」，就是「神之僕」的一個典型案例，已經廣泛被許多古代伊朗人名詞彙給證實。另一個有趣的例子是「Ātūrdūχtĕ」，意指「Ātar之女」，鑑於「神之子」的男性型式很少見於古代印度─伊朗的人名詞彙中，我將會在下一章闡述此事實。

在尤斯梯極富開創性的作品出版了將近一個世紀之後，日紐（Philippe Gignoux, 1931-）在其極為傑出的《薩珊時期中古波斯人名彙編》（Noms propres sassanides en moyen-perse épigraphique）中，收錄了更多此類人名，特別是複合型式的人名。薩珊王朝的資料和我們此處研究的時期處於同一個時代，也就是中古早期的中國。除了類似的「Ādurdād」（Ādur所創造）、「Ādurbandag」

（Ādur 之僕）、「Ādurbān」（Ādur 所佑）、「Ādurduxt」（Ādur 之女 ） 等 等 ， 我 們 還 找 到 了 「Ādurān-Gušnasp」（Ādurān 和 Gušnasp）、「Ādur-Mihr」（Ādur 和 Mithra）、「Ādur-Ohrmazd」（Ādur 和 Ahura Mazda），以 及「Ādur-Bay」（Ādur〔 和 〕 Baga）。[54]

如同此節標題所示，最重要的範例當屬亞塞拜然（Azerbaijan），其被視為是得名於「Atropatene」的訛用，而「Atropates」（Ātar 所佑）是亞歷山大時期的總督之名。[55] 一個普遍被接受的記述指出，在亞歷山大大帝攻克了薩珊帝國時，許多祆教的經典手稿遭毀，這特別顯露出火崇拜在古伊朗文化中的根深柢固。

第三，語音學證據和相關佐證。根據高本漢的說法，「阿頭六」的中古漢語擬音是「â-d'əu-liuk」，十分接近漢字「羅」，而漢字「六」在中古時期的中國時常被用來譯寫外來語的「l/r」音。這方面的事例包括「阿六敦」，它是敕勒部（或作「鐵勒」〔Tölös〕）名將斛律金（488-567）的「字」，是「altun」（「金」）的譯寫，[56] 另外還有氏族名「步六汗」、「破六韓」等等，這些都是對於突厥語字根「bulγa」的其他轉寫，並且都和保爾加人的族群名有關。如果芮沃壽（Arthur Wright）認為蒙古語「burqasun」是指一種柳樹（或稱「楊樹」）的推論是正確的，[57] 那麼我們便可將隋朝皇室楊氏的「胡」姓「普六茹」也算在內。事實上，這個在當時習慣用漢語「入聲」字來譯寫外族姓名的特殊案例，最初是由蒲立本所揭露，並加以分析而來。[58]

另外一個關鍵字「頭」，經羅常培（1899-1958）對於唐（618-907）及五代（907-960）西北方言的研究指出，其發音和高本漢所提出的「d'əu」相同。鑑於此時期大致可以對應到伊朗

薩珊王朝的中後期，所以當然要細查最重要的伊朗語之一「缽羅缽語」（Pahlevi），也就是中古伊朗語，並發現當中的「ātar」會被寫成「'twr」。[59] 巴托洛梅（Christian Bartholomae, 1855-1965）和貝利因而都將其轉寫成「ātur」，[60] 這和「頭」（d'əu）的元音值恰恰相符。或許更為重要的是，在薩珊王朝時期，中古伊朗語中元音之間的清輔音基本上都已濁化。[61] 因此，我們前面所引述的日紐提出的中古伊朗人名便能說得通，有許多學者也開始視「ātur」為更準確的譯寫，這個型式和「頭」的濁齒音聲母完全相符。總而言之，當代的伊朗語資料強而有力地證明了「阿頭六」是對中古伊朗語「ātar」一字的譯寫型式。[62]

最後，前述漢名詞彙的資料闡明了「阿頭六」代表人名中「神之僕」和「神之贈禮／子」等「神事名」部分，這些漢文中的人名型式和發音與類似的天竺或佛教的神祇、聖賢或是宗教人物都毫無干係，唯有用伊朗火神「Ātar」才說得通。

除了在吐魯番早些時候出土的例證以外，在敦煌也發現了「阿頭（六）」的型式，其中有「鄭阿頭」此名，記載年分為七四七年，[63] 同理可證，「鄭」也是一個貨真價實的漢族姓氏。這個名字在之後寫成「鄭頭」，因而可以確認「頭」是「阿頭（六）」的簡稱。

在我發現經漢化後的「神事名」，是對於吐魯番和敦煌的伊朗火神的崇敬之後，第一個受害的便是近日盛行的修正主義理論，其頻頻認為傳統紀錄和吐魯番文獻中的「天神」──這個中古早期在吐魯番的華夏飛地的信仰──並不是祆教，而可能與道教有所淵源。[64] 這個理論的立基點在於吐魯番出土的文物當中，並沒有絲毫和祆教直接或確實相關的經文以及其他書面史料。然而，鑑於伊朗火神「Ātar」在當地人名詞彙中出現得如此頻繁，

以上的說法便再也無法成立。

　　另外還有一個十分有意思的發現，在敦煌文書晚期的紀錄中有許多人名喚「阿朵」（根據高本漢的說法，其中古漢語的發音是「atuâ」），另外還有一個類似的漢化後的含有「神」意的人名「阿朵子」，也就是「阿朵之子」的意思。[65] 這極有可能是另一個對於波斯火神「Ātar」的轉寫，可以與早期新伊朗語的型式「ādar」相對照。依據敦煌當地的繪畫和相關圖像，葛樂耐和台灣中研院院士張廣達（1931-）總結敦煌是「粟特宗教最後的避難所」，當地粟特人版本的祆教可能一直存續到九、十世紀。[66] 如果對敦煌文書中「阿朵」神祇的推論沒有更好的解釋，這個相關的「神事名」可能有助於提出敦煌的火崇拜消失的時間下限，這個型式的最後的證據出自晚唐，或說是宋朝開寶年間（968-976）（斯坦因收藏〔Stein Collection〕S.2894），這個發現與葛樂耐和張廣達的結論完全相符。

　　由氏族名來判斷，只有一個含有「Ātar」的漢語「神事名」，「曹頭六」（Cao Touliu）能被證明是源於伊朗。[67] 有趣的是，此名與其他聽起來像中亞群體的名字一起出現，其中更發現「曹浮賀」（Cao Fuhe），「浮賀」（Fuhe）這個名字幾乎可以確定是對應伊朗語「baγa」或粟特語「βγ」（意指「神」），這便是下一章的主題。其他支持含有「Ātar」這個漢語「神事名」姓氏是「張」、「趙」、「王」、「李」、「范」、「鄭」等等，對於這些姓氏，我們向來都很少留意到其中的中亞淵源。此事實再加上許多中國西北方和其餘地區的人口，都採用了含有佛教「神事名」，這自然而然會導向這個結論，也就是如同佛教，伊朗的火崇拜也在華夏族裔或講漢語的人口中有其追隨者，這個傳統可能一直延續到宋代早期。除了前述引用的葛樂耐和張廣達

的研究，費耐生同樣指出這可能也反映出當時祆教在中亞的消失。[68] 因為祆教和中國拜火信仰以及非漢語紀錄中的種種緊密聯想，指稱伊朗火神「ātar」的漢語「神事名」的出現，就是第一個既堅實又直接的證據，能證明祆教信仰在中古中國的西北一帶有追隨者。

莫高窟文書中的敘利亞文。

西元 1907 年於敦煌藏經洞發現的突厥文《占卜書》，現藏大英圖書館。

第 六 章

天 子 和 神 子

Son of Heaven and Son of God

在前一章中，我指出了古代以來漢名詞彙中的「神事名」，與其他古老世界文化和文明有鮮明的差異。之前未受到關注的事實造成了許多十分有意思的問題，例如關於中華文明的源流和演進，包括與其他或遠或近的歐亞大陸上的古文明之間的淵源。這顯然是一個新的研究領域，將會吸引許多跨學科學者的注意，特別是近東研究的專家。

雖然「天子」是個非常古老的中國皇帝稱號（所謂「上天之子」），但其中無疑具有「神事名」的結構。與其他古老東亞文化相比，中國向來少有「神事名」，但「天子」這個稱號卻是自古皆然，這就形成了一個相當令人玩味的問題：這個極為典型的中國皇帝稱號「天子」，其根源究竟來自哪裡？

這個古老皇帝稱號向來不乏學者的研究青睞。例如秦家懿（1934-2001）就詳細闡述了古代中國的「天子」，[1]儘管她已說明其研究僅著重在商（約 1766- 約 1122 BCE）周（約 1122-1256BCE）兩代，但此篇論文的主要缺失是未能提及、更別說是論及「天」的概念，更不用說是「天子」和「天命」的概念了，而上述概念都是「本土」中國的概念。[2]可惜的是，如此缺失在

這個古老皇帝稱號的研究中實屬常見。

概括來說，「天」起源於「胡人」的神祇，是周人部落在攻克中國第一個稱得上是朝代的商朝之後，所引進的概念。據我所知，顧立雅（Herrlee Creel ,1905-1994）早在一九三五年就以典雅的漢語發表了這個重大的發現，可說是提出此問題的第一人，而追隨他的只有中國甲骨文權威郭沫若（1892-1978）。[3] 隨後，顧立雅在其著作《中國治國術之起源》（ *The Origins of Statecraft in China* ）中，用更多的資料為此議題提出了更為廣泛的發現。[4] 其他像是董作賓（1895-1963）、胡厚宣（1911-1995）以及陳夢家（1911-1966）等甲骨文專家，無不爭相贊同這項結論。[5] 這個重大發現是「天」這個字不僅很少出現在甲骨文上，也常常可以被解釋成「大」的變體。只有西周的甲骨文文獻將「天」明確地指稱神祇，接著便自然而然地出現「天命」，以及最終的「天子」二字。[6] 而近年來周代早期甲骨文的出土，也證實了顧立雅和郭沫若的結論。[7]

無獨有偶，周人最早是用「商」這個字（原意是「大」），來指稱他們的天神，這一點可以和古希臘人轉寫印度—伊朗語中的「baγa」（意指「神」）相對照，像是「Μαγα」和「Μεγα」，時常和「μεγα-」、「μεγας」（意指「大」）相混淆。[8]

儘管如此，通常還是會假設「天」和周人的「耶和華」，等同於商代的至上神「帝」或「上帝」。例如，在秦家懿對於「天子」的研究中，就沒有清楚區分出所謂商人的「上帝」和周人的「天神」。這樣一來，由於此假設主要基於周和周之後的文獻和政治概念，問題便接踵而來。顯而易見的事實就是「帝」在甲骨文中最初是用來尊稱天子的父親和先祖，這迫使郭沫若說「帝」這個字集至上神和祖先神的涵義於一身，[9] 這個解釋無論如何都不適

用於「天」。這個區分也可由「天子」和之後的「皇帝」一詞充分闡述。「帝」可以簡單回溯到非常久遠之前，起初代表一個「已故」之人或半神半人；但是「天」至少在最初的時候，指稱的總歸是神。艾諾（Robert Eno, 1949-）甚至起而質疑在商代諸神中，是否存在有單一的至上神。[10] 這可能有助於闡明以已知的商代文獻史料為根據的論點，艾諾的結論是「帝」被當作是通稱或共有的專有名詞，而且此字是從意指「父」的字根衍生而來，甲骨文也確實充分證明了這個論點。

仔細檢查現存的歷史政治文獻，幾乎都是編纂於周人克商之後，我們確實可以發現到的證據，即周人的「天神」不能、或至少在一開始不能被視為是商人的「上帝」，更何況是否真的有「上帝」一說也尚且存疑。正如台灣中研院民族學研究所陳奕麟在其對周代親屬關係與王權的研究中引用的：「神不接受非我族類之人的供品，因為人不會遵奉不在自己家系的神。」[11] 這是周代宗教事務的基本面向之一。除此之外，這個神的形象會慎重地只照顧其「選民」的利益，這點和其他古老的宗教傳統類似，特別是古代閃族／猶太人的傳統。

就算我們接受商朝至高「上帝」這樣陰暗不明的存在，那麼，如同陳夢家的總結：「上帝與人王並無血緣關係。」[12] 除了「帝」的廣泛解釋，其通常指的是王室的族長和先祖，商朝的君王從來不會被稱做「帝子」。[13] 只有在很久之後的戰國時期（475-221BC）的楚國大詩人屈原（約 340- 約 278BC）的〈湘夫人〉中，使用了「帝子」來指稱「聖人／聖君之女」，其中的「聖君」指的就是帝堯。相反地，周人不只是敬天的首個具體案例，或有人稱之為「天崇拜」，同時也是以君王為「天子」的觀念在中國史上首度出現。更有甚者，這項改變需要由同等重要的

政治概念來推行，即君王因承「天命」而有統治權。之後，猶如許多史家所發現的，最初這無疑是周朝宣傳策略中的一環，試圖合法化他們攻打顯然更為先進的商文明，[14] 但是這或許還代表了周人對中國政治觀最重要的貢獻。許倬雲（1930-）和林嘉琳（Katheryn M. Linduff）在他們合著的《西周文明》（*Western Chou Civilization*）中，甚至還稱頌其「開啟了中國人文主義和理性主義的長遠傳統的先河」。[15] 更指出此「天命」概念，之後導致了像是孟子所引渡的「天視自我民視，天聽自我民聽」觀念，這我在前一章中已經有加以引述，但這個主題已經超出此書的範疇太多。

根據中國最古老的字典《說文解字》，顧立雅發現「天」的詞源和這個詞的金文型式並不相符，《說文解字》明確指出「天」是「大」的變體，是「大人」的象形。人的形象源自於神的設計，這個概念十分常見，舊約聖經中的《創世紀》（*Genesis*）就可茲證明，值得一探究竟的是周朝時天神也被稱為「昊天」。金文中「昊」這個詞的型式也是周人的創造，顯示出和「天」明確的相似性，或也有可能是另一個「大」的變體。得利於近年來構擬古代中國發音的進展，[16] 我認為原始周天神有著多音節的稱號「*gh?klien」，其可能在之後成為匈奴指稱「天」的「祁連／赫連」的同源詞。[17]

有所爭議的是，這個不太知名的事實說明了，雖然周代國祚十分綿長，而且運用全然偏頗的宣傳來將自己塑造成商代的合法繼承者，但周人顯然是「胡人」征服東亞更先進的文明之首開先例。即使到了三千年後的今天，周人的「胡人」痕跡依舊殘存。眾所周知，孟子稱周文王為「西夷之人」，蒲立本也留意到了周人與許多「胡人」部落結盟。[18] 我之後還會列舉更多周人具有「胡

人」特徵的證據，也會闡述周人的敬天和相關的「天命」與「天子」概念，這在古代內陸亞洲多有盛行。正史中的傳統華夏中心思想當然會將這種相似性稱作是華夏的文化影響力。然而，鑑於周朝的「征服」天性和前述商周宗教信仰的鮮明差異，我認為這所謂的華夏影響可能與後來的草原文明有著共同的淵源。

最近在早期周遺址出土的兩個高加索人塑像，恰恰是周朝中可能的非華夏元素的有趣案例，其中一個被稱作「巫」，常見的翻譯是「薩滿」。梅維恆已經提出了一些語言學和古文書寫資料，這不只顯示出早期東西文明交流的出現，漢字「巫」也可能是古老波斯語「maguš」的同源詞，用來指稱「祆教的穆護」（Magi）。幾乎人人都知道巫師和薩滿在古代王權中所扮演的角色，就不再贅述。[19]

在我們深入探究「天子」概念的傳播之前，我會再提出一些中國古代王權稱號的其他詞源紀錄。我前面已經引用了艾諾的結論，即「帝」這個詞源於意指「父親」的詞根。由此可知，另外兩個「王」的稱號，也就是「皇」和「王」，也有著類似的詞源。「皇」除了在日後成為「皇帝」正式稱號的其中一個字，也被持續當作「已故」父親的尊稱，一直到北宋傾覆為止，[20]只要粗略地看一看古代華夏族裔的墓誌就可以看出端倪。「王」這個詞是「皇」字的語音和詞根，理所當然也有著類似的涵義。[21]其他的古老稱號，例如用來稱呼「王」和「主」的「君」和指稱「爵」的「公」都有著同樣的「父親」涵義。中國親族中家父長制的淵源肯定並非獨一無二，尤其在舊約〈創世紀〉中耶和華對亞伯拉罕的話語也可以看到類似的情形（17:4-5）。

經過周朝幾個世紀以來對「天賜」統治權的宣傳，「天」逐漸成為「王」的象徵。例如，孔子（或不管是誰編纂了《春秋》），

就頻頻使用「天王」來指稱威權快速減弱的周「天子」。[22] 即使是泛稱「主」的「君」，在《春秋左氏傳》也明確地等同「天」（10.544）。鑑於許多古老王權稱號都是「父親」的同源詞，連「父」這個概念都可以等同「天」，這並非只出現在後周時期，[23] 這個象徵再次可以從《新約‧馬太福音》中的主禱文舉出類似的例子。（6:9-13）

～「天子」的傳播：印度─伊朗的案例 ～

在華夏的觀念中，君主是由神賦予統治權的「天子」，這個概念在周人征服後建立，並經由其長期的統治而根深柢固。當然這個概念不會只在中國內部，它的傳播當中最有趣的案例當屬古代中亞的貴霜王朝，其由大月氏五翕侯的其中之一所建立。[24] 在貴霜王的諸多稱號中，我們可以找到「devaputra」，在梵文中是「天子」的意思。因為貴霜王朝旋即成為佛教思想的堡壘，「devaputra」便也見於佛教典籍中。列維（Sylvain Lévi, 1863-1935）在其〈天子〉（"Devaputra"）一文中，詳細地闡述了這個稱號，其中特別提到了在貴霜治下成書的佛經《金光明經》（*Suvarnaprabhāsa*），列維舉證歷歷地闡述了為什麼這個稱號很少見於梵文文獻中，因為其實為漢語「天子」的轉譯。之後伯希和更稱頌其文為「博學專著」。

列維的例子可由佛教和阿拉伯文獻中廣為流傳的「四天子」傳說加以證明。[25] 此傳說最老的版本很有可能是源自古印度，當中將世界分成四塊，分別由一個「大王」或「天子」統轄。在東方的是中國，以大量人口為人所知；南方的是天竺，以大象聞名；斯基泰人（Scythians）占據北方，盛產上乘的馬；至

於西方則由羅馬人統治，專門製造大量的貴金屬和珠寶。如同伯希和所示，佛教的文獻總是用「devaputra」來指稱中國的皇帝。這點在之後由佉盧文字（Kharosthi inscription）所確認，其中大貴霜王迦膩色迦（Kanishka）被稱為「Mahārāja, Rājātirāja, Devaputra, Kaïsara」[26]，其中「Mahārāja」是印度語的「大王」、「Rājātirāja」是伊朗語的「王中之王」、「Kaïsara」是羅馬皇帝，那麼「devaputra」唯一可能的解釋就是漢語的「天子」。

讓我們再參照穆克赫爾基（B. N. Mukherjee, 1932-2013）近來對於貴霜錢幣的相關研究，[27] 我認為這讓對「devaputra」的疑慮減到最低，其不只是恭維性的稱號，更是正式的君主稱號。

另一個解釋是，比「devaputra」流傳更廣的阿拉伯和波斯語的紀錄中，將其譯寫成「baghbūr」、「faghbūr」、「faγfūr」、「bagapuhr」等等。例如，十世紀的阿拉伯史家伊本・納迪姆所記錄的，「『baghbūr』在漢語裡意指『天子』，也就是『天的後代』」。[28] 馬可・孛羅則轉寫成「facfūr」，被伯希和給予了絕佳的評價。[29] 不同於也用於貴霜諸王的「devaputra」稱號，在阿拉伯與中古波斯語史料中，「facfūr」似乎專指中國的皇帝，[30] 這讓伯希和指出「難以定論伊朗文稱號『faγfūr』是否也能用來指稱中國皇帝以外的君主」。[31]

就如伯希和所指出的，阿拉伯語與波斯語中的形式都來自粟特語詞「βaγapūr」（寫成「βγpwr」）。[32] 就我的認識，粟特語形式的最早證據是著名的「粟特文古信札」，其中用「βγpwr」來指稱中國的皇帝。[33] 值得注意的是，恆寧認為這些書信應寫於匈奴首領劉聰（310-318 在位）於三三一年劫掠洛陽之後，學界一度普遍接受了這個說法，但在哈爾馬塔（J. Harmatta）提出兩篇極為縝密的論文之後，而開始受到質疑。[34] 正如哈爾馬塔所質

疑的，這些書信就算不盡然是、但也十分可能是在描述一九〇年間軍閥董卓對東漢首都洛陽的洗劫和焚毀，其軍隊部分是由「胡羌」士兵組成。在董卓被殺之後，他的手下大將繼續盤據在西漢首都長安附近（《資治通鑑》59.1909-60.1939）。要證明這些事件皆有（南）匈奴參與其中的最佳參考文獻，就是漢末名臣蔡邕（132-192）之女蔡琰（177-250）所著的《悲憤詩》（《後漢書》84.2801-2）。如同我在第三章所引用的，《悲憤詩》可作為「阿－前綴」用於表示親屬稱謂的最古老證明，這首詩還記述了蔡琰在洛陽遭董卓派「胡羌」士兵圍城後，身陷南匈奴十餘年。不管是哪一個例子，都顯示了粟特語詞「ßγpwr」比阿拉伯語與波斯語中的「baghbūr」一詞早上幾個世紀。

烈維與伯希和都提出了強烈的質疑，即為什麼「devaputra」和「ßaγapūr」照字面看來應該是「神子」，卻在漢語中被譯寫成「天子」：這些語詞在其各自的語言中都顯示出極為罕見且反常的結構，至少以對人的稱呼來說。伯希和指出：「若是作為稱號，『devaputra』除了在《金光明經》的段落中出現外，從未在其他梵文經典出現過。」這在巴利文當中也是如此，「devaputra」就如同烈維所指出的，總是被理解成字面上的意思，也就是「提婆」或「天人」（前者為音譯，後者為意譯）。[35]「ßγpwr」的例子可能和「ßγ」的意涵之演進有些許不同，這點會在之後詳加論述。然而，其用來指稱「神子」十分罕見，除非能證明中國的皇帝和耶穌有關。烈維甚至試圖將此歸因為是漢語的「天子」概念之影響，對此伯希和認為「這個主張更具爭議性」。[36]

從「天子」在印度─伊朗語族的形式中，我發現神事稱呼或人名的基本概念，類似於我之後會提出的論辯，也就是早期漢文明奇怪地孤立於其他世界古文明之外的論點。然而，正是在此

種脈絡下，印度語中的「devaputra / devaputta」和伊朗語支中的「bagapuhr / ßγpwr」特別顯眼，簡單扼要的事實就是，印度─伊朗語族中的「putra / puthra」始終不變地逐字用於人名和稱號中，[37]但卻鮮少出現在神事名的結構中。

印度語系的部分，我檢視了由斯里蘭卡大學文學院院長馬拉拉斯克拉（G. P. Malalasekera, 1899-1973）所編整整兩大卷的《巴利語專有名詞辭典》（Dictionary of Pāli Proper Names），巴利文形式的「putra」（以及「pitā」〔父親〕和「mātā」〔母親〕等稱謂）總是會逐字地用在人名中，但從來沒有出現在神事名的語詞結構中。而我在雅各‧范‧維茲（Jacob van Velze）的《早期梵文文獻中的人名》（Names of Persons in Early Sanscrit Literature）一書裡，也沒有在神事名中找到有「-putra」的案例。[38]

在許多古伊朗語專有名詞的文獻中，也證明了「puthra / puhr」極少成為神事名語詞結構的構成元素。[39]然而，十分有意思的是，「duχt」（女兒）一詞形成了鮮明的對比，時常用於神事名中。[40]

我認為這是因為「puthra / puhr」很少出現在印度─伊朗語的神事名中，而玉爾（Henry Yule, 1820-1889）也指出「bagapuhr」極少作為人名使用，這個論點受到伯希和的支持。[41]即使是在人名的案例中，其涵義可能更接近常見的伊朗名字「Shahpūr」，而不是「（中國的）皇帝」，這將在後面加以解釋。

⁓阿爾泰語系的證據⁓

如前所述，伯希和懷疑伊朗的稱號「faγfūr / bagapuhr」

除了指稱中國的皇帝以外，還被用來指稱其他君主。儘管塞諾（Denis Sinor）在近來提醒：「大家總是對於要推翻伯希和的觀點有所遲疑。」[42] 但是我在研究中必需處理的就是伯希和的其中一個觀點。

我的論點在於，在歷史上，在與中原（中國）毗鄰的許多遊牧區域中，伊朗／粟特文稱號「faɣfūr / bagapuhr」確實被廣泛用於指稱各部族的首領，傅禮初稱之為「超部族政體」（supra-tribal polity），[43] 不論這些遊牧首領在各自的轄域是否能構得上是君主。這個用法是在何時何地傳入遊牧民族之中並不能確定，但這些稱號在五世紀初第一次出現在漢文史料中時，就已經在草原上被廣泛地採用。在地理上，這些稱號傳播到滿洲和更遠之處。但在唐宋時期，這些稱號愈來愈少用，到了蒙古征服時期，已經消失在眾人的視線之外。而這些稱號在蒙元之前就已消失，可能也是其在先前未被發現到的主因。

經過考證，這些稱號在漢文的譯寫是「莫賀弗」（中古漢語的發音是「mâk-ɣâ-piuət」）[44] 和「莫弗」（mâk-piuət）。正如之後所分析的，當時譯寫的資料與其他證據皆已充分證實了漢語形式和粟特語的「βɣpwr」在語音上的相似。讓我們先來看看幾個漢—阿爾泰語形式的證明。

據我所知，這個稱號首次在史料中以阿爾泰語的形式出現，是在《魏書》當中（3.401）。北魏道武帝拓跋珪（386-408 在位）天興五年（正式紀年是西元四○二年），越勤部的莫弗[45] 率領數萬部眾加入拓跋的聯盟。但是此事件發生在中國曆法的最後一個月，因此實際上應該是發生在四○三年。接著在北魏太武帝拓跋燾（423-465 在位）神䴥四年（431），北部敕勒（或可稱鐵勒，亦稱「高車」[46]）莫弗庫若干[47] 為拓跋皇帝開路。在拓跋魏一朝

中，還有許多「莫弗」的其他案例，用來指稱契丹首領（《魏書》100.2223 和《北史》94.3132）、柔然首領（《魏書》103.2294 和《北史》98.3255）和其他部族的首領。

據《隋書》（1.21）和《北史》（11.410）記載，隋文帝開皇（581-600）四年（584），「契丹主莫賀弗遣使請降」。在其他處（《隋書》84.1881；以及《北史》94.3128），契丹的莫賀弗是複數形式。

所有史料皆顯示，「莫賀弗」和「莫弗」指稱的是世襲的首領。這出現在《魏書》（100.2224）提及「烏洛侯國」（居於滿洲的族群，其領土有時涵蓋拓跋的祖居地）時：「〔烏洛侯〕無大君長，部落莫弗皆世為之。」[48]《舊唐書》（199b.5356.）在論及「室韋」時，也提到：「其國無君長，有大首領十七人，並號莫賀弗，世管攝之。」在名載史籍的非華夏人口之家族世系中，也經常能回溯到此稱號。例如，《周書》（20.335）在賀蘭祥列傳中，提及因其祖先為「賀蘭莫何弗」，故以賀蘭為氏。[49]

而在女真和滿洲祖先（甚至是一些從渤海國而來的韓國人）鞨鞬族人中的形式，[50] 則是「大莫弗瞞咄」，這個詞廣泛記載於漢文史料中。[51] 馬迦特在其文〈關於科曼人的民族性〉（"Über das Volkstum der Komanen"）中，觀察到「瞞咄」在許多年前可能是「baγatur」的轉寫（頁 84），這個謎樣的稱號我們會在之後加以討論。[52] 有意思的是，這個名稱顯然在金朝（1115-1234）和大清（1644-1911）的史料中已不復存在，證明了此稱號並非起源於本土。

另一個令人玩味的案例顯示出，這個稱號在草原中被用作部落或氏族名稱，可能已有一段很長的時間。這個案例是奚，亦稱「庫莫奚」，多被視為是契丹的兄弟部族，其中以「莫賀弗」的

稱號特別著名。許多史料都記載，奚中的一個部落或是氏族名稱就是「莫賀弗」。[53]

此處我們會發現一些大家熟知的職官名稱，特別是外國的官名，在中亞和大草原中會被當作氏族名或人名。一個早期的例子是匈奴的官名「沮渠」，之後被用作氏族名稱，最有名的就是在中國西部建立北涼一朝（397-439，可見《晉書》129.3189 和《魏書》99.2203）的沮渠氏。而漢文中的官名「都督」（軍事指揮官）和「刺史」（地方督察員），也時常見於中亞地區，特別是古突厥的人名詞彙中。[54] 伯希和在一份阿拉伯語的史料中，發現「faɣfūr」可能用於人名，因此認為和這個傳統有所關連。[55] 和奚的氏族名「莫賀弗」最類似的例子是女真族的氏族名「完顏」。《金史》後所附的《金國語解》（p. 2896）指出「完顏，漢姓曰王」，是女真的皇室，明顯暗示了完顏很有可能是「王」誤植的譯寫。有人也有可能會發現許多古老的華夏姓氏像是「王子」、「王孫」、「公孫」，甚至是「王」這個姓，都有著同樣的起源。

最後，《北史》（94.3127）和《資治通鑑》（135.4234）均記載，在西元四七九年北魏一朝時，一名為「勿幹（干）」的契丹莫賀弗率領其部落歸附拓跋。值得注意的是，首先因為著名的元代史家和《資治通鑑》音注者胡三省（1230-1302）在此處做了一個特別的解釋，說契丹的首領稱為「莫賀弗」，第二則是因為這個事件也在《遼史》（32.378）中被提及，但「莫賀弗」被寫成「莫弗賀」。[56]

《遼史》的說法可能有兩個原因：第一，同樣的形式也特別被記載於《遼史》後所附的《國語解》（116.1547）中，其中指出「莫弗賀」是諸部酋長的稱號。孟格斯（Karl Menges, 1908-1999）[57] 似乎是唯一的一個學者，注意到這個稱號可以連結到此

研究中的早期形式。第二，據我所知，這是「莫賀弗」這個稱號最後一次現跡於漢文史冊中。孟格斯似乎認為《遼史》的寫法可能不過是個筆誤，但也有可能契丹語的音位轉換就是如此。任何一個可能性，都顯示出在遼國一代（916-1125），這個稱號的原始意涵或和其有關的文化傳統大都已經失傳。

～ 漢語的譯寫紀錄 ～

此處我要提出語音學上的證據，證明為什麼「莫賀弗」（mâk-γâ-piuət）和「莫弗」（mâk-piuət）是伊朗／粟特文稱號「bagapuhr / ßγpwr」的譯寫。第一，漢文的「莫賀」是由「baγa」轉寫而來，在中亞和大草原廣泛使用於稱號和人名，特別是語詞「baγatur」（意指「英雄」），轉寫成漢文中的「莫賀弗」，[58] 這已經在學者間形成共識。當時許多漢文史料（《隋書》51.1332、84.1865 和 84.1880 及《北史》22.819 和 99.3219 等等），都可以證明「莫賀」轉寫自古老突厥稱號「baγa」，而且也有直接的考古證據可以支持——回鶻汗國所留下的由三種語言書寫而成的哈拉巴喇哈遜碑文（Qarabalghasun inscription）。[59] 古老的突厥稱號「baγa」和其漢文的譯寫實際上都可以回溯到早期草原上的遊牧群體，例如出現在突厥之前的柔然（《魏書》103.2296），我之後會再加以討論。

古代突厥語中的「baγa」是否源自伊朗語的「baγa / baga」，其中存有一點疑慮，我應該要再回過頭去討論。但在這裡我先指出一個明顯的傾向，即用「m-」聲母來譯寫這個伊朗語詞，從古希臘、小亞細亞，一直到吐蕃都可茲證明。[60] 然而，就這一點而言，漢文的譯寫資料幾乎是個例外。

漢字「弗」（piuət）譯寫了粟特語詞「pūr」（意指「兒子」），容我先指出，在同一個時期的漢文譯寫，通常會使用「-t」韻母來表現外來的「-r/l」發音，這由佛教典籍即可證明。[61]

第二，根據柯蔚南（W. South Coblin, 1944-）對當時的口語文本和吐蕃譯寫資料的語音構擬研究，有唐一代，敦煌方言中的漢字「弗」的發音是「*fur」（吐蕃文的譯寫「phur」）。[62] 敦煌區域是重要的邊疆地區，許多外國人士在此有頻繁的文化和政治接觸。第三，漢字「佛」（biuət）在早期專指佛陀，和「弗」只有開頭發音的不同，這在古突厥語是「bur」，現今常見的阿爾泰語「Burxan」（意指「佛陀」）可茲證明。[63] 這是最有力的相互證據，證明「弗」在同一個時代可能是由阿爾泰語「pur」轉寫而來。我之後會再提出證據，證明「弗」在這些稱號中意指「兒子」，表示粟特語的「pwr」。

語音證據結合下面提出的其他史料，仍然無法完全證明「莫賀弗」和「莫弗」意指阿爾泰語的稱號「baɣapur」，其明顯是源自伊朗語或粟特語的稱號「ßɣpwr / bagapuhr」，因此在本章之中，我還會加以證明。

～ 伊朗對草原的影響 ～

我們難以誇大伊朗對古代大草原的影響，但草原世界由斯基泰人開頭，廣泛認為其操的語言是伊朗語。我們可能不同意貝利認為漢文史料中所保存匈奴語詞和稱號的伊朗語詞源，[64] 但正如我在第四章中所論述的，匈奴聯盟中有著大量的高加索元素，這幾乎是毋庸置疑。就像第五章中所闡述的，數世紀以來，西域這張牌主宰了漢匈衝突。在匈奴帝國崛起後的一千年裡，許多北方

遊牧群體在面對中國時，頻頻打出伊朗牌，其中以粟特、突厥和回鶻族之間的關係為典型，以至於有史以來第一批由突厥人寫下、或說是「豎立起」的文字，就是粟特文的「布古特碑」（Bugut Inscription）。[65] 哈爾馬塔在其《伊朗—突厥編》（Irano-Turcica）中甚至將漢文對突厥的稱呼，歸因於粟特人的中介。粟特人對回鶻人的影響舉足輕重，後者（至少是上層的統治階級）大規模皈依摩尼教[66] 和用三種語言書寫而成的哈拉巴喇哈遜碑文，都一再顯示出粟特人對回鶻人的重要性。

中亞在遊牧政治外交層面中的突出角色，很自然地導致了大量的伊朗人和粟特人出現在邊疆地區與遊牧族群之中。例如，蒲立本曾經對中國北方的粟特人聚居地有過精細的研究。[67] 這些移民散布之廣，相隔家鄉中亞早已萬水千山，就連唐代史權威陳寅恪都不禁為其大量聚集在今日中國東北，而感到納悶，[68] 但如同前面所引述的，「ßγpwr」這個稱號出乎意料之外地延伸至滿洲，是確鑿無疑的事實。

可以說傳統上遊牧民族在對抗中國時所打的中亞牌，由蒙古所繼承和延續，即使是當時的中亞已經大幅地突厥化和伊斯蘭化。可惜，這個主題已經超出了本書的範圍。

眾所周知，大草原上的王室和職官稱號通常並非固有，多半是由前一個帝國繼承，或者是從其定居的鄰居挪借而來。最有名的遊牧民族首領稱號「可汗」，並沒有合理的阿爾泰語詞源。[69] 另外兩個重要的古老突厥稱號「達干」和「特勤」，雖然也沒有突厥語的複數形式，最終卻被證實是粟特語的複數形式，這令人玩味，即使這些稱號似乎沒有出現在粟特語中。[70]

伊朗對於大草原上遊牧民族的影響，如同貝利企圖用匈奴史料所呈現的，藉由早期中亞內陸的遊牧群體，它們的稱號和人名

中強大的伊朗元素或印度─伊朗元素，都可以反映出來。

再一次，早期突厥人和其他突厥群體能夠作為絕佳的範例，常見的稱號「匐」（bäg），之後變成「貝伊」（bey），一般認為是從伊朗語「baγa / baga」衍生而來。[71] 我之後會進一步闡述這個主題。世襲的稱號「設」（šad，意指「王子」）也是源於伊朗語。[72] 可汗之妻的稱號「可敦」（qatun），極可能有個粟特語同源詞「χwt'yn」（意指「夫人」）。[73] 其他常用的古突厥稱號或人名「始波羅」（īšvara），源自梵語的「īśvara」（意指「貴族」）。有趣的是，在鄂爾渾碑文中可以發現，建立第一突厥帝國的兩個可汗都不是叫「本土」的突厥名。[74] 其中一個是「伊利可汗」（突厥語發音，拉丁撰寫為 Bumin Qaghan），在漢文史料中被奇怪地記錄成「土門」可汗，根據塞諾的說法，這個疑點「仍然無法解釋」。[75] 我在一篇語言學的箚記中得出結論，「土門」代表阿爾泰語的「tümen」（意指「大量的」），類似拓跋鮮卑中人名「Bumin」的形式，其源自梵語的「bhuman」（意指「土地、領土」）。這些人名所隱含的概念是王的普遍性（或「王中之王」）。[76] 我現在明白人名「Bumin」更有可能是源自古波斯語「būmi」（意指「國家、帝國」），早在阿契美尼德帝國時期就已經有王的普遍性概念。[77]

這些例子強化了我的推論，也就是被譯寫成「莫賀弗」和「莫弗」的遊牧民族的稱號，源自波斯語或粟特語的稱號「bagapuhr / ßγpwr」，原意是「神之子」，指稱漢文中的「天子」。

∽「神之子」意涵的演變 ∽

如同「粟特文古信札」和其他古老碑文清楚顯示的，伊朗語

／粟特語的稱號「bagapuhr / ßɣpwr」的原始涵義在社會和宗教脈絡下看來，都是「神之子」（Bagapuhr）。儘管，仍然無法確定草原上是否有相同的稱號，但至少可以確定，當其被廣泛採用，且最後在拓跋時代變成氏族名時，都仍然保留此原始的意涵。我要論述的是，如同許許多多草原上和其他地區的王室稱號，原始伊朗語／粟特語的稱號「bagapuhr / ßɣpwr」在阿爾泰語的形式中，都持續朝著「通膨貶值」方向演進，而逐漸失去其大多數的原意。最後，其代表的僅是「王子」、「貴族血統的」，或單純的「首領」。

許多漢文史料中，都清楚記載了「莫賀弗」或「莫弗」原本意指「部落首領」，且多半以複數的形式出現（例如《魏書》40.902、100.2224 和《隋書》84.1881），甚至史料（《隋書》〔84.1883〕和《北史》〔94.3130〕）更明確記錄，「莫賀弗」是一個低於「莫賀咄」或「baɣatur」的稱號。

而應該先注意的是，一個皇室稱號逐漸貶值、失去其原始涵義和重要性，是幾乎所有古代文化在廣泛散布後都會發生的現象。漢文的稱號「王」就是一個絕佳的例子。回溯到西周早期，「王」等同「天子」。但到了東周，隨著封建領主愈來愈多，非華夏的楚國更率先僭越稱王，「王」這個稱號所帶有的威信迅速消退，迫使孔子（或是某個寫下《春秋》的人）採用了形容詞「天」，以「天王」來辨別名義上的周「天子」和其他僭越稱王的統治者。[78]「王」這個稱號的貶值如同覆水難收，這也是創立新稱號「皇帝」的主要原因，由秦朝（221-206BC）首開先例。許多印歐語的「王中之王」稱號，像是阿契美尼德語的「χshāyathiya χshāyathiyānām」、梵文的「Mahārāja」、希臘文的「βασιλὲως βασιλὲων」、印度—安息語（Indo-

Parthian）的「rajatiraja」，以及拉丁語的「rex regum」，都被證明是對皇室稱號「通膨貶值」的回應。

在草原上，稱號貶值的例子可由匈奴王的稱號「單于」看出，當統一的匈奴帝國逐漸失去其凝聚力且開始分崩離析，「單于」稱號也被愈來愈多中國北方的邊疆酋長和異族領袖所使用。西晉（265-316）翻覆後不久，「單于」稱號更衰退到只能指稱王子，[79] 和當年與漢朝皇帝平起平坐的匈奴單于不可同日而語，地位逐漸趨近於「都督」（軍事指揮官）、「將軍」，甚至是「刺史」（地方督察員）。[80] 與此同時，草原出現了另一個指稱君王的稱號「可汗」，接收了過去「單于」的涵義，這當然也沒有什麼好奇怪的。

如果要就此將草原上「bagapuhr / ßγpwr」稱號的意涵，從「中國皇帝」貶值到普通的「部落首領」，並將此過程與匈奴王稱號「單于」的衰落過程歸因於相同的因素，未免過於草率。但這確實符合歷史的發展，其中大漢帝國沒有比匈奴帝國還要長命多少。十分有可能，中國皇帝或「bagapuhr」在中亞的威望，或者在草原的威望，都遵循著同樣的衰落循環，如同匈奴單于在三國時期（220-265）末年和短促的西晉時期（265-316）威望盡失。這當然也能夠由著名的「粟特文古信札」來證明：「閣下，最後一位皇帝『ßγpwr』——他們這麼稱呼——因為飢荒出逃 Saraγ（洛陽），護衛他的住所（宮殿）和軍鎮皆付之一炬，住所傾頹、城鎮（遭毀）。所以 Saraγ 沒了，Ngap（鄴城）也沒了！」[81]

西晉最後兩位皇帝，也就是晉懷帝（284-313）和晉愍帝（300-318），他倆皆難逃遭到「胡人」統治者俘虜的命運（分別在三一一和三一六年遭俘），且都被迫從事家奴的雜役，甚至要侍奉胡人君主如廁（《資治通鑑》88.2790 和 90.2851），這肯定讓漢人和遊牧的「胡人」都留下深刻的印象。

值得注意的是，在接下來的幾個世紀，直到隋朝在五八九年統一，唯一能夠將勢力延伸到中亞和草原的中國君主，只有自稱「可汗」的拓跋皇帝，從本書序論提到的在拓跋部祖居地所發現的石刻銘文以及第二章所述的《木蘭辭》，都可看出端倪。如同第一章所闡述的，此傳統仍然可由初唐皇帝的「天可汗」稱號反映出來。突厥文寫成的鄂爾渾碑文也顯示出，在八世紀時，這些中國皇帝被草原的遊牧民族視為可汗。這也顯示出一個有趣的傾向，也就是用源自草原的「天子」稱號來取代中國的稱號「皇帝」。

　　然而，伊朗文化脈絡裡的「baɣa / baga」一詞，更能證明「bagapuhr / ßɣpwr」在草原的地位相對較低是另外一段貶值的過程，沒有比它更具說服力的論述了。此處所討論的，是古伊朗王權的神聖性，根據費耐生的說法，阿契美尼德帝國的國王並沒有被奉若神明。[82] 但似乎是在亞歷山大征服後不久，可能是（也可能不完全是）希臘文化的影響，[83]「Θεoς」（意指「神」）這個詞開始出現在從埃及到巴克特里亞（Bactria）的諸多亞歷山大繼承者的君王名中，[84] 之後出現在安息帝國諸王的稱號中，其至少在初期，就部分希臘化了。[85] 根據馬賽里努斯（Ammianus Marcellinus, 約 325- 約 395）的說法，安息帝國的創立者阿爾撒切斯一世（Aršak, 約 250- 約 211）是第一位被神格化的君主。[86] 因此，有伊朗語相應的語彙「baga-」出現在伊朗世界的君主稱號，也十分自然。在薩珊王朝於三世紀建立時，伊朗諸王的神格化已經根深柢固，從沙普爾一世（Shapūr I, 215-272）在現今伊朗法斯省（Fars）納格什・魯斯坦姆（Naqsh-e Rustam）留下的銘文，[87] 以及《羅馬史》（*Ammianus Marcellinus* vol. 2, pp. 332-33, 同樣見於 XVII 5, 3）[88] 中都能看出端倪，其中記錄了沙普爾

二世（Shahpūr II）自稱是「星星的同伴、日月的兄弟」。

　　緊接著，薩珊王朝也發生了與其他地方的皇室稱號同樣的貶值過程，恆寧簡潔扼要地描述了這個過程：「『baga-』（意指「神」）起初用來指稱波斯人偉大的王中之王（the Great King of Kings of the Persians），之後其社會影響力銳減，在索格底亞那地區（Sogdiane〔原文如此〕）最為明顯，先是當地的國王挪用了它，接著是小國的國王、城堡的領主、最後隨便一個紳士都可以用以自稱。」[89] 就算不是最後確定的語義，突厥稱號「bäg」或「bek」也很有可能在語義貶值的過程中，相當接近「君主」的意思。[90] 同樣的概念也可以用在遊牧民族的稱號「bagapuhr / ßγpwr」，其解釋為「國王的兒子」或「君主的兒子」。換句話說，「bagapuhr」十分接近常見的伊朗語人名「Shahpuhr」、梵語人名「Rajaputra」，以及于闐的塞語中（Khotan Saka）的稱號「rris-pūra」，所指皆不出「王子」之意。事實上，貝利認為「ßγpwr」除了「神聖之子」以外，也是「王子」的另一個說法。[91] 在下一個段落中，我會提出證據來證明同樣的解釋也適用於阿爾泰語的脈絡中。

　　有個驚人的相似可以作為支撐的證據，即人名「Tängri」在匈奴—阿爾泰語中是「天堂」或「天神」的意思。打從一開始，匈奴單于的王衙就部分處於「Tängri之子」的脈絡之下，《漢書》（94a.3751）可以為證，我之後會再加以闡述。古突厥和回鶻延續了這項傳統，用「tängri」一詞作為正式的可汗稱號的一部分。[92] 最後，在吐魯番發現的古突厥文獻中，記載回鶻的牟羽可汗（Bügü Qaghan, ? -780）曾經自述「mn tngri mn」（意指「我是Tängri」），翻譯可見於班格和葛瑪麗（A. von Gabain, 1901-1993）合著的〈突厥吐魯番文獻〉（"Türkische Turfan-Texte"）

一文當中。

接下來，貶值過程就發生了，伯希和在其著名的文章〈Tängrim > tärim〉中，令人信服地闡述了尊稱「tängrim」的字面意義是「mon Dieu」（意指「我的神」），此最初的用法逐漸衰落，中間一度成為可汗配偶的稱號，最後用來指稱「toute femme d'un certain rang」（意指「特定階層的所有女性」）。如喀什噶里在《突厥語大辭典》中所述，「tängrikän」（< tängri qan）原本的意思是「göttliche König」（意指「如神的國王」），[93] 之後演變成指稱「有智慧的、虔誠的人」。[94]

值得注意的是，不同於之前的「王」，漢語稱號「皇帝」也採用了「天子」的意涵，但歷經兩千多年來的演進，「皇帝」大抵上保持了此稱號原有的價值。這個例外有個可能的解釋，也就是中國大抵來說從不間斷的中央集權，使「皇帝」稱號得以脫離亞洲大陸幾乎所有皇室稱號都在劫難逃的貶值定律。很少有篡位者能夠長久保有「天子」的稱號，通常只能在兩大王朝之間的混亂時期才有辦法維持。而在草原和中亞，特別是索格底亞那地區，地方分權才是歷史的重心，恆寧便指出，「baga-」稱號的社會影響力在此處的衰落是「最為明顯的」。

◠ 吐谷渾之謎 ◡

在這一節中，我將論述一個古老的吐谷渾之謎，我認為它不僅提供了一個有趣的半漢化「bagapuhr」的混合結構，更為當時的阿爾泰族群如何看待這個語彙，提供了一個新的解釋。根據《宋書》（劉宋的歷史〔420-479〕，96.2371）記載，四世紀時，吐谷渾可汗碎奚（？-371）將國事全權交給世子視連（350-

390），之後稱其為「莫賀郎」。《宋書》解釋「莫賀，宋言『父』也」，「宋言」即劉宋人的語言，也就是漢語。同一段史料也出現在《魏書》（101.2234）和《北史》（96.3179）中，看似為這段歷史提供了不同的史料來源。但若是更進一步考證，《魏書》中的段落明顯是對《北史》的逐字抄錄，中華書局的《魏書》新編本有清楚的說明。北宋（960-1127）諸儒可能用《北史》和其他史料，編造了《魏書》的最後幾卷，甚至連《北史》中的「莫賀郎，『華』言父也」，都沒有改成「莫賀郎，『魏』言父也」，來假裝原本的《魏書》中本來就有這一段。《北史》成書要比《宋書》晚上幾個世紀，距離這些歷史場景更加遙遠，被證實也抄錄了《宋書》的這段史料。抄錄的其中一個跡象是，其造成了明顯的訛用，整個「莫賀郎」只代表「父」，讓這個詞彙失去其意義。上述分析得出的結論是，《宋書》中的紀載實際上是這整段歷史的唯一史料來源。

伯希和使用了「父」這個解釋的表面意思，但是他仍然找出了蒙古語詞彙「abaγa」（意指「叔父」）。[95] 如同下方的闡述，他對於《宋書》記載的逐字抄錄和他的蒙古語解釋都很難令人信服。這可說是伯希和的不幸，他在之後提出了對「bagapuhr」的完美解釋，即「（中國的）皇帝」，就像在前面引用的，但他卻未注意到此稱號讀起來與伊朗語的詞彙有驚人的相似。

吐谷渾稱號的關鍵解釋，就是「郎」這個漢字，其原意是（資淺的）政府官員，這點伯希和似乎也承認。但是在我們考察的這段期間內，漢字「郎」更常用於指涉「有著顯赫血統的年輕人」或直接就是指「貴族之子」，與梵文的語詞「kumara」有點類似，但也不完全是。

我認為「郎」意涵的詞源可追溯至漢朝的任子制，其規定等

級兩千石以上的高階政府官員（意指年俸有兩千石穀）任期滿三年後，可以指派其子弟為「郎」。[96] 這個制度大約在西元前七年廢除（《漢書》11.336、《資治通鑑》33.1060），但顯然在東漢（25-220）時仍繼續實行，甚至一直延續到三國（220-265）、兩晉時期（265-420）和更久之後，有時有其規律，有時則只是偶一為之，各朝的歷史都廣泛地證明了這一點。[97]

這種世襲特權自然導致了一種社會現象，也就是上層階級的年輕人不管有沒有被封為「郎」，都能以「郎」稱之。在三國時期，「郎」已經變成泛稱，兩位最著名的「郎」當屬世稱「孫郎」的孫策（175-200）（《三國志》46.1101, 1104），以及他的軍師好友周瑜（175-210），世人多稱其「周郎」（《三國志》54.1260）。西晉一代，此用法日益常見，特別是在家僕和家奴稱呼其年輕主人時。《世說新語》裡有諸多案例。[98] 到了南北朝時期，更進一步變為「郎子」（意指「年輕男孩」）（《北齊書》41.535 和《南史》55.1369, 69.1680 等），這讓「郎」這個漢字的意思變得更為清楚。

此處要特別注意的是，上述的漢字「郎」用法在當時的「胡人」中也很常見。案例包括了年輕的拓跋貴族元乂（484-525）被稱為「元郎」（《魏書》16.406）、獨孤信（503-557）「既少年，好自修飾，服章有殊於眾，軍中號為『獨孤郎』」[99]，以及長孫晟（551-609），他是隋朝最聰明的「突厥專家」，也是未來唐太宗李世民的岳父，他在年方十八（以華夏的算法估算）時，被稱為「長孫郎」（《隋書》51.1329），相反地，「郎」在半漢化結構中官稱的使用，在漢文史料裡尚未有人加以考證，除了「莫賀郎」。

上述的證據充分闡述了吐谷渾稱號「莫賀郎」中的漢字

「郎」，指的只是「出身名門的孩子」。《宋書》解釋「莫賀」意指「父」的謎題，對於伊朗語「bagapuhr」的半漢化詮釋仍是障礙。但有哪個男孩不是他父親的兒子，《宋書》對「莫賀郎」這個稱號的解釋，不過是講出了一個普世的道理。當伯希和在他的〈九則〉（"Neuf notes"）一文中再次考證吐谷渾詞彙「莫賀」時，似乎也有了別的想法，這次他拿古突厥語「baγa」來比較，但「baγa」自然和意指「叔父」的蒙古語詞彙「abaγa」沒有什麼干係。

我認為，只要把《宋書》的解釋「父」看做是對「天」的訛誤，這個謎就迎刃而解，或者也有可能是史官漏寫了前頭的「君」字，應當指的是「君父」。「君」這個字原意是「君主和父親」，但在之後總是被用來指「君主」，和「臣子」相對，「臣子」的字面意義雖然是「臣和子」，但總是只有指「臣」而已。這是一個很大的延伸，因為一般都將皇帝視為是臣子的父親，與前述王權的普世家父長制來源一拍即合，《後漢書》（58.1872）中也有明白的闡釋。這有時也適用於皇帝論及其與諸皇子的關係時（例如《隋書》22.627 和 62.1487）。若是做了這番修正，《宋書》的解釋就能完美解釋伊朗稱號「bagapuhr」，只是在這裡意義稍微貶值成「君主之子」或「王子」。

在吐谷渾中被記錄的大量華夏文化元素，與之後提及的「郎」稱呼在華北胡人間的流行，這都確鑿無疑，但我對於「莫賀郎」的原意是吐谷渾稱號這點仍有點小疑問，因為這是一個有趣的漢—伊朗語複合字，形成於夾在兩個古老的定居文化之間的遊牧邊境中。

由於無法確定伊朗語的「baga」在草原上的解釋都是被貶值後的涵義「君主」。此處的篇幅不適合繼續鑽研伊朗語「baga」

與古突厥語「bögü」（意指「聖人」、「巫術」）以及俄文語詞「Бог」的可能關連。但值得注意的是被視為「半神」（字面意思是「非神非人」）的乞伏鮮卑的可汗祖先，指由一隻神祕巨蟲變形而成的男孩（見《晉書》125.3113），他在中國西部建立了西秦（385–431），世稱「托鐸莫何」。卜弼德認為「托鐸」是突厥詞「taɣdaqï」，意指「山民」，而「莫何」當然就是「baɣa」。[100] 這個傳說至少反映出了神聖王權的傳統，或說是草原上的「神性」或「如神」性質的可汗王權。在此脈絡之中，「bagapuhr」的兩個解釋，即「神之子」或「王之子」，就有了實際上的交會點，我在下一節會加以論述。

神聖王權和「神王之子」

伊朗語的稱號「bagapuhr」，不論是要解釋成「神之子」或「王之子」，反映的都不只是漢語、阿爾泰語、印度—伊朗語文化中根深柢固的神聖王權傳統，更反映出在這一點上，這三個文化之間的連繫，如果這三個傳統並不是出自共同的源頭的話。

與其用「devaputra」和「bagapuhr」（意指「神之子」）來解釋漢語的「天子」，倒不如照實翻譯神聖王權的漢語概念，即統治者是「承繼於天」的人，就像在好幾個世紀之後，阿拉伯學者仍然如此闡釋這個稱號。這兩種解釋也很重要，因為它們在各自的語境中十分特殊，脫離了印歐語系中一般常見的神聖王權稱號與普遍「神事」的「神賜」人名。

我稍早提過的在印度—伊朗諸語中，缺乏「-putra」和「-puhr」等「神事」結構，同樣的邏輯也可以套用在「神之子」的君主稱號上。這並不令人意外，唯一一個「bagapuhr」會被解

釋成「神之子」的其他案例，是安息語（Pahlavi）中的基督徒（與伊朗語中的摩尼教徒）稱呼基督的時候，烈維也曾試圖要將之歸因於經由伊朗人傳來的漢語的影響，即使並不令人信服。值得注意的是，在當時西方和中亞找到的其他「神之子」的皇家稱號，只有半胡人化的希臘語稱號「Θεοπάτορ」，字面意義是「神—父」，有多位安息君主採用此稱號。[101] 我們可以將之與古希臘文語彙「υιος Θεου」（指基督教的「上帝之子」）和「Θεου υιὸς」（奧古斯都的父名「Divi filius」〔神的兒子〕）[102] 相比，就可以看出安息語的稱號有多與眾不同。[103] 還有一點值得注意的是，這個君主稱號的出現，可能僅僅是因為一位已故的皇家父親自稱「Θεος」。[104] 在這個脈絡下，「Θεοπάτορ」指的就不完全是「上帝之子」，而更類似奧古斯都的父名「Divi filius」（因為其為凱撒的繼子，而凱撒當然已經被神格化了）；以及當伊朗諸王開始自稱「baga」，「bagapuhr」稱號就「貶值」了。換句話說，這是「神—父之子」的形式。

然而不可思議的，在古代華夏和印度—伊朗文明之間對於神聖王權的表現形式這一點上，顯示出漢語和阿爾泰語文明之間更大的相似性。最令人驚訝的相似性是草原上對於「Tängri」的信仰，也就是普世的天神。[105] 從這個角度看來，無論是以科學或形而上的概念來評斷，除了「Tängri」可以等同於漢語中的「天」，在所有的古文明中，很難再找到這麼接近的宗教概念或神祇。透過闕特勤碑文和毗伽可汗（Bilga kaghan）碑的開頭敘述，這個等同變得更加明顯，當中提到當上方的藍天（Tengri）和底下的棕土相配成對時，人類就此生成，[106] 類似華夏文化中「皇天后土」的概念。

這種明顯的相似性也延伸到神聖王權。魯保羅（Jean-Paul

Roux, 1925-2009）根據鄂爾渾碑文，總結了草原王權的前兩個面向：（a）Le kagan vient du ciel（王源自天），以及（b）Le kagan possède un mandat céleste（王有天命）。[107] 似乎沒有其他的概述能比這兩點更好地闡述漢語中的「天子」。然而饒富興味的是，上述王權內涵的成立是在周人的征服之後。

如此便產生了一個問題：這種離奇的相似性是否能歸因於中國對草原的影響。畢竟，《漢書》（94a.3751）記載了匈奴稱他們的統治者為「撐犁孤塗單于」，「撐犁」意指「天」，「孤塗」意為「子」，似乎是漢語「天子」的完美翻譯。

但是這個歸因於中國影響的假設有兩個主要的障礙。首先，《漢書》對於匈奴「天子」的解釋是個案，沒有其他的史料有提到這一點。「孤塗」據稱的意思是「子」，但並沒有令人滿意的阿爾泰語同源詞。這讓蒲立本不得不轉而尋求其他可能的解決方案，於是他將腦筋動到一些已經或近乎滅絕的葉尼塞語系身上，由愒語來驗證，但這其實並不能讓人信服。[108] 事實上，西晉時候的學者皇甫謐（215-82）曾經拿這個稱號來問過他的匈奴奴隸，奴隸的回答再簡單不過「撐犁就是天子」。[109] 這與前面所提到的相一致，也就是古突厥語直接用「Tängri」當作「可汗」。

再者，因為宇宙的天神「Tängri」由阿爾泰語系下每個群體所繼承，唯獨啟人疑竇的匈奴「神之子」結構，卻顯然在此中缺席。事實上，即使是在《漢書》同一卷中（94a.3756），也顯示出匈奴沒有、或至少沒有使用漢語「天子」的結構。西元前一七六年，在一封致漢朝皇帝的信中，匈奴王自稱「天所立匈奴大單于」。[110]

在早期書寫的阿爾泰語文獻中，也就是許多古突厥語碑文和文件中，這是最明顯的事實。「可汗」的概念源自於天，在許

多形式中都表露無遺，例如像是「tängridä bolmïš」（意指「天生」）[111]、「Tängri-Qan」（意指「天王）、「Tängri Ilig」（意指「像神的王」）[112]，或是最簡單的「Tängri」（意指「神」），但從來沒有出現「Tängri 之子」的結構。古突厥語一個對「天子」的有趣轉譯是「tinsi oγlï」，出自鄂爾渾碑文，用來指涉「天山」，其中的「oγlï」是「兒子」、「男孩」的第三人稱所有格，「tinsi」則似乎是「天子」的直接譯寫。[113] 這座山在古突厥語中也被稱為「Aq-taγ」，在漢語中也被稱為「白山」，兩者指的都是「白色的山」，可能是因為其山頂終年為白雪覆蓋。[114] 這個奇怪的漢語—突厥語複合字「tinsi oγlï」顯示出突厥對於「天」的翻譯如同中國皇帝的稱號，這種理解肯定符合匈奴和突厥的稱號「Tängri」，用來指稱其最高統治者。《唐會要》（73.1309）證實了這個發現，六六四年，突厥首領告訴唐高宗「單于者，天上之天」。

此一事實，即古突厥語的稱號中沒有「天子」的結構，也可以由漢語文獻反映出來。據我所知，突厥可汗有以「天子」自稱的唯一案例是在《隋書》（84.1868，《北史》99.3293 也抄錄此段說法）之中，直接用來指稱突厥的可汗，而根據伯希和的〈九則〉一文，此應該是對「tängritäg」（意指「像天的」）的翻譯。事實上，即使是《隋書》中的稱號「『從天生』大突厥天下賢聖天子」，開頭都使用了「從天生」。翻譯古突厥文的「從天生」稱號的最有趣案例是《資治通鑑》（211.6699）[115]，七一四年，突厥可汗默啜派遣使者向唐玄宗求親，自稱「天上得果報天男」，伯希和將其翻譯為「[le qaghan qui] a obtenu au Ciel la récompense, fils du Ciel」（獲得上天果報的可汗，天子）。[116] 這個翻譯不僅闡述了佛教對突厥的影響，更有助於闡明《舊唐書》

（194a.5177）中對默啜姪孫的稱號「登利」的解釋，其將「登利」解釋為「果報」，這讓伯希和十分困惑。[117] 對於「天男」的翻譯也反映出當時漢語的翻譯者努力要維持突厥王稱號和漢語「天子」的差異性，伯希和也注意到這個明顯的差異，他承認這個突厥語來源的不確定性。回鶻的「天親」毗伽可汗的稱號就是另一個例子（《舊唐書》195.5208、《新唐書》217a.6124）。而在由三種語言書寫而成的哈拉巴喇哈遜碑文中，漢語部分使用了至少四次的稱號「天可汗」來指稱回鶻的毗伽可汗（808-821 在位，唐稱其為保義可汗）或其後代，也十分引人注目。[118]

　　依照上述的證據，我堅信匈奴的稱號「撐犁孤塗」所代表的並不是從「天子」而來的漢語屬格，而是更常見的動詞片語或其他類似的「神事」的結構，意思是「神授的」、「神的禮物」等等，幾乎在除了早期中國以外的古老世界文明中都可以找到證據。[119] 我的這個主張不僅是因為現存的阿爾泰語資料，其中幾乎找不到「子」對「孤塗」的同源詞，更因為匈奴聯盟中大量的印度—伊朗元素（如同在第四章中所強調）。

　　第二個將草原神聖王權歸因為中國影響的困難之處在於，我認為即使是在充足的漢文史料中，都顯示了從秦漢時期以來，草原上的王權都有一個要和漢語的「天子」有所區隔的緒餘。最清楚彰顯出此獨立傳統之處在於，在西晉於三一六年崩潰時，中國北方中的「胡人」政權裡「天王」稱號的數量開始激增。

　　此稱號最先出現在匈奴的前趙政權（304-329），其興起的時間早於西晉的亡國（《晉書》88.2290、102.2674）。許多華北的「胡人」政權爭相仿效此一「天王」稱號，其中包括了前秦和後秦（國祚分別是 350-394 和 384-417，可見《晉書》112.2869、2884 和《魏書》95.2082）、慕容氏為主而建立的

五燕[120]、匈奴的大夏（407-431；《晉書》130.3202），以及後涼（386-403；《晉書》122.3060）。冉閔（？-352）所建立的短命政權冉魏（350-352）也用了這個稱號，[121] 而叛服無常的丁零族（世稱鐵勒，即「高車」回鶻）首領亦是如此（《魏書》95.2066）。這個傳統一直持續到隋朝統一前夕的北周（557-581）和北齊（550-577）的各個統治者（分別見於《周書》4.53、35.616 和《北齊書》8.111）。

　　或許有人會主張「天王」這個稱號在中國並非新玩意，早在周朝以前就已出現，但其用法確實有明顯的不同：

1. 不同於之後的論述，「天王」從來都不是周代諸王的官方或正式稱號，從秦朝到晉朝的華夏皇帝也未使用此稱號，而隋代以降，也只有太平天國的洪秀全（1851-1864 在位）使用過「天王」這個稱號。

2. 在前文中，有個十分有意思的例外，強化了我的論述，即草原有著不同的草原王權傳統，就是早期的契丹領導人阿保機（907-927 在位），他被稱為「天皇王」或「天皇帝」（《舊五代史》137.1830、《遼史》1.3 和 1.10）。

3. 如同本章先前提到的，在文字史料中，據稱第一個使用此一稱號的是孔子，一般都稱頌他是用微言大義來撥亂反正的大師，藉此在春秋時期辨明周天子和其他覬覦王位的僭越者。

4. 華北的「胡人」統治者不僅用「天王」來當做正式的王銜，更時常蓄意用其來點出自身與皇帝稱號的差異，石勒（《晉書》105.2746）、石虎（《晉書》106.2762、

2765）和其他北周前期幾個君主的例子都充分闡述了這一點（《周書》4.58、35.616）。

5. 北周前期的君主是最後使用「天王」來當做正式稱號的「胡人」統治者，不僅取消了漢語的稱號「皇帝」，也蓄意排除了漢語的統治稱號，導致了打從西元前一四〇年來，此華夏制度少見的中斷。[122] 值得注意的是，以這一點來說，有一些類似的例外，是忽必烈之前的蒙古早期的可汗和第一個契丹君王阿保機。[123]

6. 一個特別之處在於，與回鶻毗伽可汗極為特殊的自稱相似，北周的天王宣帝直接自稱「天」，並自比為「上帝」（《周書》7.125，亦可見於《北史》10.380），這在「本土」的中國諸皇帝間可謂是聞所未聞。

對中國「胡人」諸天王的詳細研究，已經超出了本章的範圍，但正式的稱號「天王」顯然代表了匈奴的緒餘，為匈奴統治者劉曜（318-329 在位）首次採用。對於此一稱號，在《史記》之中（110.2905）有段匈奴早期的資料十分有趣，西元前一三三年，漢朝一個低階官員為匈奴俘虜，他及時說出了漢軍的埋伏地點，才讓匈奴免於一場潰敗。單于為了感謝上天帶來此等好運，遂稱此漢朝官員「天王」。[124]

應該要注意的是，石勒將「天王」作為正式的稱號，不僅顯示出他對其族類的驕傲，更蓄意要顯現出非漢族的族群認同，這不啻是西晉最後兩個中國皇帝的淒涼下場後，自然而然的發展。晉懷帝和晉愍帝的遭遇鐵定削弱了「皇帝」稱號的威信，特別是在「胡人」的眼中。這也和後趙政權強調與漢人的區別相似，因此需要採用一個不同的國家政策或宗教——即佛教（《晉書》

95.2487-88）。如同我在第三章所提及的，北方最後採用「天王」
稱號的國家，也就是北周（557-581），實施了許多其他的反動
措施來對抗拓跋魏早期的全面漢化政策，包括恢復「胡人」的語
言、姓名和服飾，可被視為是鮮卑的復興運動。這些事實大幅強
化了我的論點，也就是「天王」稱號代表了特殊的文化傳統，而
不僅僅是遊牧族群對漢語「天子」稱號的仿效。

基於所有的證據，特別是北周自詡的「天王皇帝」、西晉的
匈奴奴隸解釋「撐犁就是天子」，以及突厥首領稱單于或可汗為
「天上之天」，我認為在這整個時期，「天王」恰恰正是「胡人」
天神「Tängri / Tengri」的漢文翻譯。

從神聖王權的草原傳統，特別是「Tängri」和單于或可汗的
等同，可以看出「bagapuhr」這個稱號原本是對漢文「天子」的
翻譯，之後變成指稱草原上的「王子」，這是一個合理的推論。
換句話說，透過神聖王權這個媒介，此一稱號的意涵從「神之子」
發展成「神—王之子」。前述的尊稱「帝子」（「公主」、「王
子」，字面意義是「神—王的孩子」）是一個引人注目且充滿詩
意的相似之處。

～ 周人的「胡人」血統？ ～

儘管草原神聖王權有獨立傳統，至少在中古時期「胡人」入
侵的那個時代，其與中國「天子」緒餘的有力相似性因太明顯，
更無法被忽略。對此顯著相似性的最好闡釋，我認為是這兩個傳
統有共同但其實關係疏遠的起源。之後的傅禮初可能是對這一點
最直言不諱的學者：

我的研究假設是，起源於早期雅利安人的單一的宇宙神以及普世主權的相關概念，仍然殘存於草原上（例如斯基泰人等等）。這些人帶著這些概念進入伊朗和印度，並由此到近東（猶太人、基督徒、穆斯林）、希臘（亞歷山大），以及羅馬人（一神、一個世界、一個宗教、一個帝國）。傳至中國的「天子」和「天命」概念，若不是來自草原，可能就是源自伊朗或印度（印度孔雀王朝的阿育王）[125]。

傅禮初這段總括性的推測固然別出心裁，但卻犯了時代錯置和自相矛盾的毛病。例如，他認為宇宙天神的概念是經由阿育王政權傳至中國，卻忽略了幾個世紀前的周人征服。而神格化的伊朗諸王相對來說出現地較晚，這也與傅禮初的假設——他推測早期的伊朗人是與華夏族裔接觸最合理的中介之一——相牴觸。而神授（farr）的伊朗諸王的高度個人性，[126]也與中國「天命」、「祚」，亦即「帝命」的概念皆有明顯的差異，這兩者都出自皇室整體，而非來自於個人。簡而言之，我找到的證據，只能證明「敬天」和「神聖王權」在阿爾泰語與漢語的形式中，有著共同的起源，其可能含括了一些早期的印度—伊朗的元素，但仍然與一神論的印歐血統（其中也包括傅禮初所擁護的猶太教與基督教所共有的理論）大相逕庭。

為了合理化「胡人」的許多非漢的政策和行為，可能多半不會推測這些行為源自中古北方的「胡人」傳統，而是宣稱這些傳統都是來自中國古代。例如，《晉書》（106.2675）記載石虎即位、自稱「天王」是「依殷周之制」。《魏書》（113.2973，亦可見於《資治通鑑》113.3575）說拓跋魏「每於制定官號，多不依周漢舊名，……皆擬遠古雲鳥之義」。這種定論也包括北周對

於「天王」稱號的採用，以及許多其他所謂的「西」周古制。[127]
這與「胡人」一般的宣傳舉措相符，意在讓自己成為傳說中的中
國聖王或是著名的中國古人之後代，來為他們對中國的統治找到
正統性。此論點幾乎成為漢文史料中，對這些「胡人」統治者祖
先的固定說法，《魏書》首卷談及拓跋的家族世系，就是一個典
型的案例。儘管如此，首次的「胡人」征服為天神所指引，卻是
個不爭的事實，「天子」和「天命」成為這些中古「胡人」征服
者在中國的一貫說詞，其王權乃是基於幾乎完全相同的概念。若
說這純粹只是巧合，著實令人難以信服。

我認為這樣的相似性強化了我在本章之前所提出的論調，也
就是早期周人有著部分的「胡人」血統，並且其中一些文化傳統
為許多之後的遊牧群體所繼承。這個說法為在中國與阿爾泰文明
中，「天神」和「神聖王權」那引人注目的相似性，提供了合理
的解釋。

除了本書之前提出的案例，夏德（Friedrich Hirth）[128] 是第
一個注意到匈奴—突厥語詞「kingrak」（意指「徑路刀」）的同
源詞的學者，據說在周武王克商時，曾用過此武器，雖然現有的
史料繫年於更晚的時期。我認為周人視（白）狼為祥瑞的傳統也
與此有關，[129] 就像武王用「豺」來隱喻其軍隊的勇猛。[130] 這兩
者都符合內陸亞洲的草原文化，但很難與中國文化傳統中這兩種
動物的形象相調和。

另外還有一個鮮為人知的事實，即周人將新的親屬詞彙
「昆」（意指「兄長」）引介至漢語。不同於之後的阿爾泰語繼
承者「akha」，它是現今常用的詞彙「哥」的源頭，而「哥」已
經大幅取代了原本的漢語詞彙「兄」。如同我在第三章所論述，
除了清代訓詁學家段玉裁（1735-1815）在周代首都的鄰近地區

所觀察到、彷彿《詩經》〈王風〉篇的前述，周人的這個詞彙並未繼續流傳：[131] 假設古老漢語親屬稱謂的「阿－前綴」，與周人指稱「兄長」的詞彙和阿爾泰語的同義詞相符，特別是慕容鮮卑的語詞「阿干」（agan）（見第三章）及女真—滿洲的語詞「阿兄」（ahun）。

證據中另一個令人玩味的面向是周太王古公的長子太伯和次子仲雍，據記載他們移居到長江流域下游，讓他們最小的弟弟季歷能夠繼承周王位。除了《史記》（4.115, 31.1445-47），《論語》的第八章〈泰伯〉也記載了這段故事。古公是周文王的祖父，距離周人克商差了三個世代，因此太伯的故事不可能完全是後世的憑空臆想，而一定包含了部分的歷史事實。這個傳說令人聯想到草原「幼子繼承制」的傳統，會由最年幼的兒子「斡赤斤」，繼承父母的家園。吐谷渾從中國東北遷徙到新的根據地西藏，成吉思汗的四個兒子分割了廣袤的蒙古帝國，都是這個草原傳統的案例。

事實上，除了周人的起源，《史記》對於周人長期以來的「胡人」經歷付之闕如，除了他們據說繼承自后稷——傳說中創造農業的聖人，根據司馬遷的記載，周人在「戎狄之間」居住了十四代，期間經常不事農耕，直到文王的祖父古公，他們才開始「貶戎狄之俗」，並建造房舍城鎮（《史記》4.112-14）。許多古代的註者都指出，從后稷到古公之間這所謂相隔十四代的斷層，實際上可能涵蓋超過一千年的歷史，完全無可信之處（《史記》4.113 引司馬貞《索隱》）。換句話說，在與商人密切接觸之前的所謂的周代世系表，與所有越過長城定居於中原的中古「胡人」集團有著驚人的相似，不論他們真正的祖先是誰，周人的「胡風」，明顯不會少於（也不會多於）和他們混居超過一千年的「胡

人」。

　　還有一個問題是，周人自詡的農耕緒餘，反映在像《詩經》這類史料中，這與後來的「胡人」集團的畜牧經濟形成鮮明的對比。對此一主題的詳加論述會超出本章的範圍，在這裡容我簡單說明，在過去兩千年中一般所認知的從事畜牧的遊牧民，是出現在相對近代的歷史發展中，並不會早於騎馬的出現，更不會早於周人克商。考古的資料清楚顯示了廣袤的歐亞大陸在史前和早期歷史中，都是一個文化連續體。[132] 在西元前的最後一千年，早期的「中國」和「胡人」一起居住在中國北方，在政治、文化，甚至是婚姻上都有著密切的交流。[133] 這個情況一直延續到秦統一中國的前夕。

　　秦昭襄王在位時（306-251BC），為秦國帶來一連串的軍事勝利，最終讓其玄孫，也就是中國的第一位皇帝秦始皇，得以在西元前二二一年統一中國，而昭襄王母親宣太后（？-265BC）的故事，就顯示出早期的「中國人」和「胡人」並沒有明確的分界線。在宣太后的丈夫惠文王、秦國第一個稱王的君主駕崩之後，這位中國的埃及豔后（不過，角色互換了）與義渠國的「戎王」同居，並生下了兩個兒子，這一切的最終目的都是為了要征服和吞併「胡人」的領土。宣太后最後達成所望，不僅是對她與「戎王」的關係，或是對於他付出了的生命，這位中國的埃及豔后都顯然沒有絲毫愧疚之意。[134] 對於這段權謀政治下的風流韻事，司馬遷將其與義渠的歷史一起放入《史記》的匈奴列傳中，明顯認為義渠和匈奴屬於同一個「胡人複合體」。

　　即使是在從事畜牧的遊牧民族來臨之後，農業也並未像許多錯誤的論述所宣稱的，在草原上絕跡。例如，梅興—黑爾芬在其對於匈人的研究巨作中，有一章的標題就是〈匈人有農業嗎？〉

（Hun Agriculture?），狄宇宙也有一本大規模的研究，討論匈奴帝國的農業。[135] 我認為這些結果都大為支持了拉鐵摩爾的絕妙「漸進分化」理論，我曾在第三章有簡短討論過，這會取代大部分書面歷史中所呈現出的相當整齊劃一的亞洲史前史，其多半認為遊牧生活和精耕細作處於對立的兩極。

關於中國「神聖王權」概念中可能的印度—伊朗影響，在這最後的討論中，我觀察到周天神的「天」，或是其更完整的形式「昊天」，其詞源建立在商代的象形文字「大」之上，意指「大的」、「偉大的」、「大人」。如前所述，此結構可以在古希臘文中找到共鳴點，其用「$\mu\varepsilon\gamma\alpha\varsigma$」與伊朗語「baγa」相結合。

～「天子」、神事名，以及伊朗的影響 ～

傅禮初對於歐亞「天神」和「神聖王權」——也就是漢語中「天子」——的共同印歐起源的總括性推測，確實顯露出華夏文明不同於其他主要的世界文化，特別是印歐文化，例如缺乏「神事名」的獨特脈絡。明顯的差異在於，在所有主要世界古文明中，「神事名」都有其豐富的傳統。[136] 而這個中國和其他古文明的差異，明顯關係到中國向來缺乏有神論的宗教傳統。[137]

簡單的事實是，打從佛教傳入的一開始，中國就從未出現過「神事名」。很長一段時間，「天子」都是中國唯一一個「神事名」。[138] 如同前面解釋過的，在印度—伊朗諸文化中，很少出現過「-puthra」的「神事名」，顯示出這個結構相當獨特。

與從中亞傳入的佛教相符，此一有所爭議的美索不達米亞的緒餘在中古時期最終到達了中國。[139] 清代學者趙翼（1727-1814）的《陔餘叢考》（42.3），可能是首次注意到在南北朝時期，突

然流行起以神明命名的命名方式。這些源自佛教的人名，也吸引了現代學者的關注。[140] 對於漢語「神事名」的總括性論述顯然十分缺乏，只能求助於個別的研究。在這裡，我會先簡要敘述在近東地區找到的「神事名」的各種主要類型，即動詞句、名詞句、單詞、屬格，以及簡稱名，[141] 都已經在中國被證實。但是動詞句（神賜〔god-gives〕、神佑〔god-protects〕等等）和屬格（神的禮物〔god's gift〕、神奴〔god's slave〕等等）都跟隨著單詞類型，是迄今為止絕大多數「神事」的漢語名字的成分。還應該要注意的是，在佛教「神事名」中，神聖性的元素總是出自於佛家的「三寶」，即「佛」（Buddha）、「法」（Dharma）、「僧」（Sangha）。[142] 「神賜」或「天賜」的人名，皆可以對應到巴利文／梵文中的「-datta」、伊朗文中的「-data」，以及希臘文中的「-doros」，華夏族裔可能也會採用「神之子」（son-of-deity）類型。[143]

在表 6-1 中，我提出一些粗略的統計數據來闡述這種後來出現的形式，這些數據是那些在各朝歷史中正式記錄的「神事名」、類似風格或乳名的人物。[144]

漢語「神事名」的一般性問題必須以其他方式考證。既然提及「天子」和「神子」（bagapuhr），讓我簡單闡釋一下「天賜」或「神賜」的種種形式。就我所知，至少在官方記錄當中，敦煌地區的前涼君主張天錫幾乎是中國這種人名的第一個。敦煌位屬華夏族裔與伊朗人交流頻繁的邊疆地區，近東傳統首度在敦煌落腳，當然絲毫不會令人感到意外。然而，因為敦煌同時也是傳統華夏政治與文化緒餘和儀式的根據地，[145] 張天錫的字完全與其名相應，但以漢語看來有點奇怪，他的字是「公純嘏」，是由三個漢字組成的「字」。名和字組合起來就是「天錫公純嘏」，這五個字出自《詩經》，有著「上天賜與我們的君主福祉」的意思。

類似的「天賜」之名還有「神賜」、「神子」、「神果」、「天養」等等，其後大量出現在此區域和距離中國更西的吐魯番，許多敦煌和吐魯番文獻都有所記載。連唐朝開國皇帝李淵的曾曾祖父都有這樣的名字「李天賜」。[146] 類似的「神祐」、「神力」和「神奴」等人名也一樣十分流行。

表 6-1 各朝代史中具有神事名的人物數量

朝代史	有正式記錄的人數（註1）	佛教名人數與所占的百分比（％）（註2）	其他「神事名」人數與所占的百分比（％）	兩種形式混合（％）
《晉書》	924	5 (0.54)	5 (0.54)	10 (1.08)
《魏書》	1,312	26 (1.98)	34 (2.59)	60 (4.57)
《北齊書》	319	6 (1.88)	4 (1.25)	10 (3.13)
《周書》	319	10 (3.13)	5 (1.57)	15 (4.70)
《宋書》	494	16 (3.24)	9 (1.82)	25 (5.06)
《南齊書》	196	10 (5.10)	5 (2.55)	15 (7.65)
《梁書》	317	10 (3.15)	5 (1.58)	15 (4.73)
《陳書》	223	7 (3.14)	1 (0.45)	8 (3.59)
《隋書》	362	7 (1.93)	2 (0.55)	9 (2.49)

註1：表中排除了佛教的和尚和尼姑，以及明顯是非漢族的「胡人」姓名。
註2：主要的模糊地帶出現在「法」和「道」這兩個漢字，「法」譯自三寶之一的「dharma」，時常用在佛教的「神事名」當中，但也時常用於傳統的漢語人名。「道」則是道家的基礎概念，但也廣泛用於佛教之中，有時也會將「dharma」翻譯成「道」。只有當人名有佛教梵語的同義詞時，我才會把含有這兩個漢字的人名算在內，例如「法友」可以對應到「Dharmamitra」（巴利文譯做「Dhammamitta」），或者當我有額外的證據，顯示這是族譜裡的字輩，或有特別提到此家族的佛教信仰，顯示出這個字確實與佛教有關。

我認為這些「神賜」的人名，特別是由「神」這個漢字開頭的形式，主要顯示出伊朗語、而不是印度—佛教的影響。這些漢

語人名似乎很有可能源自梵語人名「Devadatta」，可翻譯成「提婆達多」或「調達」，[147] 或甚至可能是希臘人名「Theodore」。但最有名的叫這個梵語名的人，恰恰正是佛陀的堂兄弟和主要競爭對手，這似乎並不利於讓大眾皈依三寶，[148] 如同我在前面清楚說明的，在馬拉拉斯克拉所編的整整兩大卷《巴利語專有名詞辭典》中，這個名字一次都不曾出現過。故我認為這些漢語的「神賜」人名，原型可能是伊朗語的「Bagadāta」（這恰好也被認為是伊拉克首都名的由來），還有一些事實也可以支撐這個論點：（a）漢語的「神」在梵文中並沒有直接的同義字，但卻可以完美對應到伊朗語的「baga」；（b）在當時，由「神」字開頭的漢語人名中，大多在梵文中明顯並沒有同義詞；（c）這些名字由「神」字開頭的人，多半來自中亞地區；最後，（d）「baga」可以從漢人的專有名詞詞彙中找到印證。[149]

關於前伊斯蘭時期的伊朗人名中的元素「baga」，向來有個古老的爭議，有少數的學者認為其並非含有「神事」意涵，僅僅用來表示「君主」、「紳士」，也就是說，在「baga」被用於指稱神格化的君王後，它的涵義就受到大量的貶值。[150] 雖然日紐已經令人信服地顯示了許多這類伊朗語人名中的神意價值，[151] 而在受伊朗影響極深的中國西部，「神」字開頭的「神事名」之普遍，也大為印證了日紐教授的論點。

「神事名」在中古中國的突然流行，並不限於個人的命名系統，在地名研究中也可觀察到這個現象，特別是在中國西部。過於詳細的闡述再次超出了本章的範圍，但「莫高」這個地名卻不能不提，其為敦煌大量石窟群的名稱，其中有著大名鼎鼎的佛教壁畫藝術，能夠很好地展現出伊朗文語詞「baga」，如同早期的佛教僧院仙岩寺，就坐落在莫高窟的山腳下。[152]

「神事名」傳入中國，對於華夏獨特的年號制度也有著深遠的影響，「天」和「神」這兩個漢字確實很早就用於年號之中，從漢武帝的「天漢」（100-97BC；意指「天上的河」〔即銀河〕）開始，[153] 以及到了其孫漢宣帝治下時，據說因為時常出現鳳凰，而改元「神爵」（61-58BC；意指「神鳥」〔即鳳凰〕）。但這兩個漢字在這些早期的案例中，確實同樣也時常用做形容詞或修飾語。[154] 必須要等到「神事名」傳入中國，北魏道武帝拓跋珪的年號「天興」（398-403）及「天賜」（404-408）出現，「天」和「神」才開始用於年號之中、當作主詞或受詞。以下的表格記錄了從西元前一四〇年（漢武帝首次使用年號）開始，一直到西元五八九年隋朝統一，帶有「天」和「神」字的年號數量，其中並用西晉滅亡（317）作為分界線。

表 6-2 帶有「天」和「神」字的年號數量：140BC - AD589

時期	時距	年號總數	「天」、「神」的結構	%	每一百年
140BC–AD316	456	135	7	5.2	1.5
317–589：南朝	273	67	6	9.0	2.2
317–589：北朝	273	142	13	9.2	4.8

註：僅包含主要的朝代和「十六國」。

　　要是把華北的各個小型異族政權也算在內，其中的差異就會更加懸殊，[155] 事實上，若將所有稱王的人都算進來，三一六年之前，就只有兩個年號帶有「神」字，兩個指的都是「鳳凰」，擁有者分別是兩個皇帝和一個人民起事的領袖（其政權只在三〇三年存續了四個月），其他七個都發生在三一七至五八九年，因

此時距相比要短上許多，而且擁有者都是華北和西北的異族政權領袖。我認為，這是伊朗文明和草原文明影響結合的一個絕佳範例，特別是前者的「神事名」中占大多數的「Baga」（神），以及草原文明中「Tängri」的神聖王權傳統。

最明顯且流傳最久的當屬尊稱先皇的稱號，即「諡號」、「廟號」，以及在唐朝之後大量出現的、由活著的皇帝定下的個人化稱號，也就是「尊號」。[156] 接下來的事實可能會出乎大家的意料之外，在四世紀「胡人」入侵之前，「神」、「天」這兩個字從未出現在這些「天子」的個人化尊稱裡。[157]

「神」第一次出現在這些尊稱中，是頗具神話色彩的拓跋部領袖力微（《魏書》1.3），被追諡為神元皇帝。首先該注意的是，這位領袖的生存年代，比拓跋於四世紀興起之前還早上一個多世紀，這個漢語的稱號是後人的創造。第二，力微據說是天女所生，[158] 因此「神元」可能只是其「胡人」稱號的轉譯。另外，我們還可以注意到力微和前面提到的乞伏鮮卑的「非神非人」先祖托鐸莫何（baga!）的驚人相似性。

真正第一次在漢語皇家稱號中用到「神」這個字，要等到高歡（496-547）的諡號「神武」，其為北齊政權的創立者，廟號為高祖。高歡自己從未稱帝，並在陵墓中刻意顯露出對傀儡皇帝的謙卑（《資治通鑑》160.4958）。直到五六五年，他的孫子高緯（565-576 在位），也就是北齊第五位皇帝，才追封其為神武皇帝。這是高歡第二個死後追封的稱號，而且用於正史之中。

首度將「天」字用於皇帝稱號的，則是北周宣皇帝宇文贇（559-580，578 年即位），他不但是第一個用「天」的人，更自稱「天元皇帝」，於是在所有的正史中，都稱其為天元。

一旦北朝的胡族君主首開風氣，「神」、「天」這兩個漢字

迅速地流行開來，二十位唐代皇帝之中，只要是在駕崩後得以追封的，一半以上使用了其中一個、或兩個字都用來當做個人的諡號、廟號或尊號。[159] 這在之後的幾個朝代，變得更為盛行，「神」字更首度在北宋（960-1127）作為廟號使用，也就是北宋神宗（1067-1085 在位）。到了明清兩代，很少有哪位皇帝的稱號沒有用到這兩個字，也很難再在這個華夏皇室傳統中，探尋到伊朗—阿爾泰語的起源。

⌒「Bagatur」的案例 ⌒

發源於亞洲內陸且流傳最廣的人名之一是「Bagatur」或「Bagadur」，多半都解釋成「英雄」和「勇敢的人」，這也是最古老的人名之一。根據一些學者的說法，匈奴冒頓單于是這個人名的最早證據。[160] 在中古中國邊疆的突厥和其他北方胡族群體中，也確實能找到這個人名，多半被轉寫成「莫賀咄」。其不僅在阿爾泰各群體中流傳（蒙古現在的首都名稱「烏蘭巴托」也可茲證明），也傳播到伊朗、阿拉伯世界、俄羅斯、東歐和印度次大陸。[161] 這個人名也有著最為詭譎多端的詞源，學者為此提出了至少有十一種理論。如同德福（Gerhard Doerfer）所總結的，其中沒有哪一個足以採信。在這所有理論當中，有一個假設這個人名源自異化（dissimilation）後的「*bagaputhra」，讓其成為另一個變體「bagapuhr」（神之子）。這個理論受到許多批評，伯希和就提出「faɣfūr 和 bähādur 的意思完全不同」來予以反駁。[162] 然而，這也是我在本章中最後一次反駁伯希和的理論。

與上述伯希和的看法相異，他很不幸地沒有認出「Bagapuhr」稱號在阿爾泰語中的廣泛證據，許多漢文記錄都將「Bagatur」與

「Bagapuhr」相比，用來指稱（世襲的）部族首領。特別是北室韋的部族渠帥，就被稱為「乞引莫賀咄」，每一個由三個莫賀弗輔佐。[163] 靺鞨和南室韋的世襲部族領袖被稱為「（大）莫弗瞞咄」（《隋書》81.1821、84.1882；《新唐書》219.6178）。馬迦特也將「莫咄」視為是「bagatur」的變體。[164]《通典》（196.5367）也記載烏桓渠帥用「莫賀咄」來當稱號。

伯希和認為這兩個人名意義分歧，一來這兩者都是世襲部族首領的稱號，所謂的意義差距應該不大。二來，顧及「Bagatur」有「勇敢的人」的意思，應該可以假設在草原上，這會是貴族子弟所需的特質，在那裡勇猛尚武就是最高的社會價值，特別是如果這個貴族子弟希望有朝一日能繼承父親權力。不意外地，至少有一個漢文史料解釋「bagapuhr」意謂「勇健者」，[165] 這是「Bagatur」最常見的解釋。事實上，正如傅禮初的細心檢視，軍事才能或「勇猛尚武」是草原上政權競爭者的關鍵特質之一，另一個則是「為可汗世系所承認」。[166] 這些正是區分「bagapuhr / Bagatur」的兩個特色。

因為詞源的問題仍然爭論不休，我以上呈現出來的資料都大幅支持了在人名「Bagatur」的「baga-」元素和在人名「bagapuhr」中的相同，這兩個「神事」結構皆與神聖王權有關。在這個脈絡之下，「Bagatur」意味著神格化君主的標準特質：神的偉大、英雄式的、無敵的戰士和征服者等等元素。[167] 同樣的概念也可由漢語中第一個「神的」諡號驗證，也就是之前提到的北齊創立者神武皇帝，這個稱號持續出現在之後許多皇帝身上，像是唐代的玄宗（712-756 在位）和德宗（779-805 在位）、後梁太祖（907-912 在位），以及後唐明宗（926-933 在位）等等。同一個字也出現在由三種語言書寫而成的哈拉巴喇哈遜碑文的漢語部

分，用來尊稱回鶻汗國的毗伽可汗。[168]

　　雖然以上幾點已經為「Bagatur」這個稱號提供了社會或意識形態上的確切的語義源頭，也就是要藉由訴諸首領的神性或可汗血緣和特質，來賦予其統治正統性與合理性。鑑於這個「首領的」源頭，我發現另一個此稱號的可能早期漢語版本，也就是「部大」（古漢語發音為 *b'əg-d'âd），用來指稱一位約莫活躍於十六國時期（304-439）的「胡人」首領，但只在很短的一段時間內。表面上看來，這是「部落大人」的完美縮寫，但是用這個方式來解釋「部大」，仍然有著兩個問題：（a）沒有辦法解釋為何「Buda」這個稱號很快就消失了，「部落大人」卻持續使用很長一段時間；（b）「部落大人」絕不能作為漢語中的第二人稱，但「部大」可以（《晉書》104.2709）。

　　這裡並不適合論證為什麼在非漢民族統治的時代之下，華夏中心主義下的漢語史料，只殘留少數的「胡人」文化遺風，但可以從此時期當中舉出至少一個漢化的「胡人」語詞的案例：第三章中提及的漢語貶抑詞「奴才」，有著（原始）蒙古語的字根「狗」（現代蒙古語是「noqai」）。我認為，「部大」可能也是自「Bagadur」轉借和換位而來。[169]

　　若是不能為稱號「Bagatur / Bagadur」大膽提出其他可能的同源詞，就很難做出結論，也就是高加索—伊朗語的「神賜」複合詞的可能性。日紐教授在一九九八年五月的一場私人對話中，因為其混合詞的特性，而駁斥了此一論點。但我實在找不出要駁斥此一可能性的絕對理由，然而，下面我仍然列出了好幾個能構成反對的點：

1. 亞歷山大之後的希臘文化對於草原發展有著廣泛且深遠

的影響。[170]

2. 在這段長時間中，內陸亞洲中希臘語的「蠻族化」眾所周知，[171] 這甚至也反映在漢語的藝術品之中。[172]

3. 按照目前所知，「Bagatur / Bagadur」這個人名或稱號發源於「胡人」的社會背景之中。

4. 希臘語的「-dore」結構，特別是「Theodore」這個人名，廣泛出現在亞洲內陸的人名詞彙中。[173]

5. 中亞的希臘殖民地以他們自己的方式來認知當地的本土神祇。[174]

6. 這些半希臘語的混合詞也大多在希臘的社會背景下受到證實，如同埃及托勒密王朝時期的人名「Philammon」。奧利佛・梅森（Olivier Masson）解釋道：「（此名稱）非常有可能被理解成『喜愛 Ammon 的人』。」[175]

7. 正是在希臘的強大影響之下，出現了印度—希臘王國國王米南德一世（Milinda, 約 155-130BC）的四大臣，戴維斯夫人（Caroline Rhys-Davids, 1857-1942）認為他們的名字「不可能會是希臘文、梵文或巴利文」，而是半希臘半印度文。[176] 半希臘文和半印度文的稱號和人名也在作為史料的錢幣中被證實。[177]

8. 如同我在前面所論述的，在一個與「Bagatur」這個人名出現的類似社會環境中，出現了一個漢語—伊朗語尊號「莫賀郎」，由伊朗語的字根「baga」（意指「神」、「神—王」）和漢語的字尾「郎」（意指「小伙子」、「兒子」）組成。

9. 「Bagatur」和「bagapuhr」在草原上的類似用法，強烈暗示了這兩者有著類似的含有神意的詞源。

꧁ 消失的「Bagapuhr」 ꧂

如同前面提過的，在北朝時期，各阿爾泰群體大量使用「Bagapuhr」這個稱號，延續到唐宋兩朝，在蒙古擴張時絕跡。「Bagapuhr」的徹底消失，只有《遼史》曾約略提過，《遼史》是契丹人的歷史，一般相信契丹人說的是原始蒙古語，而在女真—滿洲和蒙古的文獻和語言中，也沒有這個稱號曾出現過的跡象，即使阿拉伯作家和馬可·孛羅，仍持續用此當作中國好幾位皇帝的稱號。

草原上的稱號「bagapuhr」在「神—王之子」的脈絡下，反映出皇家血統——或以傅禮初的話來說是「可汗世系」——的悠久傳統，這是他們政治生涯的關鍵特質。從匈奴的統治氏族被稱為「貴種」，就可看出此一傳統（《史記》110.2890-91、《漢書》94a.3751），「貴種」持續在漢文史料中用來指稱「胡人」統治者（例如《新唐書》115.4211、212.5980）。在許多其他的案例之中，這個傳統也可以從蒙古成吉思汗的世系——「黃金氏族」（Genghisid；Golden Lineage）的龐大威望中可以看出，這個遺風就連帖木兒（1336-1405）都難以撼動：在帖木兒統治的最後幾年，他留著出身於察合台汗後代的傀儡可汗，而直到傀儡可汗統治的最後，他的稱號都還持續出現在帖木兒鑄造的錢幣上。[178]

皇室血統的重要並不僅限於草原上。例如，費耐生曾說過：「在伊朗文化區的每個地方，皇室後代的驕傲對於統治者來說十分重要。」[179] 從實際情況上看來，皇家血統的重要性還遠遠超過君主的驕傲，更是維持政權正統性的關鍵要素，如同許多後伊斯蘭時期征服波斯的王朝，都無視於自身的突厥血統，而聲稱自己承繼自薩珊王朝。[180]

皇室血統在古代中國的重要性也絲毫不遜色。這是要想登上皇位最重要的先決條件，因此時常成為反叛的僭越者難以逾越的障礙——正如無數開國君主所保證的那樣，他們只是一介臣子。這樣的例子包括曹操（155-220）、司馬懿（179-251）、高歡（496-547）和宇文泰（507-556）。皇家血統在周人的社會政治結構中，[181] 也是一大重要元素，長久以來都被後世的政治思想家奉為圭臬。而「君子」，作為古代華夏社會的思想體系中的核心概念，也是源於「君王之子」這個詞彙。伊朗稱號「bagapuhr」原本翻譯成漢語的「神之子」，後在草原文化中被用來指稱「神─王之子」，並由漢語稱號「太子」所取代，但「太子」在草原上的用法仍然十分類似「bagapuhr」，即世襲的貴族首領。這個稱號在明清兩代，又被轉寫回漢語「台吉」，但早在蒙古征服之前就已出現。[182] 另一個更正式的稱號「皇太子」也受到廣泛地證實，從「漢台吉」、「黃台吉」等等（《明史》199.5267、327.8487 等等），到精明幹練的後金大汗皇太極（1592-1643；1626 年即位，廟號太宗）。應該要留意的是，草原上對稱號「台吉」的使用，雖然和正式的漢語稱號「太子」定義有所差異，卻和中國民間的用法類似，常常只是用來指稱「王子」，或甚至只是「有良好出身的男孩」。[183]

稱號「Bagapuhr」的消失，反過來說也象徵了在阿拉伯征服薩珊王朝之後，前伊斯蘭的伊朗影響在草原和東亞地區都逐漸徹底地消失。即便在蒙古治下，西域人士再度活躍於中國，但他們的影響力似乎只限於定居的世界中，對於草原文化的影響極為淺薄，除了蒙古字母挪用了大量的佛教的突厥語系回鶻字母，回鶻在幾世紀前確曾定居於中亞，但並非來自廣大的伊斯蘭化的伊朗。回鶻字母其實是繼承於粟特文字，其清楚體現了前伊斯蘭的

緒餘。

在一定的程度上，曾經深遠且廣泛的伊朗影響在草原和東亞的消失，一般來說是一個偶發歷史事件的直接結果，即七五一年發生在阿拔斯王朝和唐軍間（和雙方各自的當地盟友）的怛羅斯之役，歷經怛羅斯河畔五天的艱苦戰鬥，唐軍的盟友葛邏祿部眾突然倒戈，讓這場戰鬥以唐軍的慘敗做收（《資治通鑑》216.6907-8）。怛羅斯之役的重要性在於它阻斷了華夏族裔進入中亞的進程，[184] 並將中國的科技，特別是造紙術，傳往西方。[185] 即便其對薩珊王朝伊朗人的影響並未受到廣泛的注意，哈爾馬塔似乎是唯一曾經對此發表洞見的史家，他認為這場戰鬥「讓阿拉伯人得以剷除薩珊王朝最後的抵抗中心——裏海邊上的幾個獨立小王國」。[186] 隨著復興前伊斯蘭伊朗勢力的希望破滅，自史前史以來，伊朗對草原深遠的文化影響終將一去不復返。那位「吃狗的」高麗將軍高仙芝，正是率領唐朝和盟友軍隊的將領，他可能從來都不曾想過這場敗仗的真正分量，七五一年他這場政治和軍事的雙重失敗，不僅帶來了深遠的影響，更體現出古代世界中伊朗、阿爾泰和中國文化間的共生關係。

莫高窟中的胡樂和胡舞。撰寫《琵琶記》的白居易出身中亞，這一出身使得他精通音律，並擅長以佛經變文一般的白話文來寫詩。而唐帝國的十部音樂中有九部來自中亞。

胡人舞蹈。

第 七 章

白 居 易 和 中 亞

Bai Juyi and Central Asia

一九○○年，六月二十二日傍晚，一名道士在中國西北的敦煌偶然發現了一座已經隱匿超過八個世紀的小石窟。裡頭存放有成千上萬用各種語言寫成的手寫（有些是印製的）經卷和書冊。這個偶然的發現大幅改變了中古中國和內陸亞洲的研究，其中最重要的發現就是中古文學體裁「變文」。在這個決定性的六月傍晚之前，變文的存在完全無人知曉，現存的漢語文獻隻字未提。更令人吃驚的是，儘管多半的變文內容都與佛教相關，在早期由所謂「士大夫佛教」（gentry Buddhism）把持的大量漢語佛教文獻中，也一樣是付之闕如。這些出土的變文顯示出其為「庶民佛教」（popular Buddhism）的一種極為重要的文學體裁，廣受中古時期數百萬的普羅大眾喜愛和傳播，且居然有著顯而易見的中亞和印度血統。[1]除了佛教，變文還讓其他華夏庶民文化的主題浮上檯面，如此重要的文學體裁卻在將近一千年的時間裡遭到完全遺忘，顯示出漢語文獻中根深柢固的華夏中心主義和士大夫偏見。

　　這種偏見也影響了對十二生肖的紀錄，正如前面的章節所提到的，近來的考古發現和其他史料都證明了其華夏源頭，但當我

們一路回溯到秦統一六國之前，幾千年來的文獻，卻都隻字未提這個華夏庶民文化的重要元素，儘管壟斷漢語書寫的士大夫階級實際上並未脫離這個「庶民的」傳統。[2]

部分原因是漢語史料對其公然的排斥和忽視，是世俗對宗教，也是儒教對佛教的互斥，我決意要全面檢視唐代偉大詩人白居易（772-846）證據確鑿的中亞背景，尤其是這對白居易生平和仕途的影響。由於預期到將引發的批評和反駁，大量現存的史料（包括白居易自己的龐雜著作）幾乎都沒有觸碰到白居易的非華夏緒餘，變文和十二生肖的案例正巧為我的尚未完整的研究提供了新血。

若是少了白居易，中國或東亞的文學史就稱不上完整，然而他的名字卻在晚唐政治的研究中缺席。白居易在日本的地位甚至似乎能與孔子和耶穌相提並論，例如多田利男（Tada Toshio）為亞洲六位偉大歷史人物做的傳記《列傳：在亞洲的山河上》（列伝・アジアの山河に）中，姑且不問對錯，白居易就占據一席，排在佛陀、孔子、耶穌和穆罕默德之後。日本社會黨創黨人、在戰後擔任內閣總理大臣的片山哲（Katayama Tetsu, 1887-1978），也是一位研究白居易的學者，一九六一年著有白居易傳記《大眾詩人白樂天》（大衆詩人・白楽天）。

然而，以一位對中國海內外都具有深厚影響力的人物來說，白居易早已被廣為證實的非華夏（non-Sinitic）出身，還有這個出身對其生平和仕途的影響，在許多對這位偉大儒家社會派詩人的傳記、文學評論和政治研究中，卻鮮少被嚴加討論。本章藉由分析白居易與中亞的聯繫，來喚起人們對這個長期疏漏應有的關注。[3]

⤳ 白居易的血統 ⤳

根據白居易收錄在其《白氏長慶集》（70.1473）中致遠房堂弟白敏中（792-861）的父親、也就是叔父白季康的墓誌銘，他是如此提到他們共同的祖先：「公〔白敏中之父〕諱季康，字某，太原人。秦〔國〕武安君〔白〕起之裔胄，北齊五兵尚書〔白〕建之五代孫也。」即便所有的證據都駁斥了這個他自述的世系，大多數的現代史家卻絲毫不加考證地就接受了這個說法。例如，在孫國棟（1922-2013）對唐宋變革時期「門第消融」的細緻研究中，就毫不遲疑地逐字引用了《新唐書》中對白居易世系的說法。[4] 而王夢鷗（1907-2002）在其論述白居易先祖及後嗣的文章中，也採用了這些正史中的正統或華夏中心的觀點，批評陳寅恪和其他許多學者對白居易祖先的詳實考證。

在早先對其祖父的傳記（《白氏長慶集》46.981）中，白居易上溯其共同祖先至春秋時期的楚國王族，南宋時期（1127-1279）為白居易做傳的陳振孫（1179-1262）與其他早期的評論家就注意到這個明顯的時代錯置。[5] 然而，據韋勒（Arthur Waley, 1889-1966）的說法，這位「後來讓白居易十分驕傲」[6] 的堂弟白敏中，之後所做的一首詩卻恰恰堆翻了白居易對其顯赫先祖的說法。而根據陳寅恪的研究，即使是追溯到北齊高官白建（？-576），這個白居易的說詞中最為可信的白家先祖，都仍然十分可疑。[7] 還需要進而考證的是，白居易自述其外祖母出自昌黎韓氏（《白氏長慶集》42.929），這對於他和韓愈（768-824）——唐代最著名的昌黎韓氏子弟——之間異常冷淡的關係毫無助益。白居易杜撰出來的家族世系也反映在其更晚近的奇怪的家族史紀錄中，這會在後面加以闡述。

然而，現代的讀者毋須對白居易的公然造假多加批評，因為這是當時普遍的風氣，許多非漢族出身的重要人物都會聲稱其先祖為古代華夏名人。又或者，我們可以說白居易的說詞與唐皇室家族自稱出身隴西李氏——如同我在本書第一章所討論的——或是和早期拓跋部大人自稱是黃帝的第六十七世（《魏書》1.1），實際上並無二致。我進而推論，許多出身於遊牧部落的外地人士，一旦在定居的農業社會中獲得顯赫地位後，為了要取得政治和文化上的合法性，就會有此捏造顯赫先祖的作法，並在當時蔚為風尚。例如，東伊朗世界的嘎茲納朝的突厥皇室就杜撰了其接續伊朗薩珊王朝君主的世系，[8] 這個情節和中國許多匈奴和鮮卑人物對自身世系的說法如出一轍。

　　姚薇元在其對北朝時期許多非漢姓氏的精湛研究中，認為白氏一族源自中亞的龜茲國。[9] 如前所述，駁斥白居易說法的最有力證據就是其遠房堂弟白敏中的詩作，白敏中在當時剛辭去中書令的職務，被調往地方擔任節度使：

　　十姓胡中第六胡，也曾金閣掌洪爐。[10]

　　姚薇元認為其中的「十姓胡」指的是「西突厥十姓部落」，這點我難以苟同，因為「十姓胡」顯然無法自動等同西突厥中的十姓部落。「胡」和「突厥」在當時確實很難清楚劃分，例如根據族譜，安祿山是突厥和粟特混種，唐朝名將哥舒翰（？-757）則是「純種」突厥出身，都反映出區分上的難度。[11] 除此之外，龜茲國的立國比突厥人的西遷，還要早上幾個世紀，當時「胡」這個漢字一般是用來指稱中亞人士（當時大多是印度—伊朗人），[12] 且姚薇元認為白氏一族源自龜茲的論點，當然也證明

了這一點。[13] 另一個當時留下的證據是一位唐代高官的不滿，他抱怨以白敏中為首的四位宰相都是胡族出身。[14] 除了白居易堂弟以外的另外三人分別是畢諴（802-864）、曹確（？-876）和羅劭，皆可證明是中亞出身。這個插曲並不完全符合正史《新唐書》中宰相的記載，但如同姚薇元所強調，這反映出時人對族群議題的寶貴觀點。從此處看來，我們也留意到唐代一個最顯著的特點，即當局對政府高官的族群出身，並不會特別著眼。[15]

無獨有偶，北齊高官白建這個白氏一族中最為可信的先祖，在我看來，就像在前述章節中所闡釋的，他也是拓跋魏與其北朝後代政權所打的中亞牌的典型產物。換句話說，白建是後來蒙元「助理征服者」的先驅。除卻他在《北齊書》（40.532-33）中篇幅極少的傳記（只有兩段），在同一份正史史料中的其他地方（33.447），偶然記錄了一則當時流行的說法，即白建是北齊政權中來自太原的兩大高官之一，而太原正是白氏一族在中國的故鄉，而列傳中也語帶輕蔑地說白建「雖無他才，勤於在公」。

近來也有許多與白氏相關的考古資料。第一，是白敏中的墓誌銘，在一九六〇年代首度被發現，一九九一年公開內容。[16] 第二，是二〇〇一年五月在洛陽附近出土的石碑，碑文內容為白居易所寫，用來紀念白氏一族在春秋時代的先祖白勝「神位」的「重新安置」。[17] 這兩樣同為白居易留下的內容，都包含了前述其對祖先的說法。然而，最有意思的發現，是一九九七年十月出土的白敏中之女的墓誌銘，[18] 由其夫婿皇甫煒寫於八五九年，銘文中明確且自豪地提到了中唐名將、也是白氏一族子弟白孝德（715-780）清楚無誤的龜茲血統（《舊唐書》109.3310；《新唐書》136.4593）。換句話說，白敏中的女婿無疑證實了白氏在當時仍然認同其祖籍位於中亞。

下一個理所當然的問題就是這個龜茲血統如何且在何種程度上影響了白居易的家族，以及他自身的文化和政治生活。據我所知，陳寅恪的研究《元白詩箋證稿》（頁 292-302）是唯一一本嚴正考究其家族的專著，然而未碰觸其他主題。

陳寅恪提出了一個普遍的觀點，認為一旦定居中國，原為遊牧部落群體和其他外來的新移民很快就會被同化，並在適當的時機點成為完全的「中國人」。也許正是因為如此，只有很少的研究人員曾經著眼於白居易的非華夏血統與其作品之間的聯繫。即使是陳寅恪也非常清楚地表明了，身為一個「文化人」，非華夏血統對白居易並不造成影響。（《元白詩箋證稿》，頁 293）

這個論點恕我無法苟同。我這項研究的中心思想是非華夏族群在前近代中國的持續性。完全孤立的猶太社群在開封存續了幾個世紀，其不僅在「漢人」主流夾縫中求得生存，更證明了非華夏族群在中國的韌性（也包括了傳統中國中的高度社會容忍度）。華夏—閃族社群培育出許許多多成功的儒家士大夫，他們同時也活躍於猶太社群事務中。[19]

除了華夏—猶太社群以外，近年來考古發現還提供了其他引人注意的案例，在中國湖北省英山縣，有畢氏一族的墓群，經由前頭提到的唐朝高官畢諴，可以推斷墓主的中亞先祖（其與畢諴有血緣關係）。我不會被中國政府的妄尊自大所動搖，他們大聲疾呼其中一座墓的主人是北宋平民畢昇（？-1051）——根據宋代沈括（1030-1094）《夢溪筆談》的說法，畢昇發明了活字印刷術——[20] 所以現階段我們尚不能排除墓主只是恰巧與畢昇同名的可能性。

我認為這個重大發現中最證據確鑿的是英山畢氏一族的摩尼教信仰，墓碑上重要的「日」、「月」二字明確地顯示出這一

點。這個特色，套句中國墓誌銘專家的話來說，「在從漢朝（206 BC-220 AD）到元朝（1271-1368）的漢人墓誌銘上，都**從未**見過」（粗體為筆者所加）。[21] 順道一提，這一點也讓「昇」這個漢字（通常會與「日」、「月」二字連用），無論上頭是否有「日」，都很適合讓畢氏一族拿來命名，而這也增加了墓主並非活字印刷術發明者的可能性。

如同許多學者已經發現的，其他墓碑的特色都和元代的摩尼教遺跡相符。[22] 大多數研究畢氏墓群的學者都指出畢氏一族的中亞先祖和其摩尼教信仰的聯繫，最值得注意的證據是，多數研究者都同意畢昇的墓誌銘寫於一〇五二年，那麼他豈不是活了好幾個世紀？此外，如果這些墓碑不是早於宋代，那麼便是違反了中國自宋代以來根深柢固的避諱父親之名的傳統。我稍後會再談論這個主題。

回到白居易的先祖，我找不到有什麼明確的理由可以否認，生活於比北宋更國際化的唐時代的白氏一族，也會帶有類似的先祖遺風。白敏中的詩，不僅僅反映出白氏明顯意識到自身的非華夏緒餘，更清楚顯露出他對自己族群的驕傲。因此很難讓我們相信，中亞緒餘不會對白居易這位「儒家」的詩人兼官員及其作品留下絲毫影響。除此之外，這個緒餘也為白居易的家庭生活、文學作品和政治生涯中的若干爭論，提供了合理且統一的解釋。包括其父母的婚姻、白居易自身的宗教信仰、他據傳的初戀韻事、對女性的態度、他生活方式的特殊面向、他和其它當代人物的關係，如是等等，本章會繼續探討其中某些特點。

儒家子？

中國史學的傳統觀念是，只要是通過科舉入仕的人，都是「儒家士大夫」，這似乎是前述儒家偏見的典型案例。開封的中國猶太社群就是一個例子。陳寅恪還發現了另一個成功的唐朝「儒家士大夫」家族，他們保有明顯的「禁止祖先崇拜」的外國宗教傳統，[23] 這當然是猶太教與基督教（伊斯蘭教）所共有的一神論世界。[24] 與前述畢氏一族的宋代墓群的發現相關聯，這其中有些關注點，可以將陳寅恪的發現連結到宋代的中國摩尼教徒的一些行為，這從陸游（1125-1210）、莊綽（1101-1139 壯年期）等宋代學者的作品，以及之後的馬可・孛羅似乎都能得到驗證。[25]

「仆本儒家子」（《白氏長慶集》11.217），白居易這句詩造就了誤導，許多人以此認為白居易就是一個「儒家士大夫」。[26] 就我的分析來看，「儒家子」說法的出現，似乎讓他自稱的顯赫先祖帶有可信度或貌似可信，且也有其必要性，因為先前「十姓胡中第六胡」的家族成員，正遇到一個重大需要，即尋求有力的政治支持和家族聯繫。例如，雖然記載白居易長年禮佛，但威因斯坦指出白居易為了要通過科舉，而曾對佛教予以譴責。[27]

我注意到如下的句子出現在一封白居易寫給至交元稹（779-831）的信中（《白氏長慶集》45.962）：「〔我〕十五六始知有進士，苦節讀書。」陳寅恪在《唐代政治史述論稿》中指出，進士在那個時代能享受榮耀和其他益處，若無法進士擢第，即為當代文人的「（平生）三恨」。[28] 進士的名聲遠播，有位十二歲的新羅學生，甚至早在來唐朝留學之前，就把進士定為他的人生志向了。[29] 除非白居易當時真的不合常理地對科舉一無所知，他說的這幾句話或多或少反映出這個「儒家子」真正的文化

背景，如此才能解釋這個「及五六歲，便學為詩，九歲諳識聲韻」的小孩，為何這麼晚才開始渴望考中進士（《白氏長慶集》45.962）。

讓我們仔細檢視這個「儒家子」的形象。羅振玉（1866-1940）首度開始研究白居易父母的關係，認為他們是舅舅與外甥女的聯姻，陳寅恪在之後也繼續加以論述。[30] 岑仲勉（1885-1961）在其著作《隋唐史》（頁 404, 415-416）中，格外憤慨地質疑他們舉出的證據，這個爭議直到現在都仍是個熱門的議題。雖然大多數的現代學者都同意羅振玉和陳寅恪的觀點，[31] 但仍有一些人認為這種「亂倫」的婚姻令人難以接受，這明顯是以現代華夏中心論的角度來審視這段婚姻。[32] 在最後的分析中，岑仲勉的爭辯比他反對的觀點還更說不過去，需要更多的假設才能證明。平岡武夫（Hiraoka Takeo ,1909-1995）用日本所編輯的白居易作品，得出了另外的結論。[33] 但是，除了有必要對現有版本的白居易作品進行修訂以外，平岡武夫的說法仍然顯示出白居易的母親比他的父親還要年輕一代。有鑑於白居易對白氏的輩分較遠與較近的兩位先祖的說法十分可疑（即北齊白健及出自昌黎韓氏的外祖母），對於其直系親屬的事蹟自然應該受到嚴格地審查，如同羅振玉和陳寅恪所做的考證。韋勒製作的白氏家系圖明白支持了這個案例，而且無涉於羅振玉和陳寅恪的研究，雖然韋勒並沒有留意到其中的重要關聯性。[34]

我認為，只要將白氏的中亞緒餘納入考慮，這段婚姻一點也不「畸形」——一些中國現代的研究者用了這個激烈的形容詞。在第三章中，我認為古老的草原傳統缺乏清晰的「輩分關係」，他們的「收繼婚」和其它「亂倫的」婚姻在唐朝皇室中屢見不鮮，這一點就算不是直接承繼自拓跋部和之前其他的遊牧氏族，至少

也有一定的連繫。白居易父母的婚姻也同樣可以連繫到該家族的中亞淵源，特別是遊牧和原為遊牧的群體在面對華夏世界時，所打出的中亞牌，會讓中亞的人群和草原遊牧民混雜的層面更加廣泛。

　　進一步評述這段舅舅與外甥女的婚姻關係，雖然這類的婚姻沒有受到積極推動或廣為贊同，但在當時是南亞和西亞人普遍接受的行為。而且，直到今日印度都仍保有這個傳統，[35] 猶太人也允許這一點。[36] 或許有人會注意到在前伊斯蘭的阿拉伯的「bint 'amm」（意指「父親兄弟的女兒」），也就是「父系平表婚」的習俗。[37] 據稱，這種受歡迎的婚姻關係，已經擴展到非阿拉伯的穆斯林社會。[38] 如同阿里・伊本・阿布─塔里布（Ali ibn Abi Talib,？-661），他既是先知穆罕默德的堂弟，也是他的女婿，反映出除了同姓的兩個個人可以聯姻，還能跨越輩分通婚，這看起來就像重視倫理的中國學究眼中舅舅與外甥女的婚姻，備受元代儒家學者的譴責。也有人可能會注意到，這種做法在近代早期的歐洲貴族家庭中也十分受歡迎，像西班牙的菲利普二世（Philip II, 1527-1598）和菲利普四世（Philip IV, 1605-1665）、神聖羅馬帝國的利奧波德一世（Leopold I, 1640-1705）等君主都是例證，他們三個人都迎娶了同胞姊妹的女兒。[39]

　　在前伊斯蘭的中亞，甚至有「近親通婚」（Xvaetvadatha）的習俗，據古希臘史家的記載，早期和中古的瑣羅亞斯德教教徒都有這種行為。[40] 因此，《隋書》（83.1856、83.1849）中譴責薩珊王朝的伊朗人「妻其姊妹」，並說另一個安國（Bukhara）的城邦──瑣羅亞斯德教的堡壘──「母子遞相禽獸」。

　　據說這種消失已久的習俗，甚至影響了現代伊朗同族聯姻的流行。[41] 有了這層連結，我找到另一個案例可以支持羅振玉的結論：一九五五年於西安出土的《蘇諒妻馬氏墓誌》，蘇諒是具

有中亞血統的唐朝將軍。墓誌用漢語與安息語雙語寫成，同時刻有漢語的「妻」字與安息語的「BRTH」（意指「女兒」），這個字十分令人好奇。如同宗德曼（W. Sundermann）和梯樓（T.Thilo）所指出的，此用字上的差異強烈暗示了近親通婚在中亞極有可能並不少見，特別是在當時的伊朗。[42] 這也顯示出墓誌銘的作者（們）努力掩蓋的事實，這想必也是白居易所遭遇的困境。

　　流行在古代和現代印度的舅甥女婚姻，可能還與佛教有所關係。最重要的事實是，與中國的傳統儒家相比，在印度的佛教文化中，亂倫並不是那麼禁忌的事。這個文化鴻溝讓早期翻譯三藏（Tripitaka）的中國學者深感痛苦，陳寅恪已經發現這個問題。[43] 儘管受到譴責，母子的亂倫仍然是印度佛教文獻中持續出現的主題，可能反映出普世的或印度—雅利安人的所謂的伊底帕斯情結。[44] 對於其他衝擊力較小的亂倫形式，像是兄妹或姊弟的通婚，則用了中性、甚至是接受的語調來描寫。[45] 與白居易父母的婚姻相關的一段最引人注目的故事，以讚頌的語氣講述了佛陀氏族釋迦族（Sakyas）的起源：「爾時王子。既安住已。憶父王語。於自姓中。求覓婚姻。不能得婦。各納姨母及其姊妹。共為夫妻。依於婦禮。一欲隨從父王教令。二恐釋種雜亂相生。」[46] 這對篤信佛教的白氏而言可說是完美的宗教指引，讓他們得以維繫自身的非華夏世系（參見後文）。

　　同樣十分值得注意的是，陳寅恪所舉出用來支持其論述的證據，是白居易因受到其母墜井死亡而產生的醜聞之牽連，而被輿論指責（且被「定罪」）有違儒家禮教（《舊唐書》166.4344；原文為：「其母因看花墮井而死，而居易作《賞花》及《新井》詩，甚傷名教，不宜置彼周行。執政方惡其言事，奏貶為江表刺

史。」）。我們應該可以進一步注意到，白居易沒有留下絲毫辯解的文字紀錄（除了在《白氏長慶集》44.947-48 中一封給親戚的信中，有段含糊不清且懦弱的文字），這段插曲遂成為白居易仕途和人生哲學的重要分歧點。至此之後，白居易再也不是從前那個充滿抱負且心高氣傲的官員。若說這樣的滔天巨變，是源於儒家禮教對其母所能做的最嚴厲的指控，未免過於草率；但即便這不算是致命一擊，也已經狠狠戳中了白居易多年來的心中之痛。[47]

無論白居易的父母是舅舅與外甥女、或是親表兄妹的關係，白氏世世代代無疑都奉行著世代間的堂表通婚。當時的漢人世家大族當然不會如此，畢竟如同我在第一章所指出的，他們連要與皇室聯姻都覺得恥辱。我認為，不同於傳統對「漢化」的迷思，白氏的行為可能是刻意通過族內通婚，來維繫自我的族群認同。這樣的故事不僅發生在前述的漢語與安息語雙語墓碑上，無數其他的唐代墓誌銘也顯示出，好幾個世代以來，這些移民的後代相互嫁娶。[48] 除此之外，也有更多開封猶太社群的資料證實了同樣的習俗，儘管不能確定是否有所傳承。[49] 在一小群親屬之間相互嫁娶的行為，不管親屬關係的程度為何，鐵定會導致所謂的族內或近親通婚。在蒙元一朝中，漢人士大夫對回回（穆斯林）的嚴厲批評多半是針對此原因，[50] 也就是他們族內通婚的行為，無視基本的輩分關係，福建一名現代穆斯林學者證實了這個說法，指出這樣的行為通常會導致兩姊妹嫁的人互為叔姪或舅甥。[51]

這些行為無一不牴觸儒家的道德和社會規範，在此脈絡之下，前述英山墓群的主人畢氏一族，他們的摩尼教信仰就不該被視為巧合，更顯示出這個家族違背了中國避諱父親之名的傳統。[52]

另一個懷疑白居易「儒家子」形象的案例，是敦煌文獻

（P. 2539）中所發現的艷詩《大樂賦》，後由白居易之弟白行簡（776-826）加以編纂出版。高羅佩（Robert Hans van Gulik, 1910-1967）認為「沒有確實的理由能懷疑〔白行簡〕作者身分」[53]，確實，我之後會提出其他的證據來證明白行簡確為作者。在理學根深蒂固之前，中國對這一塊相對開放，許多醫藥和道家典籍中都有許多對房中術的描寫。然而，《大樂賦》不僅具有高度的文學性，似乎也引入了一種新的情色文學類型，白氏兄弟更是當時「儒學復興」的見證人，這通常被視為宋代新儒學的先聲。[54]即使是以唐代開放的性愛規範來衡量，也很難將《大樂賦》和「儒家子」連在一塊。

❧ 中亞緒餘 ❧

讓我們回想一下中亞在中國史上所發揮的最重要的作用，主要是在宗教領域裡，這一點幾乎沒有什麼好爭辯的：從古代一直到二十世紀，中亞始終都是將各種信仰和思想傳播到中國的灘頭堡：[55]佛教、祆教、景教、猶太教、摩尼教和伊斯蘭教。而中亞人士自然與這些傳播脫不了干係，從早期傳教的佛教僧侶[56]，到伊斯蘭教的漢名。[57]

「白」這個姓氏和龜茲國關係甚密，[58]這是姚薇元據以提出質疑的癥結點，並以此推論出他對於白氏的結論。龜茲在歷史上向來是佛教重地，對於佛教傳到中國功不可沒。[59]其中一個作用是造就出大量的佛教僧侶，持續了很長一段時間，只要是姓「帛」（「白」的變體）的人就可以知道是來自龜茲。[60]如同陳寅恪所指出的，白居易就是解開這層連結的線索。在白居易的〈沃洲山禪院記〉中，他提到兩名和他一樣姓白的住持，並納悶道「沃洲

山與白氏，其世有緣乎？」（《白氏長慶集》68.1440）白居易的自我認同首度被注意到，最早可追溯至北宋學者錢易（活躍於1017）所著的《南部新書》（7.64）。

白居易對佛教的興趣和奉獻雖然都已經廣受證實，[61]但我讀到的幾乎所有研究白居易的學者，都強調白居易是十分重要的儒家士大夫。確實，在八二七年朝廷發起的「三教論衡」中，白居易被指定為儒家一方的發言人（《白氏長慶集》68.1434-40），許多學者以此認為白居易後來的虔誠禮佛，主要是在他的仕途遭逢打擊之後，因此是基於「後天的」原因。接著他們試圖在白居易的作品中尋找其佛教傾向的蛛絲馬跡，[62]然而，卻忽略了當時只要是有心在政治上圖謀一番作為者，都必須接受儒學。白居易說得再明白不過，他之所以會在御前辯論中代表儒家，是奉召而為之。[63]我要進一步強調，佛教是家族的信仰，這極為符合他的中亞或龜茲緒餘，或許最為明顯的跡象是，白居易最小的弟弟——在九歲時夭折（或以西方人的算法是八歲）——小字金剛奴，如同我在本書第五和第六章所闡述的，這是很典型的佛教「神事名」；他的兩位兄長白居易和白行簡，在他過世二十二年後寫的哀祭文中（《白氏長慶集》40.894 和 42.930-31），仍然喚之以乳名，而不是他的漢名幼美。[64]再加上陳寅恪曾舉出一個著名案例，說唐氏一族沒有祭祖的傳統，以及英山畢氏一族的墓碑上，並沒有避諱其父的名字，我們可以看出，移民的非華夏緒餘在生死之事上尤其明顯。

近來在洛陽白居易的宅邸遺址有過一個有趣的考古發現：一九九二年出土了一個殘石經幢，上頭刻有兩段出自《佛頂尊勝陀羅尼經》（*dhāranī sutras*）的文字：[65]「佛頂尊勝陀羅尼」[66]和「千手千眼觀世音菩薩廣大圓滿無礙大悲心陀羅尼」[67]——這些

碑文極有可能是這位唐代偉大詩人唯一流傳下來的真跡。有趣的是，其上的文字不過是譯寫成漢文的梵文咒。不同於大多數的曼怛羅（mantra，真言、神咒），「陀羅尼」一詞有口語（非書面）的意思。但對於一般不諳印度語的中國信徒來說，譯寫後的文字並沒有什麼意義。那麼，為什麼一個對文學和音樂有著敏銳鑑賞力的知識分子，會選擇題上這些在漢文中毫無意義的段落呢？再加上《舊唐書》的白居易列傳中強調「居易儒學之外，尤通釋典」（166.4345），以此推斷出白居易至少識得一些梵文，並不會太過牽強，而且他的這種學問定與中亞緒餘有關。[68]

另一個涉及佛教的有趣問題，是白居易鮮少被注意到與摩尼教的連繫，這個信仰發源於西亞，並經由中亞傳至中國，特別是透過伊朗語的轉換。[69] 正如佛教史家志磐引述南宋學者洪邁（1123-1202）的說法，宋代在中國南方的摩尼教信徒在其典籍的一開頭引用了以下的詩句，據稱出自白居易之手，熱切地讚頌摩尼教教義：

> 靜覽蘇鄰傳，摩尼道可驚。二宗陳寂默，五佛繼光明。日月為資敬，乾坤認所生。若論齋絜志，釋子〔摩尼教信徒〕好齊名〔佛教徒〕。[70]

洪邁和志磐都認為這首未收錄在現存白居易文集的詩是後人偽造的，雖然志磐的論點是基於白居易是個佛教徒，但如果再想到白居易對道教的濃厚興趣，這個論點其實相當薄弱。現代摩尼教研究權威劉南強（Samuel Lieu）認為這不無可能，因而判斷這首詩應非造假，[71] 這也支持了白居易的中亞緒餘說法的可能性。劉南強認為詩應非造假的原因，可能是因為白居易「在一封呈給

回鶻可汗的信中，曾用讚頌的語氣提及摩尼教」，不過這個理由似乎稍嫌薄弱。我認為更具說服力的解釋是劉南強對白居易中亞緒餘的當代認識，即使到了十六世紀，中國的摩尼教仍然很清楚他們的典籍在傳到中國之前，是以伊朗文和吐火羅文傳播。[72] 劉南強另外的假設是，白居易確實曾為摩尼教典籍寫下這篇序，但這更可能是基於他對中亞的特殊感情。

讓我們再回到志磐僧人的論點，他認為既然白居易是佛教徒，那這首據稱是白居易稱頌摩尼教的詩就是偽造的，這樣的解釋實在漏洞甚多，因為眾所周知，中古中亞融合了許多宗教信仰。例如，《新唐書》（221b.6244）記載，粟特人同時供奉佛陀和祆教神祇，費耐生也留意到這一點。[73] 我在第五章提到的中古華夏社群中，既有著涉及祆教火神的「神事名」，同時也是虔誠的佛教徒。本章前面提到的信仰摩尼教的宋代畢氏一族也是中亞人士，成為此支持證據的另一個面向。

中亞緒餘的另一大特色，重要性可能僅次於宗教，那就是龜茲樂，幾乎所有中國的白氏一族成員，都承繼自原鄉且聞名於世的音樂傳統。確實，龜茲樂和龜茲音樂家深深影響了唐代的文化風景，[74] 白氏的另一個成員，也就是隋朝的知名宮廷音樂家白明達（《隋書》15.397）就是鐵證。

在唐代文壇之中，白居易的音樂天賦確實特別出眾，[75] 白居易留下的許多詩都是民歌，絕對不是偶然，作為首度提倡詩歌這個新文體的詩人之一，他更創了「新樂府」這個新名詞。[76] 在時常被傳唱的《琵琶行》中，白居易巧妙運用華夏的詩歌語言來形容琵琶音樂，樹立了一個無人能出其右的典範。值得注意的是，琵琶並非中國的本土樂器，中亞有著特別豐富的琵琶曲目，尤其是在龜茲樂中。[77] 白居易也很早開始實驗新的漢語詩歌文體

「詞」，這當然也受到中亞的影響。[78] 很難找到另一位唐代文人擁有這麼廣的音樂天賦，這當然也很難不讓人聯想到他的中亞緒餘。

這引發了一個典型的問題，也就是白氏無法辨別的中亞背景：陳寅恪曾經指證歷歷，唐代極為流行的《霓裳羽衣曲》就是發源於國外（即龜茲為其中之一）。另一位現代中國學者任半塘質疑這個已經被廣為證實的結論，諷刺的是，他認為白居易是一位典型的「中國本土詩人」，更是《霓裳羽衣曲》的鑑賞家。[79]

即使承認白居易獨特的音樂天賦只不過是天賦異稟，但從白居易詩歌中頻繁出現對音樂家和其他伶人的真摯溫情，也與傳統儒家對娼優的歧視形成了鮮明的對比，當時這些娼優階層中有許多中亞人士。[80] 白氏一族對這個充滿中亞同胞的社會階層——他們被主流的儒家文人視為是家奴和娼妓——抱有同情的態度，這當然是一種家族特色：白行簡所寫的著名愛情故事《李娃傳》，被譽為「可能是世上最傑出的早期虛構體散文典範」，[81] 講的是一名歌女最後成為高官的夫人，並受封為「汧國夫人」的故事。白氏這樣的族群特色，最起碼讓我們更能理解白居易為何在《琵琶行》中，對曾為長安青樓女子的琵琶女寄予深切的同情，這當然還有對自身命運的感懷。

確實，在這個特殊的癥結點上，白居易與從北朝到唐初以來的統治階級之間的另一種相似之處，再度浮上檯面。如同第一章所顯示的，上述朝代的皇室具有無可否認的草原起源，對於他們的藝術家施加封號，從未有過些許的保留，即使是這些藝術家在華夏傳統士族的眼中，與娼妓屬於同一個社會階層。一位這樣的藝術家甚至還被北齊的皇帝封王，隋煬帝也想如法炮製，施恩於他最喜歡的天才龜茲音樂家白明達（《隋書》15.397）。唐朝的

前兩位皇帝都曾因同樣的問題，遭到儒家官員批評。同樣的喜好在之後沙陀突厥的後唐政權中，亦可以觀察到。

另一個例子是白居易著名的遊牧民樣式的氈帳，他曾經為此寫過許多情感豐沛的詩作。[82] 近來，中國史學研究員吳玉貴（1956-）深入研究此一主題，找出了十三首這樣的詩以及一封信。[83] 吳玉貴發現，白居易從八二九年一直到八四六年去世之時，許多時間都消磨在他那極為寶貝的氈帳裡，共計度過了十八個冬天。吳玉貴將此歸因於唐代社會所謂的「胡風」，但他同時也承認，白居易在詩文中如此頻繁地以濃墨重彩加以詳述同一個主題，也就是他的氈帳，確實「非常罕見」。有問題的是，吳玉貴總結認為，白居易對草原生活方式的依戀「違背情理之常」。

我認為吳玉貴的觀點反映出白居易研究的缺點，也就是將其視為是典型的唐代詩人，卻忽略其非華夏出身。例如，若是我們能理解在白氏一族中仍有深厚影響的草原文化緒餘，就不會將白居易對氈帳的鍾愛，看做是「非常罕見」的現象。西域大多數的本土居民被認為是印度—伊朗裔，且採定居的生活方式。就算沒有更早，至少在匈奴帝國建立以來，這個廣袤的地區一直是定居民遊牧民衝突的中心，而且在中國的勢力無法延伸到此的時候，此處總是按照遊牧民勢力的規則在走。

在唐朝以前，此處確實有很長一段時間都是西突厥帝國的領土，因此如同前面提及的，姚薇元將「胡」錯認成突厥的一部分。此區域之後的突厥化，證明了當時遊牧民在中亞的影響力極為強大。如同我在前一章所論述的，這裡也存在著所謂的中亞牌——遊牧和原為遊牧集團刻意的政策，可能吸引了白居易的祖先移居中國，而白建——白氏一族的北齊先祖——的政治生涯也強而有力地證明了這一點。

然而，對這位偉大的唐代詩人來說，深受中亞和／或佛教的最重要影響，可能是白居易刻意彰顯出的個人特色，從而開啟新時代的、平易近人的文風。我將詳盡地加以檢視。

～絲路──連結原鄉的「臍帶」？～

要想用這樣短的章節全面考察白居易全集中的所有作品，並探討他的中亞血統對其作品的影響，無疑太過不切實際。但唐代普遍的異國元素，讓所有這樣的探討都能有一個參照點。我認為，白居易的人生遠非吳玉貴等學者所下的結論，而是象徵著唐代世界主義（cosmopolitanism）的根源，最好的參照點就是白居易終身的至交好友、且同為士大夫的元稹。兩人的社會背景十分相似，身為鮮卑拓跋部大人什翼犍（後追尊其為昭成帝〔《舊唐書》166.4327〕）的第十代後裔，元稹聲稱自己是一個貨真價實的中國人，自然不會比他的好友更具說服力。但總結來說，如果沒有被完全同化的話，元稹家族在中國的文化適應過程似乎並不比白氏要長。我們應該要再留意之後成為白居易密友的另一位著名詩人劉禹錫（772-842），他也是匈奴或鮮卑（拓跋部）的後代。[84]

因此，我藉由爬梳他們的「新樂府」詩作，從中闡釋出他們之間截然不同的態度。[85] 特別之處在於，像是《法曲》、《胡旋女》、《立部伎》和《西涼伎》等詩作，以及白居易許多提及異國文化主題、風格、時尚等等的詩作內容，都是從元稹的原詩中延伸而來。

從各方面來說，元稹對胡人和其對唐人生活的文化影響，都抱持著強烈的否定與敵意，廖美雲將之歸結為元稹對胡風的指控，認為胡風必須要為大多數唐代災難負責。[86] 白居易的詩作題

材更為廣泛，若非出於被迫，他對於胡人的態度似乎更為克制且客觀。我可以再補充一點，白居易廣受歡迎的原因之一是其政治和個人生活的操守，有時與友人元稹形成鮮明的對比，元稹為了要成為宰相，罔顧士人的基本原則，依附於掌握權勢的宦官。陳寅恪（《元白詩箋證稿》頁 94-96）揭發了元稹即使在私生活中也極為虛偽。畢竟，儘管其氏族始終被認定為胡人，白居易仍驕傲地宴請友人在氈帳中同歡，自然不會被指責為虛偽。[87]

這樣的反差，從元稹在《法曲》中激烈地反對當時胡風時尚的流行，可以得到驗證。在詩的最後八句，「胡」這個字至少重複了八次，而且極富貶損的意味，「自從胡騎起煙塵，毛毳腥膻滿咸洛（指唐朝的兩個都城：長安和洛陽）」。[88] 元稹語帶輕蔑地重複「胡」這個字，明顯意在營造出傲慢挑釁的效果，[89] 用嘩眾取寵且過分簡化的方式，來為這一連串極度複雜的歷史發展尋找替罪羔羊。許道勳（1939-2000）和趙克堯卻完全忽略其中的幽微之處，只純然視之以元稹的舞文弄墨。[90]

白居易的《法曲》則相對溫和，[91] 意味深長，絲毫未提「胡風」，而是在另一首、顯然是從元稹的題材衍生而來的《時世妝》中，客觀而精確，但較為含蓄地將之歸因於吐蕃風尚的影響[92]。而更為引人注目的是（用詞也相當精確），與元稹相比，白居易詩中的十四句裡完全沒有用到「胡」這個字。而且，與元稹對胡人的無理譴責形成鮮明對比的是，白居易在批評吐蕃人時，似乎是有所選擇的。[93] 待我賞析《西涼伎》之後，他可能的動機便會更加清晰。

相較之下，《胡旋女》是白居易在這一系列的樂府詩中，唯一一首頻繁使用「胡」這個字的詩，但這也是因為其為「胡旋舞」中的一個字。《胡旋女》也展示出元白之間更明顯的差異，從以

下兩人所作的兩首同名詩中，便可見一斑：

元稹《胡旋女》摘錄

天寶欲末胡欲亂，胡人獻女能胡旋。

旋得明王不覺迷，妖胡奄到長生殿。[94]

……

寄言旋目與旋心，有國有家當共譴。

白居易《胡旋女》摘錄

……

天寶季年時欲變，臣妾人人學圜轉。

中有太真外祿山，二人最道能胡旋。

……

胡旋女，莫空舞，數唱此歌悟明主。[95]

　　顯而易見地，白居易刻意避免以貶損的口吻使用「胡」字，但在元稹的原詩中，則說胡旋舞的傳入是源於胡人的密謀反叛，最後輕蔑地控訴道「妖胡奄到長生殿」。白居易則較為客觀且公正，指出早在此之前，胡旋舞就已經在中原出現。[96]元稹詩中的結論是希望呼籲大眾對胡旋舞予以譴責，白居易則在詩末要求胡旋女「悟明主」。元白二人的鮮明對比，在這兩首同名詩作中表露無遺。

　　不過，《西涼伎》這首詩更能顯露白居易的心理，元白二人同樣也各有一首《西涼伎》傳世。首先我注意到，儘管白居易試圖讓自己遠離朝中愈演愈烈的牛李黨爭，但他對牛僧孺（779-848）一派的同情已經廣為證實。雖然兩大唐朝政治史權威，即陳

寅恪和岑仲勉，對於幾個主要的議題總是意見相左，但他們都認為以李德裕（787-850）和牛僧孺為首的兩黨，分別代表了唐朝軍事政策中的鷹派和鴿派。[97]白居易的許多詩歌、宮庭回憶錄和散文，都反映出他一生渴望和平，而隨著他愈來愈倒向牛黨，這樣的信念被更進一步加強。在這樣的政治背景下，白居易的《西涼伎》罕見且大幅地偏離了他向來抱持的和平信念，因為詩中非但沒有對唐朝的軍國主義進行公開的批評，甚至根本隻字未提。[98]

首先，詩名「西涼伎」指的是「紫髯深目」的西域胡人舞伎，白居易詳細說明了他們的身分，元稹則予以忽略。此處，我著重的是此樂府中的前半部，其中描繪了兩名年輕的胡人舞伎哀嘆於涼州的陷落，更重要的是，其中象徵的意義是，他們的回鄉之路從此阻斷。這個題材完全不見於元稹的詩中，似乎大多數的評論家都忽略了這個重點，而通常都只著眼於此詩的後半段。[99]任半塘似乎是唯一一個學者，質疑為什麼這對好友會在同時代、同個主題中，表現出如此鮮明的差異。[100]但是他傾向將之歸因於時間的斷層，認為元稹描繪的歌舞表演是在安祿山叛亂之前，而白居易寫的是叛亂當時的情況，這聽起來實在過於牽強。

我認為，元稹的簡略和白居易的詳細闡述之間的對比，反映了他們兩人對於歌舞和其所在環境的態度上的差異。第一，據《隋書》（15.378）中的記載，這個舞蹈發源於龜茲，也就是白氏的原鄉。但真正的癥結點，是兩名胡人舞伎的感傷言辭，讓白居易極不尋常地呼籲政府對安西路——傳統的絲路——採取軍事行動，因為對中亞人民來說，定期或永久返鄉的道路已經變得險阻非常。我們可能會更進一步注意到龜茲，大多數居於中國的白氏一族的原鄉，在六五八年之後成為安西都護府的一員。[101]正是這一點讓白居易（中亞的子孫）與元稹（來自草原的拓跋後裔）

產生隔閡。

　　吐蕃人對連結唐朝兩都和西域的絲路的致命阻斷，大幅影響了此後的政經發展，因此我們得在這裡詳加討論，其直接造成的一大後果便是斷絕了許多胡人的歸鄉之路（《資治通鑑》232.7492-93）。然而，多數滯留客鄉的胡人，似乎對這種處境並不特別傷心，當政府決定給他們假道回鶻以返鄉的機會，絕大多數的人都選擇繼續留在長安（《資治通鑑》232.7493）。[102] 確實，我要再舉出一首內容相近的唐詩《胡騰兒》，作者是中唐詩人李端（743-782）[103]，當中的故事線幾乎如出一轍：來自涼州的胡人舞伎的表演，讓舊日安西都護府的官員不禁頻頻拭淚，但關鍵的差異在於：這些胡人舞伎似乎對於歸鄉之路受阻並不難過，這讓李端十分困惑。

　　在此脈絡之下，讀者很難忽視白居易詩中胡人所說的話，其傳達出對中亞故土的的思鄉之情。中國向來有這樣悠久的傳統，也就是詩人會透過作品中的人物傳達自己的心聲，這確實也在元白二人提倡的新文體「新樂府」當中有所體現。有人可能會以此推論：兩名年輕胡人舞伎所說的話，也代表了詩人潛意識中渴望回歸原鄉的返祖現象，而他的氏族仍然可以清楚回溯到他們屬於「十姓胡中第六胡」，並自豪地誇耀說數十年前驍勇善戰的胡人將軍白孝德，來自安西，也是他們的族人之一。與原鄉政治和文化連結的物理性隔離，正是壓垮篤信佛教的白居易之和平信念的最後一根稻草。

❧ 語言學上的發現 ❧

　　在第三章中，我提出現代漢語指稱「兄長」的稱謂「哥」的

概念，是和突厥有著聯繫的阿爾泰語借詞，同時也指出了，親屬稱謂通常被證明是某個體的非本土緒餘的最長存記號。我接著注意到，第一個使用「哥」的可信紀錄的作家似乎是白居易，他用古典書寫中最正式的體例來為因病過世的兄長寫哀祭文，這自然又是另一個指向其非華夏緒餘的跡象。無獨有偶，其他所有較為早期的例子，都是出自唐代皇室成員。其他早期大多數使用「哥」這個稱謂指稱兄長的，都是由第三者編撰的軼事趣聞類的紀錄，而白居易則是慎重地收集並編纂他自己的文集，其中也包括了這篇哀祭文。

我認為，發源於異國的親屬稱謂「哥」，也可以為前述的艷詩《大樂賦》據傳的作者，提供實質的證據：[104] 如同第一位現代的註解者葉德輝（1864-1927）所指出的，呼格「哥哥」在這個不同以往的「經典」之作中十分突出。[105] 應該要被注意的是，除了白居易的兄弟們和唐代皇室成員，呼格「哥」很少被用在唐代的官方文獻中。

在本章前面我曾經指出，根據最近的考古資料，白居易似乎識得梵文，而他的這種學問定與中亞緒餘脫不了干係。有人提出在中古早期的佛教堡壘龜茲，梵文學習一度有高度的發展，翻譯佛教典籍的先驅譯師鳩摩羅什（Kumarajiva, 334-413）就是印度－龜茲混血的西域人士。

我會提出兩個其他的語言學案例，來證實白居易與中亞的連結，這可能也涉及了唐代中國和其他世界的文化交流史。在他擔任蘇州刺史期間，白居易寫了一首詩向「諸妓」告別（《白氏長慶集》24.551），詩中他使用了「駃騠」這個詞語，這在其他著名詩人的作品中十分少見。幸運的是，這個詞可以在古辭典中找到，釋義其為「一種（大型的）外國馬」。[106] 儘管「駃」這個

字的部首是「馬」，但卻完全找不到可信的漢文字源，在白居易的眾多文集中，除了古代字書《玉篇》的首章，我也找不到其他對這個詞的詳加說明。

有鑑於白居易的非漢緒餘，「駮騠」肯定是個外來詞，很有可能是中亞。然而，當我對印度—伊朗和阿爾泰語系中的各個語言，進行相當廣泛的搜索後[107]，讓我推論出這個詞彙明顯不具有馬的詞源。更有甚者，它的詞源就像英文語詞「阿拉伯」和「拉布拉多」一樣，用來指涉有關品種的地理源頭。

「駮騠」這個語詞很有可能是用來指稱現在的中亞城市費爾干納（Ferghana），漢朝時稱之以「大宛國」，[108]以「汗血寶馬」聞名於世。[109]確實，即使是與白居易同時代的人，也知道大宛著名的出口品。唐代文人張鷟（約 660-741）在其著作《朝野僉載》（5.120）中，記載了一個相當曲折的故事，說在隋朝時，中亞的大宛國獻「千里馬」。[110]能證明白居易所用的語詞與此有關的最直接證據，就是隋唐時代對費爾干納的幾個轉寫：鏺汗、拔汗那、判汗，等等。[111]

一旦將「駮騠」與「費爾干納」這個舉世聞名的馬種連在一起，並用其更為漢化的名字「大宛馬」來解釋，這個題材就不會那麼罕見和冷僻。除了《朝野僉載》裡的故事以外，還有另一位有名的詩人高適（約 702–765），曾在詩中提到邊塞將士「登陣常騎大宛馬」（《全唐詩》213.501）。向來被廣泛認為是「老嫗能解」的白居易詩文，卻在此詩中用了一種十分罕見的說法，但若將之與「大宛」是「Tokhar(o)」的譯寫的理論一同視之[112]（「Tokhar(o)」也用來稱呼定居在龜茲的著名古代印歐人）[113]，多少就能解開白居易的原鄉問題和其身上縈繞不去的緊箍咒。

白居易的《陰山道》是另一個令人玩味的案例，其中講述回

鶻用馬匹來交換中國的絲綢，這首新樂府詩寫於八〇九年，同年他也代表唐憲宗（806–820在位）為此起草了一封書信。[114] 白居易用他對社會的悲歡作為開頭，「陰山道，陰山道，（那裡的）紇邏敦肥水泉好。每至戎人送馬時，道旁千里無纖草」，「紇邏」在漢語中毫無意義，顯然是一個外來語。[115] 據我所知，陳寅恪似乎是唯一一位學者，企圖考證並解讀「紇邏」這個語詞。[116] 他一開始得出的結論相當合理，經由上下文和內容類推，這個語詞指的只有可能是「草」，因為這首詩講的是回鶻人，陳寅恪便推斷其為突厥語。他要不是被這種未經證實的「突厥語」假設所誤導，要麼就是誤讀了古典漢語——他認為「紇邏」讀成「kara」，而其後的漢字「敦」，也應該是突厥語。如此一來，他便曲解了「敦肥」（有「厚實而豐沛」之意）這個語詞的完美結構，讓這句詩變得非常不好讀，一位以嚴謹和優雅著稱的偉大詩人應該無法容忍這樣的失誤，即便突厥語的說法是正確的。而且，陳寅恪的解讀「kara tuna」，既不合理，更未經證實，這句詩的其餘部分更存在許多問題。所有的推論都指向，這個「突厥語」的解法在這個案例中顯然說不通。[117] 鑑於白氏一族的出身，我認為在中亞及其周邊地區，應該能找到此一謎題的解答。

如此一來，「紇邏」這個難解的語詞可能是源自於古印度—伊朗和吐火羅的語言，明顯指的是「馬匹吃的牧草或草」，我在下面列出了幾種可能性，但每一個似乎都有些技術上的困難難以克服。

1. 安息語（帕提亞語）詞彙「car, carag」（牧草、吃草）[118]，但「c」開頭的起始音和漢語的譯寫不合。

2. 字根「xwr-」（吃、食物）受到所有古伊朗語的用語證

實。[119] 雖然這個字根鐵定能指涉「餵食動物」，但我尚未在古代文獻中找到單一的證據，證明這個字根指「牧草」，或者像白居易這首詩的上下文有「水和草」。[120]

3. 「alaf」（草、牧草）這個語詞受到中古伊朗文獻的廣為證實，特別是其上下文有「水和草」。[121] 可惜的是，這個伊朗語是後阿拉伯征服的典型借詞，除非已經和阿拉伯有過直接接觸，才有可能用到這個語詞，但這就造就了時空錯置的問題。

4. 種種窒礙難行迫使我轉而求助於印歐語系，以下兩種相似處皆出自閃語族的語言，雖然無法反駁，但純屬理論臆測。

5. 廣受證實的阿拉伯語詞「kala'」或「kalā'」，複數形式是「aklā'」（草、牧草，或給牲畜吃的東西）。[122] 塔米姆·伊本·巴赫爾（Tamin ibn Bahr）[123] 曾用此形容草原上可茲利用的泉水和牧草，出自塔米姆前往回鶻宮廷之後所寫的報告中，白居易在八〇九年代表唐德宗寄出的官方信函，就是為了討論絹馬交易。塔米姆對此絲綢貿易觀察入微，甚至還提到了回鶻每年應從唐朝廷獲得五十萬匹的絲綢。這個數字當然是出自白居易的信函之中，講述唐朝在獲得回鶻的馬後，尚欠的絲綢數量，儘管白居易補充道，唐朝因為內亂，目前只能先償還一半。[124] 這個解釋的主要問題是「kala'」這個詞彙，雖然出自波斯語，但是是出現在阿拉伯大舉入侵之後、伊朗伊斯蘭化的過程中，並非伊朗本土的詞彙。因此，這個假設的同義詞所蘊含的涵義與問題，確實顯示了阿拉伯的推進對中亞和中國邊疆的影響。雖然這個區域早就可以感受到

阿拉伯的軍事影響力，[125] 當時多數的中亞地區及回鶻都尚未皈信伊斯蘭教，至少當時還沒有。七五八年也發生了一個舉足輕重的事件，至少顯示出阿拔斯王朝和回鶻之間無法互相尊重。[126] 即使是在阿拉伯直接統治下的領土，即波斯和河中地區（Transoxania），阿拉伯征服者也深陷於宗教和文化敵意的泥沼之中。[127]

6. 如果我們承認阿拉伯影響力的另一個媒介，也就是拉特納猶太人（Radhanite Jews），這些商人可能是開封猶太社群的先驅，[128] 那麼《舊約聖經》中，出現在《詩篇》（Psalm）65:13 和《以賽亞書》（Isaiah）30:23 的希伯來詞彙「kar」，很有可能也是「紇邏」的另一個解釋。這個語詞應該和阿拉伯語詞「kala'」[129] 發源於不同的同源詞，但其意指「豐沛的牧草」，[130] 正是白居易試圖用「紇邏」表達的涵義。此希伯來語詞之古老，可由阿卡德語（Akkadian）和烏加里特語（Ugaritic）的同源詞證實。[131] 然而，這個解釋可能還得取決於另一個歷史爭議，也就是可薩人尚且存疑的回鶻血統。[132] 一般認為，可薩人是在「八世紀中葉」歸信猶太教，或更精確的說法是在大約七四〇年。[133] 而按照羅那塔斯（Róna-Tas, 1931-）的假設，似乎只有在信奉猶太教的卡薩人和其所謂的回鶻弟兄有持續互動時，希伯來語中才會出現涉及「回鶻事務」的詞彙。[134]

當然，以上對「紇邏」這個語詞的外來源頭，目前都只是猜測，並非有真憑實據，白居易對中亞外來語的運用，可能導致其他潛在的問題。[135] 但是有個簡單的事實浮上檯面，這個外來語，

是出自一個堅持自己的詩作應該要讓普羅大眾易於理解的詩人。據我所知，與白居易同時代的其他文人，並不會採用這兩個罕見的字，鑑於唐詩的數量之大，很難將白居易的這種特色歸結為純粹的巧合，或認為此和白氏一族的非華夏緒餘毫無干係。「馬」和「草」這兩個字也很值得深究，如同塞諾所指出的，因為這兩者對遊牧民來說至關重要。[136] 再加上白居易作品中曾出現的阿爾泰語親族稱謂「哥」，這似乎符合許多中亞人士之所以來到中國，是為了要服務遊牧民或半遊牧民族政權——從拓跋政權和其繼承者，一直到蒙古帝國。

⁓ 白居易的遺風 ⁓

最後，我扼要討論了白居易的詩歌在他身處的時代（即使在他去世之前），皆廣受中國內外的人士喜愛。眾所周知，白居易在當時深受韓國和日本推崇，這一點也已經被廣為研究。但是，在中亞的類似現象，卻長久以來遭到漠視，這或許可歸因於唐代以後，中國的政權不再能控制此區域。[137] 元稹在為《白氏長慶集》所作的序中，提及新羅宰相讓商人重金購買白居易的詩作，從這段引人注目的插曲，可以看出白居易肯定對於其名聲傳到這些「蠻夷」之地，而感到驕傲不已，這份自豪似乎也在他讚頌兩位偉大詩人前輩李白、杜甫的律詩中表露無遺，「吟詠留千古，聲名動四夷」（《白氏長慶集》15.331）。[138]

接下來，我們自然會問：白居易是否刻意追求這樣的名聲，而且不僅僅限於在中國境內？在現有的史料中，似乎很難得到確切的答案，但我認為這個問題可能與白居易著名的行為脫不了干係，也就是他堅持要用簡單易懂的語言來寫詩。[139] 要提出這一

點，我有相當的自信，至少是針對第二個問題，絕對不能忽視中亞和／或佛教對其文風的影響力。梅維恆極具說服力地證明了，不僅在中國，還包括在東亞的其他國家，白話體的出現都源自於佛教。[140] 這可能是基於佛教的傳教熱忱，並且希望能迅速在普羅大眾之間迅速傳播其學說和思想。雖然梅維恆似乎只強調了佛教在此中的重要性，但我要進而指出，中國的祆教文本同樣是以口語的形式書寫，[141] 這大幅擴展了梅維恆所提出的觀點。

有了這層關係，白居易獨樹一格的「俗人」文風 —— 包括蘇軾（1036-1101）在內的許多著名文人都曾對此著墨[142]—— 似乎不僅僅是巧合，更不可能與他的中亞緒餘和佛教背景完全無涉。[143] 就像白話的佛教書寫，白居易平易近人的文風和用詞很快就擴散到各個社會階層，特別是下層階級，甚至跨越了唐朝國境。值得注意的是，白居易的弟弟白行簡恰恰也是「奠基於口說傳統」的敘事愛情故事的新體裁的少數先驅之一。[144]

人們或許也想問，究竟是什麼造就了白居易與另一位文學大家韓愈之間的鮮明對比，以及這兩個人居然不只沒有建立親密的友情，更幾乎沒有互動，[145] 儘管他們生存年代相仿、同時在朝為官、也都是當時文壇的領銜人物。[146] 如前所述，因為白居易曾自述其外祖母和韓愈一樣出自昌黎韓氏，在一個極為看重氏族譜系的時代，這讓整件事更加撲朔迷離。[147] 對這個生分的普遍解釋，似乎是基於兩人在人格和哲學上的差異，[148] 查爾斯·哈特曼（Charles Hartman）是少數用政治層面來解釋這個問題的學者。[149] 但是他猜測這可能是因為韓愈對王叔文（753-806）一派的敵意，但基於韓愈和柳宗元（773-819）的深厚友誼，這個論點顯然禁不起推敲，而且柳宗元也從未因加入王叔文集團而自責。這也不能用韓愈的強烈排佛來解釋，因為韓愈也時常不顧自

己的感受，在柳宗元的要求之下，與一些僧侶往來。

　　然而，韓愈普遍被視為是儒家正統的掌旗手，是華夏傳統的捍衛者，堅決反抗外來的入侵。我認為，韓愈強烈的華夏中心論的立場，可能是他對白居易這個十分看重胡人緒餘的偉大文人興趣缺缺的真正原因。

　　對於白居易獨特文風的可能動機，除了試圖向中國的「歌妓和牧童」伸出援手之外，他是否也曾擔心，祖先的同胞能否閱讀並欣賞他的作品？答案可能就是前述在其作品中發現的外來詞以及下頭的詩句，一般認為是唐宣宗（847-860 在位）的作品，用來悼念這位影響力跨越政治和文化藩籬的偉大詩人：「胡兒能唱琵琶篇。」（《全唐詩》5.31）

西元 716 年的暾欲谷碑片段。暾欲谷碑位於今日蒙古國境內，是 8 世紀時期的一個古突厥文碑銘。其建立者為第二突厥汗國的丞相暾欲谷。

◀闕特勤碑（突厥文）為第二突厥汗國時期的一塊石碑，由唐玄宗所立。闕特勤碑的突厥銘文以毗伽可汗的口吻敘說了突厥復國的征戰和對唐朝和周邊民族的關係。

▶毗伽可汗碑指的是西元 8 世紀初期所立的後突厥汗國毗伽可汗的石碑，用突厥文和漢文兩種文字刻寫，撰寫闕特勤碑、毗伽可汗碑突厥文的為毗伽可汗、闕特勤侄子夜落紇特勤。在突厥歷史中，毗伽可汗碑與暾欲谷碑、闕特勤碑一起被稱為突厥三大碑。

突厥語或原始蒙古語？

拓 跋 語 言 箚 記

Appendix: Turkic or Proto-Mongolian?A Note on the Tuoba Language

如同本書許多章都討論過的，「拓跋」或鄂爾渾碑銘中記載的「桃花石」，在中國史中都有著不可磨滅的地位，不僅建立了北魏政權（386-534），可能更為重要的是，也創造了北魏的兩個在政治和血緣層面上的繼承政權，也就是隋（581-618）唐（618-907）兩朝。然而，此一重要群體的語言親屬關係，直到今日都仍然是個謎，如同塞諾在其著作《中央歐亞研究簡介》（*Introduction à l'étude de l'Eurasie centrale*）所總結的那樣，多數學者都認為拓跋語屬於阿爾泰語系。[1]但是，爭議和一個簡單的問題一同浮現：拓跋說的，究竟是突厥語還是原始蒙古語？

兩方陣營的支持者中，均不乏鼎鼎大名的學者。突厥語論的支持者，可以舉出伯希和、卜弼德和克勞森等。[2]艾伯華（Wolfram Eberhard, 1909-1989）在其著作《中國北方的拓跋帝國》（*Das Toba-Reich Nordchinas*）中，也認為在拓跋部的成員之中，突厥人占了大多數。[3]最近的研究是哈坎·埃德米爾（Hakan Aydemir），他認為拓跋的統治階層說得是「保爾加語」（Bulgharic），與克勞森的論點基本相同。[4]而反對方，也就是擁護原始蒙古語論的陣營，則包括李蓋提（Louis Ligeti,

"Le tabgatch, un dialecte de la langue sien-pi"）、孟格斯（Karl Menges, *The Turkic Languages and Peoples*, p. 17）。或許受到一九八〇年在大興安嶺發現拓跋部祖居地的激勵，蒙古論似乎在之後氣焰更為高漲。[5]

這個爭議的主因是相關語言學資料的缺乏，第二個原因則分成兩個部分：一來，正如多數草原帝國，不論是突厥，還是原始蒙古的元素，都能在拓跋聯盟中找到證據。二來，拓跋部通常被視為是構成鮮卑集團的一部分，而有充分的證據支持鮮卑集團是後來的原始蒙古人。[6] 例如，李蓋提就因為無法將拓跋與鮮卑的資料一分為二，讓他的研究頻頻觸礁。[7]

我們只能仰賴時間和運氣來解開這個謎團，例如未來的考古學突破，或者像二十世紀初敦煌石窟出土這樣的契機。但在此之前，還是可以採用一些新穎、也許打破常規的視角，來檢視已知的史料，或許就有機會發現與此議題相關的語言學新證據。我的這項研究，就是朝此方向邁出的嘗試性的一步。

⮊ 拓跋部的漢化政策 ⮌

第五世紀的最後十年，北魏孝文帝拓跋宏（元宏，471-499在位）開始推行他著名的漢化政策，將朝廷從平城遷都到中國古都洛陽，並正式禁絕鮮卑的語言、習俗、服飾和姓氏，這項由年輕皇帝野心所驅使的舉措，終結了中國南北分裂的局面。[8] 本附錄所要討論的，就是在此政策中，幾乎將所有的「胡人」家族（即部族），都改成華夏族裔的、或聽起來像華夏族裔的姓氏。

我們應該先提到的，是此全面揚棄拓跋文化緒餘的舉措，所激起的「民族主義」的強烈反彈，這是孝文帝完全意識到、也確實

早就預料到的。如本書之前所討論的，有證據證明反抗勢力十分強大，就連孝文帝的長子和繼承人拓跋恂也涉入其中，最後甚至讓這名年輕的皇太子賠上性命。北魏傾覆之際所發生的六鎮之亂也充分證明了這一點，六鎮叛亂的浪潮，始於邊防駐軍的徹底失望——對遠在洛陽的那個漢化了的拓跋朝廷。這些反應再再都表明了，孝文帝鐵定曾經謹慎且巧妙地，試圖緩解其部族同胞的怨恨與反對，而這些同胞顯然還是十分重視他們的草原緒餘。他謹慎而巧妙的舉措，包括可由皇帝奉養「國老、庶老」[9]，並給予優待，另外還有所謂的「雁臣」，他們可以像野雁一樣往來於拓跋的新都和部落之間（《魏書》15.378、《資治通鑑》141.4410）。

因此，我們可以理所當然地推斷，孝文帝在用「中國」的家族姓氏取代「胡」的部族姓氏之時，也同樣地謹小慎微，以免讓改姓之人萌生敵意。四九五年，孝文帝先詔敕四位大臣擔任鮮卑四大中正以分定姓族（《魏書》113.3014-15），隔年春天才正式下詔改姓（《資治通鑑》140.4393）。

四大中正都是拓跋鮮卑貴族，這也代表改姓這件事，務必得全然尊重部落同胞的族群驕傲和文化，一些由阿爾泰語姓氏直譯成漢語姓氏的案例就顯示出這一點（見下文）。我在此先對拓跋部眾的歷史做個簡短的解說。

依照《魏書》（1.1）的記載，拓跋鮮卑可追溯到半傳奇的人物可汗毛，意外地與中國已故的偉大舵手毛澤東同姓，拓跋部最初「統『國』三十六」，其中包含「『大姓』九十九」，顯然構成了拓跋政治的核心。在魏收（506-572）編纂《魏書》的年代，他就已經無法完整列出所有的拓跋部氏族，僅列舉了他能確定曾追隨另一位半傳奇的拓跋部可汗力微的部眾，他據稱為天女所生，三世紀時帶領部眾向西南方向的中國遷徙，也就是蒙古高

原的南方，不久之後，便成為此地主要的軍事和政治力量。在《魏書》一一三卷中，這些拓跋皇家宗室「內入諸姓」和所謂的「四方諸姓」——那些被拓跋部征服的部落——之間的分際極為明確，從而造就了兩個不同的姓氏集團。[10] 這個將拓跋部主體嚴加區分為「內」、「外」的明確分界線，就遊牧族群的統治來說十分典型，艾伯華稱之為「突厥型組織」（Turkish type of organization），[11] 而這個分界正是本研究的關鍵所在。

∽ 部族和氏族姓氏的改易 ∾

如同《魏書》卷一一三所列舉的，除了維持不變的姓氏和少數不甚明確的案例以外，在將「胡人」姓氏改成漢姓的過程中，可分成三種主要的模式或類型。

1. 將阿爾泰語詞直譯成漢文。例如：「叱奴」氏改為「狼」氏、「宥連」氏改為「雲」氏，[12] 以及「若干」氏改為「苟」氏，與第三章所闡釋的「狗」這個字同音。皇室的「拓跋」氏改為「元」氏，應該也屬於這種類型，儘管尚未找到與之相符的詞源。

2. 基於某些在今日可能已經式微的政治文化傳統，把草原姓氏與一般的漢姓相連繫。[13]

3. 絕大多數人都將原本由兩到三個字組成的「胡人」姓氏，縮短成單個漢字，通常是取一個原本姓氏中的字，或採用其語音變體或派生詞（derivative）。在《魏書》列舉的一百二十一個姓氏中，有九十三個屬於此一類型。

第三種類型，就是我接下來所要加以闡述的，此一類型是多音節的姓氏被簡化成一個漢字，這個漢字可能是原本姓氏的其中一個聲音元素或是其變體。在大多數的案例中，這個原始的聲音元素都要能代表一個完整的音節，理由如下：（1）如前面所爭論的，要尊重原本的姓氏；（2）這個漢字可能代表了改姓者所認為的發音；（3）對阿爾泰語系的複輔音之常見的反感[14]，以及（4）只有少數（十七個）的新姓氏是「入聲」字，根據蒲立本的說法，很有可能是在漢語音譯中，入聲字比其他漢字更貼近外來語的子音。[15]

　　另一個問題是，原先兩到三個字的姓氏是否已經是「刪減後」的型式。古突厥語（包含回鶻語）、粟特語、吐蕃語，以及其他非漢文紀錄中的大量素材，都證明了雙音節的姓氏最為常見，接下來才是單音節和三音節，如此便代表了遊牧民族的部族和氏族名的絕大多數。漢語音轉中，也有許多姓氏——包括上頭的第一種類型——已經被證實有外國血統。種種事實，再加上在全面漢化之前，拓跋上層階級在鮮卑中的主導地位和民族驕傲感，讓我認為《魏書》卷一一三（之後的學者根據其他史料，有過另外的編修）中記載的多數拓跋姓氏，都是對原始型式忠實且完整的音轉。

　　我很早就留意到，在拓跋氏族的「內入諸姓」中，採用第三種類型中的改姓者，似乎特別偏好用原本姓氏的最末一個字來作為單字漢姓。而在「四方諸姓」之中，似乎恰恰相反，也就是說，他們較為習慣用第一個字，或是其語音變體，來當作漢姓。受到一些阿爾泰語言學相關著作的激勵，我決定要詳加研究這個有趣的差異。表格 A-1 所顯示的，就是第三種類型中九十三個姓氏的歸納。

為了不要用複雜的機率模型（probabilistic model），來將兩到三個字組成的姓氏的證據加以結合，而且因為中間的字對於這個討論不具意義，我將分析加以限制在其中幾個分組案例上，也就是其姓氏的轉變是基於原本姓氏的首字或末字，[16] 於是得出了下面第二個表格。

拓跋氏族的「內入諸姓」與「四方諸姓」之間的顯著差異，現在變得更為明顯，因為使用首字和末字的相對比例（relative percentages），在兩組中幾乎完全相反。

表格 A-1 新姓氏的單字結構（《魏書》卷一一三）

原本姓氏的結構		首字	中間字	末字
「內入諸姓」	兩個字的姓氏	17	-	28
	三個字的姓氏	5	7	8
「四方諸姓」	兩個字的姓氏	12	-	4
	三個字的姓氏	4	2	5

表 A-2 新姓氏的單字結構（使用首字和末字的比例）

原本姓氏的結構	首字	末字	小計
「內入諸姓」	22	36	58
	(37.9%)	(62.1%)	(100%)
「四方諸姓」	16	9	25
	(64.0%)	(36.0%)	(100%)

然而，有人也許會爭論說，這些數字都可能純屬巧合，姓氏的轉換只是以隨機的方式進行的。就算我們真的這麼極端，假設這些數據都只是偶發事件，而且所有數據都是隨機的，那麼用統

計學中經典的假設檢定理論（hypothesis-testing theory），我們就能得出三個假設：

假設 A：「內入諸姓」和「四方諸姓」在選擇用首字或末字來當新漢姓時，並沒有實質差異。

假設 B：在「內入諸姓」之中，選擇用首字或末字來當新漢姓的機率是相同的。

假設 C：在「四方諸姓」之中，選擇用首字或末字來當新漢姓的機率是相同的。

接著，我們可以用統計學的標準方法，來為各個假說進行假設檢定，計算它們「受觀測的顯著水準」（observed significance level），也就是所謂的 p 值（p-value），即實際數據之發生純屬偶然的機率。結果如下：[17]

1. 在假設 A 中，根據費雪精確性檢定（Fisher's Exact Test），p= 0.034；根據卡方檢定（Chi-square test），p= 0.029。

2. 在假設 B 中，根據精確的二項分布（binomial distribution），p= 0.044。

3. 在假設 C 中，根據精確的二項分布（binomial distribution），p= 0.115。

結果，在顯著水準的臨界值為 0.05（significance level；α 值）的情況下，假設 A 和假設 B 都遭拒絕，不可能為真。假設 C 的 p 值相較起來沒有那麼小，就算用首字與用末字的比例的「失衡程度」，比起「內入諸姓」來說更為劇烈。主要是因為案例的數據不足，但是 p 值仍然「邊緣顯著」（marginally significant）。

這種機率分析自然需要一些數學假設，這些假設在現實中可能為真或不為真，而且在這個改姓的過程中，當然還存在其他的變數。儘管如此，上述的統計分析確實提供了從拓跋部的改姓數據中，反映出的集體證據強度的定量分析。這也闡明了，觀察到的模式為隨機現象的可能性極低。

我在此也必須強調，用統計來分析歷史文獻早已不是什麼新鮮事。如同塞諾在其著作《中央歐亞研究簡介》中引用過的，早在超過一個世紀之前，科林德（Björn Collinder）就已經用過機率計算來闡明阿爾泰語系和烏拉語系（Uralic）的一致性無法歸因於巧合。[18] 有許多其他的機率和統計模型可以用於文獻分析，都比我的還要更為複雜，也已經有完整的專著來討論這個主題。[19]

從各方面來說，雖然離毫無疑問還差得很遠，考慮到先前的研究認為，要改成漢姓時選擇的漢字，極有可能代表了原姓中的一個音節，而我的分析所揭示的證據，確實顯示出以下幾點：「內入諸姓」在對其姓氏的發音上，最後一個音節極有可能發得比第一個音節來的重，而拓跋聯盟中的「四方諸姓」則習於強調其姓氏的第一個音節，而不是最後一個音節。如此一來，我們自然可以推斷出，此種發音或重音的模式可以延伸到他們各自語言中的其他語詞。

◞ 阿爾泰語系的重音標示法 ◟

根據推測，原始阿爾泰語系——如果此一實體確實曾經存在——鑑於其黏著的特質和發音的和諧性，就會有初步的重音標示法（Accentuation），因為字根的音節始終是重音。[20] 同樣的道

理也適用於原始烏拉語系，如同至今仍然存留在烏拉語系主要成員中的芬蘭語、匈牙利語、葉尼塞語（Yenisei）等等。[21]

根據孟格斯的說法，蒙古語言直到今日都保持著這個初步的重音標示法，此論點受到杭錦（Gombojab Hangin, 1921-1989）的支持，這位以蒙古語為母語的學者指出，「〔蒙古語中的重音〕自然就落在第一個音節上」。[22]波遜（James Bosson, 1933-2016）也認為，「蒙古語中的重音是吐氣的，而且會落在第一個音節上，不管它的母音是長是短」。[23]儘管如此，其他專家則指出，現代的蒙古人習於將重音轉到不在開頭的長母音和雙元音上。[24]然而，蒙古語中一般的長母音和雙元音從早期的多音節字構發展而來，而且從十六世紀開始，才出現在現代的蒙古語中。[25]而本研究所關注的時期，是繁佩（Nicholas Poppe, 1897-1991）所稱的古代蒙古語，在大約十二世紀時就結束，並且「與一般的蒙古語（Common Mongolian）幾乎完全相同」。[26]因此，對於那段時期，我們至少可以同意許密特（Isaac Schmidt, 1779-1847）所謂的「高水準蒙古語作品的開端」。[27]對於在大約一百八十年後出版的書寫用蒙古語（Written Mongolian）的文法，繁佩認為其「從發音和形態學的發展面向來看，能很好地反應出古代蒙古語」，許密特清楚地指出，「大多數有二到三個音節的蒙古語語詞，重音都落在第一個音節」。[28]

而突厥語就是另一回事了，突厥集團據稱經歷了一段歷史過程的發展，讓原本的第二重音落在最後一個音節上，這讓其在今日，有著尾音節的重音標示法，而「略微讓人想到法語」，就算有一些很少數的例外，也很輕易就能用這些語詞沒有字尾或是屬於附屬字來解釋。[29]癥結在於這段歷史過程於何時才宣告完成。

一些突厥語民歌中所出現的重音，讓學者推論初步的重音標

示法，在各個歷史時代都被保存下來，[30]可惜尚未發現確鑿的證據。而且，實際的數據甚至倒向了另外一方：

1. 根據現存最早的突厥語文獻鄂爾渾碑銘的語音數據，泰金（Telat Tekin）推斷出在鄂爾渾突厥語中，重音一般落在最後一個音節上。[31]

2. 烏拉語系中的許多語言，重音都落在最後一個音節上，這可歸因為鄰近的突厥方言的影響，也證明了突厥語的尾音重音歷史十分悠久。[32]

3. 正如波林格（Otto Böhtlingk, 1815-1904）在其一八五一年出版的著名雅庫特語（Yakut）文法書中所論述的，雅庫特語是一種突厥語方言，但好幾個世紀以來，都未與其他的突厥語言接觸，[33]儘管深受初級重音的蒙古語的影響，[34]重音仍然落在最後一個音節上。[35]

4. 楚瓦什語（Chuvash），所謂「l/r- 突厥語支」唯一流傳下來的成員，也有著尾音重音。[36]許多學者認為，楚瓦什語應可算是突厥語的分支，與「前突厥語」（Pre-Turkic），或說「原始突厥—楚瓦什語」（proto-Turco-Chuvash）有著共同的祖先。[37]假設出的楚瓦什—突厥群體至少早在拓跋時期就已經結束。[38]順道一提，突厥語論的主要支持者克勞森，將這個突厥方言分類到「l/r」語言底下，[39]屬於楚瓦什次語族。

總而言之，除了信史中突厥語著名的時空穩定性，似乎可以放心地將突厥語置於拓跋魏時期的背景下研究，也就是說在此時期，突厥語基本上已經是尾音重音的，與當時的原始蒙古語形成對比。

❧結論❧

拓跋改姓數據，再加上突厥語及（原始）蒙古語的相反的重音規則，這兩者的組合推導出了結論。然而，在邊下結論之前，我們也必須面對一個事實，也就是沒有哪一個遊牧民族或源自遊牧民族的勢力，在道德上與語言學上是完全同質的，就算是遊牧民族政權的統治核心，都並非一定「純種」。例如「外戚」，也就是原始蒙古的契丹政權中的蕭氏一族，都被認為當中有許多突厥人。[40] 而鑑於從拓跋人名詞彙中發現的新證據，再加上突厥語和蒙古語中完全相反的重音規則，現在似乎可以推論，拓跋部中的「內入諸姓」可能說的是突厥語（或尾音重音的語言），又或者比「四方諸姓」帶有更多的突厥特色。「四方諸姓」代表了在拓跋聯盟中其他的鮮卑群體，其中原始蒙古人可能要比突厥人多。這個結論並不是全然新穎，尤其是如果我們已經相信，喀什噶里在十一世紀時所斷言的，也就是「桃花石」（Tawɣāč）之名發源於曾定居於中國的突厥集團。[41]

當然，人們也可以選擇不要接受我對拓跋改姓數據的闡釋，那麼癥結點就是要找出更為可信的說法，來解釋「內入諸姓」和「四方諸姓」的改姓模式為何差異如此之大，我認為這個任務十分艱鉅。在此我要幾乎逐字引用吉德煒（David Keightley, 1932-2017）的話，「我毋須為了『有可能』（probable）的說法道歉，因為我們正在處理語音史學（sound historiographical）實務中亟需評估的機率」。[42]

謝辭
Acknowledgments

歷經這段充滿意義的漫長旅程，我終於可以動筆寫下本書的致謝辭了。

首先，我要感謝父母在那個中國古典文學和歷史備受譴責的時代，仍為我打造了一個能學習這些事物的環境，讓我得以自我摸索並讀通儒家經典，特別是《詩經》和《尚書》，不過，我最喜歡的仍然是史學。在青少年時期，《資治通鑑》成為我最愛的讀物，此情此景依舊歷歷在目。除此之外，我很早就接觸到像伯希和等西方學者的作品，並由此了解到，原來構成亞洲歷史的並非僅有漢人。最重要的是，封面上（英文原書）的書法字「從木蘭到麒麟」，也就是書中第二章的章名，還是出自父親之手。

我長成的年代，適逢中國文化大革命的高峰，讓我終生不再相信官修正史和類似的單向訊息來源，雖然當今的資料可能還更偏頗。但本書的諸多部分均是因這樣的懷疑而起。

在我有幸能與之結交的學者中，我首先要感謝已故的丹尼斯・塞諾（Denis Sinor, 1916-2011）。他不僅慈祥地鼓勵我用英

文發表我的第一篇研究。且因塞諾自己也受教於伯希和大師一絲不苟的培訓之下，更將做研究理應遵循的嚴格標準展露無遺，他那無人能出其右的著作《中央歐亞研究簡介》（*l'étude de l'Eurasie centrale*），讓我直到至今都受益匪淺。

我還要感謝另一位丹尼斯——已故的優秀學者杜希德（Denis Twitchett, 1925-2006），與他往來的私人信件不僅是鼓勵，本書第一章中有一部分便是奠基在他的概念之上發展而來的。而我自己，也從這些交流中體認到了這位漢學大師的智慧與見識之廣博。

除此之外，還要感謝喬凡尼・史塔里（Giovanni Stary），他一直大力支持我的研究，在幾天、甚至幾小時之內便認可我呈交的內容，同時也要感謝大不列顛及愛爾蘭皇家亞洲學會（Royal Asiatic Society of Great Britain and Ireland），在一九九六年授予我 Barwis Holliday 研究獎（Major Barwis-Holliday Award）。這份榮譽讓我這個門外漢得以在一個不利於亞洲學術的環境中繼續我的研究。

事實上，在本書所涵蓋的整個研究時期，我都住在一個沒有亞洲圖書館的城市，就連現代西方的出版品及其他對我的研究來說不可或缺的刊物，要想取得都是難上加難。這麼多年來，除了我自己侷促的書架外，幾乎所有的實體參考文獻，都是經由北美各地緩慢而繁瑣的館際互借，才得以到手。儘管近年來網際網路大幅改善了此一處境，但我仍因為無法直接拿到學術圖書館的人文學科文獻，而感到綁手綁腳，更別提要取得亞洲學術的相關文獻了。因此，本書必然會對某些參考資料有所遺漏，這點我得向讀者深深致歉。

我要感謝妻子對我的理解和支持，以及我的兒子在他就讀哈

佛的大學四年中，幫我蒐集了許多極難取得的參考資料。

　　而這些年之所以能得到此些重要的參考文獻，許多人都助了我一臂之力。我特別要感謝艾茲赫德（Samuel Adshead），他讓我得以見到已故的傅禮初（Joseph Fletcher）教授關於「血腥的競爭推舉繼承制」的會議論文，以及司空竺（Jonathan Silk）提供我 *Riven by Lust* 的書稿。

　　我要感謝好友郭仲武，他多年來一直鼓勵我從事中古中國的突破性論述，包括我們研究流行的漢語貶抑詞「奴才」的原始蒙古語詞源的聯合論文。我還要感謝保羅‧克羅爾（Paul Kroll），他對之後成為本書第七章的初期研究草稿提出了詳實的建議。

　　我要向幾位大師致上謝忱，特別是伯希和、勞費爾（Berthold Laufer）和卜弼德，他們開風氣之先，研究古代胡漢交流的現代研究。更令人敬佩的是，他們將零散的原始材料爬梳成豐碩的研究，並為此一主題樹立了一個典範，相對於其他的研究領域中，豐富的史料和其產出的比例，形成鮮明的對比。

　　我誠摯地感謝此書的審稿人，他糾正了書中的諸多錯誤以及不精確、沒有充分證據的論證，讓本書得以有所進益。我絕對要特別感謝彼得‧高登（Peter Golden），他多次的閱讀實在勞苦功高，更別提還為我增補了許多最新的重要參考文獻。

　　感謝賓州大學出版社的編輯和工作人員，特別是 Peter Agree、Julia Rose Roberts 和 Erica Ginsburg。他們極為嚴密精細的作業方式，大幅提升了本書的品質。

　　並且，最後我要感謝此系列的編輯梅維恆，他早在數年前就提出了此一書名，且煞費苦心地籌劃了每一步的準備工作：若是沒有他一貫的支持、鼓勵和協助，本書今日便無法呈現在讀者面前。

參考文獻
Bibliography

【中文】

《二十五史人名索引》（北京：中華書局，1956）。

《冊府元龜》（北京：中華書局，1960）。

《全唐詩》（上海：上海古籍出版社，1986）。

《全唐文》（北京：中華書局，1983）。

《吐魯番出土文書》卷十（北京：文物出版社，1981–91）。

《春秋經傳集解》（上海：上海古籍出版社，1988）。

《洛陽伽藍記》，見范祥雍（亦可見《大正藏》T2092 V51）。

《戰國策》（上海：上海古籍出版社，1985）。

《辭海》（上海：上海古籍出版社，1988）。

《辭源》（北京：商務印書館，1988）。

上海圖書館（編），《中國叢書綜錄》卷三（上海：上海古籍，1986）。

王讜，《唐語林》（長沙：商務印書館，1939）。

王德毅、李榮村、潘柏澄（編），《元人傳記資料索引》（北京：中華書局，1987再版）。

王定保，《唐摭言》（上海：上海古籍出版社，1978）。

王國維，《觀堂集林》四冊（北京：中華書局，1959）。

──〈西胡考〉和〈西胡續考〉，收錄於《觀堂集林》卷十三，頁606–619。

王利器，《顏氏家訓集解》（北京：中華書局，1993）。

王夢鷗，〈白樂天之先祖及後嗣問題〉，《國立政治大學學報》10（1964），頁123–158。

王溥，《唐會要》（台北：世界書局，1963）。

王拾遺，《白居易傳》（西安：陝西人民出版社，1983）。

王樹民，《廿二史劄記校證》二卷（北京：中華，1984）。

王桐齡，〈楊隋李唐先世系統考〉，《女師大學術季刊》2.2，頁1–23。

王永興，〈敦煌唐代差科簿考釋〉，《歷史研究》（1957.12），重刊於《敦煌吐魯番文書研究》（蘭州：甘肅人民，1984），頁289–336。

──〈唐天寶敦煌差科簿研究〉，收錄於《敦煌吐魯番文書研究論集》（北京：中華書局，1982），頁63–166。

王宇信，《西周甲骨探論》（北京：中國社會科學出版社，1984）。

王仲犖，《北周六典》二卷（北京：中華書局，1979）。

──《魏晉南北朝史》二卷（上海：上海人民出版社，1980）。

白居易，《白居易集》顧學頡編輯、點校，（北京：中華書局，1979）。

白壽彝，〈從怛羅斯戰役到伊斯蘭教之最早的華文記錄〉，收錄於《中國伊斯蘭史存稿》（銀川：寧夏人民出版社，1983），頁56–103。

令狐德棻，《周書》（北京：中華書局，1971）。

司馬光（主編），《資治通鑑》（北京：中華書局，1956）。

司馬遷，《史記》（北京：中華書局，1959）。

米文平，〈千古之謎大鮮卑山〉，《光明日報》，2000年5月19日。

──〈鮮卑石室的發現〉，《文物》（1981.2），頁1–7。

任半塘，《教坊記箋訂》（上海：中華書局，1962）。

──《唐戲弄》（北京：作家出版社，1958）。

任昉，〈再探畢昇碑的宗教色彩〉，《出版科學》（1995.3），頁37–38。

向達，《唐代長安與西域文明》（北京：三聯書店，1957）。

朱金城（編校），《白居易集箋校》（上海：上海古籍出版社，1988）。

──《白居易研究》（西安：陝西人民出版社，1987）。

朱金城、朱易安《白居易詩集導讀》（成都：巴蜀書社，1988）。

岑仲勉，〈論李德裕無黨及司馬光修〈唐紀〉之懷挾私見〉，收錄於《岑仲勉史學論文集》（北京：中華書局，1990），頁462–476。

──《隋唐史》（北京：高等教育出版社，1957）。

杜文瀾（編），《古謠諺》（北京：中華書局，1958）。

杜佑，《通典》（上海：商務印書館，1935）。

李百藥，《北齊書》（北京：中華書局，1974）。

李昉，《太平廣記》（北京：中華書局，1961）。

李廣化，〈白居易學佛心路歷程〉，《佛教文化》（1996.6），頁41–43。

李延壽，《北史》（北京：中華書局，1974）。

──《南史》（北京：中華書局，1975）。

李正宇，〈敦煌儺散論〉，《敦煌研究》（1993.2），頁111–122。

阮元（校刻），《十三經注疏》（北京：中華，1980）。

沈約，《宋書》（北京：中華書局，1974）。

宋濂，《元史》（北京：中華書局，1975）。

宋敏求（編），《唐大詔令集》（北京：中華書局，1959）。

吳鋼（編），《隋唐五代墓誌彙編‧西卷》（天津：天津古籍出版社，1991）。

吳文良，《泉州宗教石刻》（北京：科學出版社，1957）。

吳曉松，〈畢昇墓地發現及相關問題初步探討〉，《中國科技史料》（1994.2），頁89–97。

吳曉松等，〈英山縣發現畢昇及其後裔墓葬考證〉，《出版科學》（1994.1），頁39–41。

吳玉貴，〈白居易「氈帳詩」所見唐代胡風〉，《唐研究》5（1999），頁401–420。

余恕誠，〈韓白詩風的差異與中唐進士階層思想作風的分野〉，《文學遺產》（1993.5），頁41–50。

房玄齡，《晉書》（北京：中華書局，1974）。

季羨林，《大唐西域記校注》卷二（北京：中華書局，1985）。

林幹（編），《匈奴史料彙編》卷二（北京：中華書局，1988）。

———（編），《匈奴史論文選集（1919–1979）》（北京：中華書局，1983）。

林梅村，〈從陳碩真起義看火祆教 唐代民間的影響〉，《中國史研究》（1993.2），頁140–142。

———〈英山畢昇碑與淮南摩尼教〉，收錄於《漢唐西域與中國文明》（北京：文物出版社，1998），頁393–419。原刊行於《北京大學學報》（1997.2）。

林悟殊，〈唐人奉火祆教考辨〉，《文史》30（1988），頁101–107。

孟繁仁，〈太原白居易考〉，《晉陽學刊》（1996.4），頁98–103。

孟森，〈海寧陳家〉，收錄於《明清史論著集刊續編》（北京：中華書局，1986），頁324–326。

周勛初，〈元和文壇的新風貌〉，《中華文史論叢》47（1991），頁137–152。

周一良，〈北朝的民族問題與民族政策〉，收錄於《魏晉南北朝史論集》（北京：中華書局，1963），頁116–76。

———《魏晉南北朝史札記》（北京：中華書局，1985）。

長孫無忌，《唐律疏義》（北京：中華書局，1983）。

易中天，《你好，偉哥》（南京：江蘇文藝，2000）。

段玉裁，《說文解字》（上海：上海書店，1992）。

范祥雍（校注），《洛陽伽藍記校注》（上海：上海古籍出版社，1978）。

范曄，《後漢書》（北京：中華書局，1965）。

范祖禹，《唐鑑》（上海：商務印書館，1937）。

封演，《封氏聞見記》（北京：中華書局，1985）。

洪皓，《松漠紀聞》（長春：吉林文史出版社，1986）。

胡道靜，《夢溪筆談校證》（上海：上海古籍出版社，1987）。

胡厚宣，《甲骨學商史論叢初集》（成都：齊魯大學出版社，1944）；（石家莊：河北教育出版社，2002再版）。

胡戟，《武則天本傳》（西安：三秦出版社，1986）。

胡如雷，《李世民傳》（北京：中華書局，1984）。

姚思廉，《陳書》（北京：中華書局，1972）。

———《梁書》（北京：中華書局，1973）。

姚薇元，《北朝胡姓考》（北京：科學出版社，1958）。

———〈獨孤即屠各考〉，收錄於林幹（編），《匈奴史論文選集》（北京：中華書局，1983），頁69–74。

班固，《漢書》（北京：中華書局，1962）。

高殿石（編），《中國歷代童謠輯注》（濟南：山東大學出版社，1990）。

高國藩，《敦煌民俗學》（上海：上海文藝出版社，1989）。

高楠順次郎、渡邊海旭等監修，《大正新脩大藏經》（東京：大正一切經刊行會，1924-32）。

馬端臨，《文獻通考》（上海：商務印書館，1936）。

馬書田，《華夏諸神》（北京：北京燕山出版社，1990）。

孫光憲，《北夢瑣言》（上海：上海古籍出版社，1981）。

孫國棟，〈唐宋之際社會門第之消融〉，收錄於《唐宋史論叢》（香港：龍門書店，1980），頁211–308。

———〈唐貞觀永徽間黨爭試釋〉，《新亞書院學術年刊》7（1965），頁39–49。

孫啟康，〈畢昇墓碑之年代斷定與避諱問題〉，《出版科學》（1995.2），頁37–38。

唐長孺，〈魏晉雜胡考〉，收錄於《魏晉南北朝史論叢》（北京：三聯書店，1955），頁382–450。

唐耕耦、陸宏基（編），《敦煌社會經濟文獻真跡釋錄》（北京：書目文獻出版社，1986）。

徐復等（編），《古漢語大詞典》（上海：上海辭書出版社，2001）。

徐震堮（編校），《世說新語校箋》（北京：中華書局，1984）。

陳夢家，《殷虛卜辭綜述》（北京：科學出版社，1956）。

陳橋驛，《酈道元與水經注》（上海：上海人民出版社，1987）。

陳壽，《三國志》（北京：中華書局，1959）。

陳寅恪，《陳寅恪先生論文集》二冊（台北：三人行出版社，1974）。

———〈胡臭與狐臭〉，收錄於《語言語文學》（1936），頁109–113，重刊於《陳寅恪先生論文集》第二冊，頁505–508。

———〈《蓮花色尼出家因緣》跋〉（1932），重刊於《陳寅恪先生論文集》第二冊，頁719–724。

———〈論唐代之蕃將與府兵〉重刊於《陳寅恪先生論文集》第一冊，頁665–677。

———〈四聲三問〉，《清華學報》9（1934），頁275–287，重刊於《陳寅恪先生論文集》第二冊，頁441–454。

———《隋唐制度淵源略論稿》（重慶／上海：商務印書館，1944/1946）。

───《唐代政治史述論稿》（重慶／上海：商務印書館，1944/1947）。

───《元白詩箋證稿》（北京：文學古籍，1955）。

陳垣，《通鑑胡注表微》（北京：科學出版社，1958）。

崔致遠，《桂苑筆耕集》（上海：商務印書館，1934）。

郭沫若（以筆名郭鼎堂發表），《先秦天道觀之進展》（上海：商務印書館，1936）。

郭沫若等（編纂），《甲骨文合集》13卷（北京：中華書局，1978–82）。

郭在貽等，《〈敦煌變文集〉校議》（長沙：岳麓書社，1990）。

梁章鉅，《稱謂錄》（揚州：廣陵書社，1989）。

陸德明，《經典釋文》（北京：中華書局，1983）。

陸游，《渭南文集》（台北：商務印書館，1965）。

陶希聖（編），〈唐代戶籍簿叢輯〉，《食貨》專刊（1936.4–5），頁1–38。

陶宗儀，《南村輟耕錄》（北京：中華書局，1959）。

脫脫等人，《遼史》（北京：中華書局，1974）。

莊綽，《雞肋編》（北京：中華書局，1983）。

張讀，《宣室志》（長沙：商務印書館，1939）。

張乃翥，〈記洛陽出土的兩件唐代石刻〉，《河南科技大學學報》（2005.1），頁20–22。

張鷟，《朝野僉載》（北京：中華書局，1979）。

章群，〈唐代蕃將初探〉，《華裔學志》19（1981），頁1–38。

───《唐代蕃將研究》（台北：聯經出版事業股份有限公司，1986）。

───《唐代蕃將研究續編》（台北：聯經出版事業股份有限公司，1990）。

許道勛、趙克堯，《唐玄宗傳》（北京：人民出版社，1993）。

馮承鈞，《西域地名》（北京：中華書局，1980）。

馮爾康，《雍正傳》（北京：人民出版社，1985）。

黃秋潤，〈淺談泉州回族風俗〉，收錄於《泉州伊斯蘭教研究論文選》（福州：福建人民出版社，1983），頁177–200。

逯欽立（編），《先秦漢魏晉南北朝詩》漢卷（北京：中華書局，1983）。

湯用彤，《隋唐佛教史稿》（北京：中華書局，1982）。

───《往日雜稿》（北京：中華書局，1962）。

敦煌研究院，《敦煌莫高窟供養人題記》（北京：文物出版社，1986）。

傅斯年，〈夷夏東西說〉，重刊於《民族與古代中國史》（石家莊：河北教育出版社，2002），頁1–49。

喻亮，〈白居易父母畸形婚配說質疑〉，《中國韻文學刊》（2002.2），頁40–42。

裘錫圭，〈關於商代的宗族組織與貴族和平民兩個階級的初步研究〉，《文史》17（1983），頁1–26。

溫玉成，〈白居易故居出土的經幢〉，《四川文物》（2001.3），頁63–65。

廈門大學（編），《普通話閩南語詞典》（香港：三聯書店，1982）。

遊國恩等（主編），《中國文學史》（香港：三聯書店，1986）。

葉德輝（編），《雙梅景闇叢書》（長沙：葉氏刻本，1903–14）。

楊鐮，〈《坎曼爾詩箋》辨偽〉，《文學評論》（1991.3），頁4–16。

楊珍，《清朝皇位繼承制度》（北京：學苑出版社，2001）。

楊宗瑩，《白居易研究》（台北：文津出版社，1985）。

廖美雲，《元白新樂府研究》（台北：台灣學生書局，1989）。

寧夏回族自治區博物館，〈寧夏固原北周李賢夫婦墓發掘簡報〉，《文物》
　　（1985.11），頁1–20。

趙超，《漢魏南北朝墓誌彙編》（天津：天津古籍出版社，1990）。

趙璘，《因話錄》（台北：世界書局，1962）。

趙呂甫（編校），《史通新校注》（重慶：重慶出版社，1990）。

趙翼，《陔餘叢考》（台北：世界書局，1965）。

———《二十二史箚記》，杜維運考證（台北：鼎文書局，1975）。

翟灝，《通俗編》（上海：商務印書館，1937）。

鄧新躍、黃去非，〈白居易生平考辨三題〉，《雲夢學刊》（2001.4），頁67–
　　70。

黎國韜，〈二郎神之祆教來源〉，《宗教學研究》（2004.2），頁78–83。

黎靖德（編），《朱子語類》（北京：中華書局，1986）。

劉惠琴、陳海濤，〈從通婚變化看唐代入華粟特人的漢化〉，《華夏考古》
　　（2003.4），55–61。

劉盼遂，〈李唐為蕃姓考〉，《女師大學術季刊》一卷四期，頁1–5。

劉肅，《大唐新語》（北京：中華書局，1984）。

———《隋唐佳話》（北京：中華書局，1979）。

劉昫，《舊唐書》（北京：中華書局，1975）。

歐陽修、宋祁，《新唐書》（北京：中華書局，1975）。

歐陽詢等（編修），《藝文類聚》（上海：中華書局，1965）。

鄭樵，《通志》（上海：商務印書館，1935）。

樂史，《太平寰宇記》（台北：文海出版社，1963）。

錢伯泉，〈漢唐龜茲人的內遷及其擴散〉，《西域研究》（2001.1），頁11–18。

錢大昕，《恆言錄》（長沙：商務印書館，1939）。

———《十駕齋養新錄》（上海：商務印書館，1937）；（上海：上海書店，
　　1983重刊）。

錢易，《南部新書》（上海：商務印書館，1936）。

蕭子顯，《南齊書》（北京：中華書局，1972）。

繆鉞，《讀史存稿》（北京：三聯書店，1963）。

謝海平，《唐代留華外國人生活考述》（台北：商務印書館，1978）。

薛居正，《舊五代史》（北京：中華書局，1976）。

魏承思，《中國佛教文化論稿》（上海：上海人民，1991）。

魏收，《魏書》（北京：中華書局，1974）。

魏嵩山等，《中國歷史地名大辭典》（廣州：廣東教育出版社，1995）。

魏徵，《隋書》（北京：中華書局，1973）。

羅竹風（編），《漢語大詞典》（上海：漢語大辭典出版社，1990）。

羅常培，《唐五代西北方音》（上海：中央研究院，1933）。

羅香林，《唐元二代之景教》（香港：中國學社，1966）。

羅新，〈北魏直勤考〉，《歷史研究》（2004.5），頁24–38。

羅振玉，《後丁戊稿》，收錄於《貞松老人遺稿》甲集（上虞：羅氏印行，1941）。

譚其驤，〈羯考〉，收錄於《長水集》卷二（北京：人民出版社，1987），頁224–233。

譚其驤（主編），《中國歷史地圖集》卷四（北京：中國地圖出版社，1982）。

顧立雅（H. G. Creel），〈釋天〉，《燕京學報》18（1935），頁59–71。

酈道元，《水經注》（上海：上海古籍，1990）。

Boodberg, Peter A（卜弼德），《胡天漢月方諸》一卷（1932.3），收錄於 *Selected Works of Peter A. Boodberg*. Berkeley: University of California Press, 1979. Pp. 74–82.

—— 《胡天漢月方諸》五卷（1933.1），收錄於 *Selected Works of Peter A. Boodberg*. Berkeley: University of California Press, 1979. Pp. 94–109.

—— 《胡天漢月方諸》九卷（1935.5），收錄於 *Selected Works of Peter A. Boodberg*. Berkeley: University of California Press, 1979. P. 132.

【日文】

川合康三，〈韓愈と白居易－對立と融和〉，《中國文學報》41（1990），頁66–100。

片山哲，《大衆詩人・白楽天》（東京：岩波書店，1961）。

田中克己，《白楽天》（東京：集英社，1972）。

多田利男，《列伝・アジアの山河に》（東京：日本放送出版協会，1983）。

宮川尚志，〈六朝人名に現れたる佛教語（一～四・完）〉，《東洋史研究》三卷六號、四卷一號、四卷二號（1938）；四卷六號（1939）。

【英文與其他語言】

Adshead, Samuel A. M. *China in World History*. 2nd ed. London: Macmillan, 1995.

Albertz, Rainer. *Persönliche Frömmigkeit und offizielle Religion: Religionsinterner Pluralismus in Israel und Babylon*. Stuttgart: Calwer Verlag, 1978.

Alderson, Anthony D. *The Structure of the Ottoman Dynasty*. Oxford: Clarendon Press, 1956.

Asia Society. "Monks and merchants: Silk Road treasures from northwest China, Gansu and Ningxia, 4th–7th century." http://www.asiasociety.org/arts/monksandmerchants/ merchants.htm. Accessed July 16, 2006.

Aydemir, Hakan. "Altaic etymologies." *Turkic Languages* 7 (2003), 105–43.

Bael, Samuel. *The Life of Hiuen-Tsiang.* London: K. Paul, 1911.

Bagchi, Prabodh Chandra. *Deux lexiques sanskrit-chinois.* 2 vols. Paris: P. Geuthner, 1929/1937.

Bailey, Harold. *Culture of the Sakas.* Delmar, N.Y.: Caravan Books, 1982.

———. *Dictionary of Khotan Saka.* Cambridge: Cambridge University Press, 1979.

———. "Hvatanica." *Bulletin of the School of Oriental Studies* 8 (1935–37), 923–34.

———. "Irano-Indica II." *Bulletin of the School of Oriental and African Studies* 13 (1949–51), 121–39.

———. *Khotanese Texts IV.* Cambridge: Cambridge University Press, 1961.

———. *Khotanese Texts VII.* Cambridge: Cambridge University Press, 1985.

Balsdon, J. "The 'divinity' of Alexander." *Historia* 1 (1950), 380–82.

Bang, W. "Über die türkischen Namen einiger Gro β katzen." *Keleti Szemle* 17 (1917), 112–46.

Bang W., and A. von Gabain. "Türkische Turfan-Texte." *Sitzungsberichte der Preussischen Akademie der Wissenschaften (Philosophisch-historische Klasse)* 22 (1929), 411–30.

Barakat, Halim. *The Arab World: Society, Culture, and State.* Berkeley: University of California Press, 1993.

Barfield, Thomas J. *The Perilous Frontier.* Cambridge Mass.: Basil Blackwell, 1989.

Barthold, W. *Turkestan Down to the Mongol Invasion.* 3rd ed. E. J. W. Gibb Memorial Series 5. London: Luzac, 1958.

———. *Zwölf Vorlesungen über die Geschichte der Türken Mittelasiens. Die Welt des Islams*, Bd. IV. Berlin: Deutsche gesellschaft für Islamkunde, 1935. Rpt., Hildesheim G. Olms, 1962. French tr. by M. Donskis, *Histoire des Turcs d'Asie centrale.* (Paris: Adrien-Maisonneuve, 1945).

Bartholomae, Christian. *Altiranisches Wörterbuch.* Strassburg: K. J. Trübner, 1904. Rpt., Berlin: Walter de Gruyter, 1961.

Bauer, Wolfgang, *Der chinesische Personenname: Die Bildungsgesetze und haupt- sachlichsten Bedeutungsinhalte von Ming, Tzu und Hsiao-Ming.* Wiesbaden: O. Harrassowitz, 1959.

Bawden, Charles R., tr. and annot. *The Mongol Chronicle Altan tobci.* Wiesbaden: O. Harrassowitz, 1955.

Baxter, William H. *A Handbook of Old Chinese Phonology.* Berlin: Mouton de Gruyter, 1992.

Bazin, Louis. "Man and the concept of history in Turkish Central Asia." *Diogenes* 42 (1962), 81–97.

———. "Pre-Islamic Turkic borrowings in Upper Asia: Some crucial semantic fields." *Diogenes* 43 (1995), 35–44.

———. "Recherches sur les parlers T'o-pa." *T'oung Pao* 39 (1951), 228–327.

———. "Structures et tendances communes des langues turques (Sprachbau)." In *Philo- logiae Turcicae fundamenta*, vol. 1. Aquis Mattiacis: Steiner, 1959. Pp. 11–19.

———. *Les systèmes chronologiques dans le monde turc ancien*. Paris: Editions du CNRS, 1991.

Beckwith, Christopher. "The Frankish name of the king of the Turks." *Archivum Eurasiae Medii Aevi* 15 (2007), 5–11.

———. "On the Chinese names for Tibet, Tabghatch, and the Turks." *Archivum Eurasiae Medii Aevi* 14 (2005), 5–20.

Benedict, Paul. *Sino-Tibetan: A Conspectus*. London: Cambridge University Press, 1972.

Benveniste, Émile. *Titres et noms propres en iranien ancien*. Paris: C. Klincksieck, 1966.

Benz, Frank L. *Personal Names in the Phoenician and Punic Inscriptions*. Rome: Biblical Institute Press, 1972.

Benzing, Johannes. "Das Tschuwaschische." In *Philologiae Turcicae fundamenta*, vol.1. Aquis Mattiacis: Steiner, 1959. Pp. 695–751.

Berger, James O., and Robert L. Wolpert. *The Likelihood Principle*. Hayward, Calif.: Institute of Mathematical Statistics, 1984.

Bittles, A. H., A. Radha Rama Devi, et al. "Consanguineous marriage and postnatal mortality in Karnataka, South India." *Man*, n.s., 22 (1987), 736–45.

Böhtlingk, Otto. *Uber die Sprache der Jakuten*. St. Petersburg: Buchdruckerei der Kaiserlichen Akademie der Wissenschaften, 1851. Rpt., The Hague: Mouton, 1964.

Boodberg, Peter A (卜弼德). "An early Mongolian toponym." *Harvard Journal of Asiatic Studies* 19 (1956), 407–8.

———. "The language of the T'o-pa Wei." *Harvard Journal of Asiatic Studies* 1 (1936), 167–85.

———. "Marginalia to the histories of the Northern dynasties." *Harvard Journal of Asiatic Studies* 4 (1939), 230–83.

———. "Marginalia to the histories of the Northern dynasties," II. *Harvard Journal of Asiatic Studies* 3 (1938), 225–35.

———. "Turk, Aryan and Chinese in ancient Asia." In *Selected Works of Peter A. Boodberg*. Berkeley: University of California Press, 1979. Pp. 1–21.

———. "Two notes on the history of the Chinese frontier. II. The Bulgars of Mongolia." *Harvard Journal of Asiatic Studies* 1 (1936), 291–307.

Bosson, James E. *Modern Mongolian: A Primer and Reader*. Bloomington:

Indiana Uni- versity Press, 1964.

Bosworth, Clifford E. *The Ghaznavids: Their Empire in Afghanistan and Eastern Iran, 994–1040.* Edinburgh: University Press, 1963.

——. *The Later Ghaznavids: Splendour and Decay; The Dynasty in Afghanistan and Northern India, 1040–1186.* New York: Columbia University Press, 1977.

Boyce, Mary. *A History of Zoroastrianism.* Vol. 1. Leiden: Brill, 1975.

——. *A History of Zoroastrianism.* Vol. 2. Leiden: E. J. Brill, 1982.

——. *A Word-List of Manichaean Middle Persian and Parthian.* Acta Iranica 9a. Leiden: E. J. Brill, 1977.

Boyle, John A. "The longer introduction to the 'Zij-i-Ilkhani' of Nasir-ad-Din Tusi." *Journal of Semitic Studies* 8 (1963), 244–54.

Braun, Hellmut. "Iran under the Safavids and in the 18th century." In B. Spuler, ed., *The Muslim World: A Historical Survey,* vol. 3. Leiden: E. J. Brill, 1969. Pp. 181-218.

Carroll, Thomas D. *Account of the T'u-yü-hun in the History of the Chin Dynasty.* Berkeley: University of California Press, 1953,

Casella, George, and Roger L. Berger. *Statistical Inference.* Pacific Grove, Calif.: Wadsworth & Brooks, 1990.

Chavannes, Edouard (沙畹). *Documents sur les Tou-Kieu (Turcs) occidentaux.* Paris: Librairie d'Amérique et d'Orient, 1903. Rpt., Paris: Adrien-Maisonneuve, 1942.

——. "Les pays d'Occident d'après le Heou Han chou." *T'oung Pao* 8 (1907), 149–234.

Chen, Jo-shui. *Liu Tsung-yüan and Intellectual Change in T'ang China, 773–819.* Cam- bridge: Cambridge University Press, 1992.

Chen, Sanping, "A-gan revisited: The Tuoba's cultural and political heritage." *Journal of Asia History* 30 (1996), 46–78.

——. "From Azerbaijan to Dunhuang: A Zoroastrianism note." *Central Asiatic Journal* 47 (2003), 183–97.

——. "From Mulan to unicorn." *Journal of Asian History* 39 (2005), 23–43.

——. "Sino-Tokharico-Altaica: Two linguistic notes." *Central Asiatic Journal* 42 (1998), 24–43.

——. "Some remarks on the Chinese 'Bulgar.'" *Acta Orientalia Academiae Scientiarum Hungaricae* 51 (1998), 69–83.

——. "Son of heaven and son of god: Interactions among ancient Asiatic cultures regarding sacral kingship and theophoric names." *Journal of the Royal Asiatic Society,* ser. 3, 12 (2002), 289–325.

——. "Succession struggle and the ethnic identity of the Tang imperial house." *Journal of the Royal Asiatic Society,* ser. 3, 6 (1996), 379–405.

———. "Turkic or Proto-Mongolian? A note on the Tuoba language." *Central Asiatic Journal* 49 (2005), 161–74.

———. "Yuan Hong: A case of premature death by historians?" *Journal of the American Oriental Society* 123 (2003), 841–46.

Chen, Sanping, and Chung-mo Kwok. "Nucai as a proto-Mongolic word: An etymologi- cal study." In Chinese with an English abstract. *Journal of Oriental Studies* 34 (1996), 82–92.

Chen Yuan (陳垣). "The Ch'ieh-yün and its Hsien-pi authorship." *Monumenta Serica* 1 (1935– 36), 245–52.

Ching, Julia (秦家懿). "Son of heaven: Sacral kingship in ancient China." *T'oung Pao* 83 (1997), 2–41.

Chun, Allen J. "Conceptions of kinship and kingship in classical Chou China." *T'oung Pao* 76 (1990), 16–48.

Clauson, Sir Gerard. *An Etymological Dictionary of Pre-thirteenth-century Turkish.* London: Oxford University Press, 1972.

———. "The foreign elements in Early Turkish." In L. Ligeti, ed., *Researches in Altaic Languages.* Budapest: kadémiai Kiadó, 1975. Pp. 43–49.

———. *Turkish and Mongolian Studies.* London: Royal Asiatic Society, 1962.

Coblin, W. South (柯蔚南). "Comparative studies on some Tang-time dialects of Shazhou." *Monumenta Serica* 40 (1992), 269–361.

———. "Remarks on some early Buddhist transcriptional data from northwest China." *Monumenta Serica* 42 (1994), 151–69.

Codrington, K. De B. "A geographic introduction to the history of Central Asia." *Geographical Journal* 104 (1944), 27–40.

Collinder, Björn. *Comparative Grammar of the Uralic Languages.* Stockholm: Almqvist, 1960.

———. *Fenno-Ugric Vocabulary: An Etymological Dictionary of the Uralic Languages.* 2nd ed. Hamburg: H. Buske, 1977.

Constantin, G. I. *Were the Hiung-nu's Turks or Mongols: Regarding Some Etymologies Proposed by Shiratori.* Bucharest: Association d'études orientales, 1958.

Converse, H. S. "The Agnicayana rite: Indigenous origin?" *History of Religions* 14 (1974), 81–95.

Creel, Herrlee G. (顧立雅). *The Origins of Statecraft in China.* Vol. 1. Chicago: University of Chicago Press, 1970.

Crossley, Pamela K. "Thinking about ethnicity in early modern China." *Late Imperial China* 11 (1990), 1–34.

Davids, Caroline A. F. Rhys. *The Milinda-Questions.* London: Routledge, 1930.

Detschev, Dimiter. "Der germanische Ursprung des bulgarischen Volksnamens."

Zeitschr. F. Ortsnamenforschung 2 (1927), 199–216.

Dickens, Arthur. *The Courts of Europe: Politics, Patronage and Royalty, 1400–1800.* London: Thames and Hudson, 1977.

Di Cosmo, Nicola (狄宇宙). "Ancient Inner Asian nomads: Their economic basis and its signifi- cance in Chinese history." *Journal of Asian Studies* 53 (1994), 1092–1126.

Dien, Albert E. *Yen Chih-T'ui (531–91+), His Life and Thought.* Dissertation, University of California, 1962.

Dodge, Bayard, ed. and tr. *The Fihrist of al-Nadim: A Tenth-century Survey of Muslim Culture.* 2 vols. New York: Columbia University Press, 1970.

Doerfer, Gerhard. *Türkische und mongolische Elemente im Neupersischen,* Band 2 und 4. Wiesbaden: F. Steiner, 1965/1975.

Drompp, Michael R. (張國平) *Tang China and the collapse of the Uighur Empire: a Documentary History.* Leiden: Brill, 2005.

———. "Turks, Sogdians, and the founding of the T'ang Dynasty." *Annual Conference of the Central Eurasian Studies Society,* September–October 2000.

Dubs, Homer H., tr. and annot. *The History of the Former Han Dynasty.* Vol. 2. Baltimore: Waverly, 1944.

Dunlop, D. M. *The History of the Jewish Khazars.* Princeton, N.J.: Princeton University Press, 1954.

Eberhard, Wolfram (艾伯華). *Conquerors and Rulers: Social Forces in Medieval China.* 2nd ed. Leiden: E. J. Brill, 1965.

———. *A History of China.* 4th ed. London: Routledge and Kegan Paul, 1977.

———. *Lokalkulturen im alten China.* Leiden: E. J. Brill, 1942.

———. *Das Toba-Reich Nordchinas: Eine soziologische Untersuchung.* Leiden: E. J. Brill, 1949.

Ecsedy, Ildikó. "Ancient Turk (T'u-chüeh) burial customs." *Acta Orientalia Academiae Scientiarum Hungaricae* 38 (1984), 263–87.

Eide, Elling. "On Li Po." In Arthur F. Wright and Denis Twitchett, eds., *Perspectives on the T'ang.* New Haven, Conn.: Yale University Press, 1973. Pp. 367–403.

Embleton, Sheila M. *Statistics in Historical Linguistics.* Bochum: Studienverlag Brock- meyer, 1986.

Engnell, Ivan. *Studies in Divine Kingship in the Ancient Near East.* 1943. Rpt., London: Blackwell, 1967.

Eno, Robert. "Was there a high god Ti in Shang religion?" *Early China* 15 (1990), 1–26.

Ernits, Enn. "Folktales of Meanash, the mythic Sami reindeer." Part 1. *Electronic*

Journal of Folklore (ISSN 1406–0949) 11 (1999), available online at http://haldjas.folklore.ee/folklore/vol11/meandash.htm. Accessed June 30, 2006.

Etiemble, Réné. *Les Jésuites en Chine: La querelle des rites (1551–1773)*. Paris: René Julliard, 1966.

Fairbank, John King (費正清). "A Preliminary Framework." In John King Fairbank, ed., *The Chinese World Order: Traditional China's Foreign Relations*. Cambridge, Mass.: Harvard University Press, 1968. Pp. 1–19.

Feifel, Eugene. *Po Chü-i as a Censor*. 'S-Gravenhage: Mouton, 1961.

Feng, Han-Yi (Feng Han-chi). *The Chinese Kinship System*. Ph.D. thesis, University of Pennsylvania, 1936. 1948. Rpt., Cambridge, Mass.: Harvard University Press, 1967.

Ferrand, Gabriel. "Les grands rois du monde." *Bulletin of the School of Oriental Studies* 11 (1930–32), 329–39.

———. *Relations de voyages et textes géographiques arabes, persans et turks relatifs à L'Extrême Orient du VIIIe au XVIIIe siecles*. Paris: E. Leroux, 1913.

Fletcher, Joseph (傅禮初). "Blood tanistry: Authority and succession in the Ottoman, Indian Muslim, and Later Chinese empires." *Conference on the Theory of Democracy and Popular Participation*, Bellagio, Italy, 1978.

———. "The Mongols: Ecological and social perspectives." *Harvard Journal of Asiatic Studies* 46 (1986), 11–50.

———. "Turco-Mongolian monarchic tradition in the Ottoman Empire." *Harvard Ukrainian Studies* 3–4 (1979–80), 236–51.

Forte, A. "Iranians in China: Buddhism, Zoroastrianism, and bureaus of commerce." *Cahiers d'Extrème-Asie* 11 (1999–2000).

———. "The Sabao question." In *The Silk Roads Nara International Symposium' 97*. Record no. 4. 1999. Pp. 80–106.

Franke, Herbert (傅海波). *From Tribal Chieftain to Universal Emperor and God: The Legitimation of the Yüan Dynasty*. Munich: Verlag der Baerischen Akademie der Wissen- schaften, 1978.

Frankel, Hans H. *The Flowering Plum and the Palace Lady: Interpretations of Chinese Poetry*. New Haven, Conn.: Yale University Press, 1976.

———. "Yüeh-fu poetry." In Cyril Birch, ed., *Studies in Chinese Literary Genres*. Berkeley: University of California Press, 1974.

Fraser, P. M., and E. Matthews. *A Lexicon of Greek Personal Names*. 2 vols. Oxford: Clarendon Press, 1987.

Frazer, Sir James G (弗雷澤). *The Golden Bough: A Study in Magic and Religion*. 3rd ed. 10 vols. New York: Macmillan, 1935.

———. "The killing of the Khazar kings." *Folklore* 28 (1917), 382–407.

Frye, Richard N. (費耐生), ed. *The Cambridge History of Iran*. Vol. 4. London: Cambridge University Press, 1975.

———. "The fate of Zoroastrians in eastern Iran." In Rika Gyselen, ed., *Au Carrefour des religions: Mélanges offerts à Philippe Gignoux*. Bures-sur-Yvette: Group pour l'Étude de la Civilisation du Moyen-Orient, 1995. Pp. 67–72.

———. *History of Ancient Iran*. Munich: Beck, 1983.

———. "Remarks on kingship in ancient Iran." *Acta Antiqua* 25 (1977), 75–82.

Frye, Richard N., and Aydin M. Sayili. "Turks in the Middle East before the Saljuqs." *Journal of the American Oriental Society* 52 (1943), 194–207.

Gabain, Annemarie von (葛瑪麗&馮‧加班). *Alttürkische Grammatik*, 3. Auflage. Wiesbaden: Harrassowitz, 1974.

Gandhi, Maneka. *The Penguin Book of Hindu Names*. New Delhi: Penguin Books, 1992.

Gardner, Percy. *The Coins of the Greek and Scythic Kings of Bactria and India in the British Museum*. Rpt., Chicago: Argonaut, 1964.

Gershevitch, Ilya. "The Bactrian fragment in Manichean script." In J. Harmatta, ed., *From Hecataeus to al-Hurarizmi*. Budapest: Akadémiai Kiadó, 1984. Pp. 273–80.

———. *A Grammar of Manichean Sogdian*. Oxford: B. Blackwell, 1954.

———. "Island-Bay and lion." *Bulletin of the School of Oriental and African Studies* 33 (1970), 82–91.

Gesenius, William. *Hebrew and English Lexicon of the Old Testament*. Tr. Edward Robinson. Oxford: Clarendon Press, 1908.

Gibb, H. A. R. *The Arab Conquests in Central Asia*. Rpt., New York: AMS Press, 1970.

Gibb, H. A. R., et al., eds. *The Encyclopaedia of Islam*. New ed. Vol. 1. Leiden: E. J. Brill, 1960.

Gignoux, Phillipe. "Le dieu Baga en Iran." *Acta Antiqua* 25 (1977), 119–27.

———. *Iranisches Personennamenbuch*. Band 2, Fasz. 2, *Noms propres sassanides en moyen-perse épigraphique*. Wien: Österreichischen Akademie der Wissenschaften, 1986.

———. "Les noms propres en moyen-perse épigraphique: Étude typologique." In Phillipe Gignoux, ed., *Pad Nām i Yazdān: Études d'épigraphie, de numismatique et d'histoire de l'Iran ancien*. Paris: C. Klincksieck, 1979. Pp. 35–106.

Givens, Benjamin P., and Charles Hirschman. "Modernization and consanguineous marriage in Iran." *Journal of Marriage and Family* 56 (1994), 820–34.

Gogolev, A. I. "Basic stages of the formation of the Yakut people." *Anthropology* and Archeology of Eurasia 31 (1992), 63–83.

Gökalp, Ziya. *The Principles of Turkism*. Tr. R. Devereux. Leiden: E. J. Brill, 1968.

Golden, Peter. "The conversion of the Khazars to Judaism." In *The World of the Khazars: New Perspectives*, ed. P. B. Golden et al. Leiden: Brill, 2007. Pp. 123–62.

————. *An Introduction to the History of the Turkic Peoples: Ethnogenesis and Stateformation in Medieval and Early Modern Eurasia and the Middle East*. Wiesbaden: O. Harrassowitz, 1992.

————. *Khazar Studies*. 2 vols. Budapest: Akadémiai Kiadó, 1980.

Gonda, Jan. *Notes on Names and the Name of God in Ancient India*. Amsterdam: North Holland Publishing Co., 1970.

Goodrich, Chauncey S. "Riding astride and the saddle in ancient China." *Harvard Journal of Asiatic Studies* 44 (1984), 279–306.

Goody, Jack, ed. *Succession to High Office*. Cambridge: Cambridge University Press, 1966.

Goody, Jack, and Ian Watt. "The consequence of literacy." *Comparative Studies in Society and History* 5 (1963), 304–45.

Gordon, Cyrus H. *Ugaritic Handbook*. Vol. 3. Rome: Pontificium Institutum Biblicum, 1947.

Grenet, Frantz (葛樂耐). "The Pre-Islamic civilization of the Sogdians (seventh century BCE to eighth century CE): A bibliographic essay." *Silkroad Foundation Newsletter*, http://silkroadfoundation.org/newsletter/december/pre-islamic.htm. Accessed May 20, 2005.

Grenet, Frantz, and Zhang Guangda. "The last refuge of the Sogdian religion: Dunhuang in the ninth and tenth centuries." *Bulletin of the Asia Institute*, n.s., 10 (Studies in Honor of Vladimir A. Livshits) (1996), 175–86.

Grønbech, Kaare. "The Turkish System of Kinship." In *Studia Orientalia Ioanni Pedersen*. Copenhagen: Einar Munksgaard, 1953. Pp. 124–29.

Gulik, Robert van. *Sexual Life in Ancient China*. Leiden: E. J. Brill, 1961.

Hangin, (John) Gombojab. *Basic Course in Mongolian*. Bloomington: Indiana University Press, 1968.

Harmatta, J. "The archaeological evidence for the date of the Sogdian letters." In J. Har- matta, ed., *Studies in the Sources of the History of Pre-Islamic Central Asia*. Budapest: kadémiai Kiadó, 1979. Pp. 75–90.

————. "Irano-Turcica." *Acta Orientalia Academiae Scientiarum Hungaricae* 25 (1972), 263–73.

————. "Sino-Iranica." *Acta Orientalia Academiae Scientiarum Hungaricae* 19 (1971), 113–43.

————. "Sogdian sources for the history of pre-Islamic Central Asia." In J.

Harmatta, ed., *Prolegomena to the Sources on the History of Pre-Islamic Central Asia*. Budapest: kadémiai Kiadó, 1979. Pp. 153–65.

Hartman, Charles. *Han Yü and the T'ang Search for Unity*. Princeton, N.J.: Princeton University Press, 1986.

Haug, Martin. *An Old Pahlavi-Pazand Glossary*. Osnabrück: Biblio, 1973.

He Genhai. "Nuo and the fertility cult." (In Chinese.) *Journal of Oriental Studies* 34 (1996), 70–81.

Heiler, Friedrich. *Erscheinungsformen und Wesen der Religion*. Stuttgart: W. Kohlhammer, 1961.

Henning, W. B.(恆寧) "Argi and the 'Tokharians.'" *Bulletin of the School of Oriental and African Studies* 9 (1938), 545–71.

――――. "The date of the Sogdian ancient letters." *Bulletin of the School of Oriental and African Studies* 12 (1948), 601–15.

――――. "A Sogdian god." *Bulletin of the School of Oriental and African Studies* 28 (1965), 242–54.

――――. "Sogdian loan-words in New Persian." *Bulletin of the School of Oriental and African Studies* 10 (1939–42), 93–106.

Herodotus. *The Histories*. Tr. Aubrey de Sélincourt. New York: Penguin Books, 1972.

Hess, Laura E. "The Manchu exegesis of the Lunyu." *Journal of the American Oriental Society* 113 (1993), 402–17.

Hirth, Friedrich (夏德). *Ancient History of China, to the End of the Chou Dynasty*. New York: Columbia University Press, 1908. Rpt., New York: AMS Press, 1975.

Holmgren, Jennifer. "Politics of the inner court under the Hou-chu (Last Lord) of the Northern Ch'i (ca. 565–73)." In A. E. Dien, ed., *State and Society in Early Medieval China*. Stanford, Calif.: Stanford University Press, 1990. Pp. 269–330.

Holt, Frank L. *Alexander the Great and Bactria: The Formation of a Greek Frontier in Central Asia*. Leiden: E. J. Brill, 1988.

Holt, Peter Malcolm et al., eds. *The Cambridge History of Islam*. Vol. 1. Cambridge: Cambridge University Press, 1970.

Honey, David (韓大衛). "Stripping off felt and fur: An essay on nomadic signification." *Papers on Inner Asia, Ancient Inner Asia* 21 (1992).

Hookham, Hilda. *Tamburlaine the Conqueror*. London: Hodder and Stoughton, 1962.

Hsu, Cho-yun, and Kathryn Linduff. Western Chou Civilization. New Haven, Conn.: Yale University Press, 1988.

Hulsewé, A. F. P. (何四維) *China in Central Asia, the Early Stage: 125 B.C.–A.D. 23*. Leiden: E. J. Brill, 1979.

Humbach, Helmut. "Die Pahlavi-Chinesische bilingue von Xi'an." In *A Green Leaf*:

Papers in Honour of Professor Jes P. Asmussen. Leiden: E. J. Brill, 1988. Pp. 73–82.

Hume, Robert E., tr. *The Thirteen Principal Upanishads: Translated from the Sanskrit*. London: Oxford University Press, 1921.

Hummel, Arthur William, ed. *Eminent Chinese of the Ch'ing Period (1644–1912)*. Washington, D.C.: U.S. Government Printing Office, 1943–44.

Huntington, John C. "The range of the 'cosmic' deer." Web presentation. http://www.kaladarshan.arts.ohio-state.edu/Deer%20Discussion/PDF%20Files/Deer%20 Presentation.pdf. Accessed July 14, 2006.

Jackson, Peter, and Laurence Lockhart, eds. *The Cambridge History of Iran*. Vol. 4. Cambridge: Cambridge University Press, 1986.

Jacobsen, Thorkild. *The Treasures of Darkness: A History of Mesopotamian Religion*. New Haven, Conn.: Yale University Press, 1976.

Jacobson, Esther. *The Deer Goddess of Ancient Siberia: A Study in the Ecology of Belief*. Leiden: E. J. Brill, 1993.

Jacoby, Felix, ed. *Die Fragmente der griechischen Historiker*. Zweiter Teil A. Leiden: E. J. Brill, 1961.

Jastrow, Marcus. *A Dictionary of the Targumim, the Talmud Babli and Yerushalmi, and the Midrashic Literature*. Brooklyn: P. Shalom, 1967.

Jarring, Gunnar. *Eastern Turki-English Dialect Dictionary*. Lund: CWK Gleerup, 1964.

Johanson, Lars. "Wie entsteht ein türkische Wort?" In Barbara Kellner-Heinkele and Marek Stachowski, eds., *Laut- und Wortgeschichte der Turksprachen*. Wiesbaden: Harrassowitz, 1995. Pp. 97–121.

Joki, Aulis J. "Die lehnwörter des Sajansamojedischen." *Mémoires de la Société Finnoougrienne* 103 (1952).

Jong, J. W. de. "L'Épisode d'Asita dans le Lalitavistara." In J. Schuvert and U. Schneider, eds., *Asiatica: Festschrift Friedrich Weller*. Leipzig: Otto Harrassowitz, 1954. Pp. 312–25.

Justi, Ferdinand. *Iranisches Namenbuch*. Marburg: N. G. Elwert, 1895. Rpt., Hildesheim: G. Olms, 1963.

Juvaini, 'Ala-ad-Din 'Ata-Malik. *Ta'rikj-i-jahan-gusha of 'Ala'u d-Din 'Ata Malik-i-Juwayni (The History of the World-Conqueror by 'Ala-ad-Din 'Ata-Malik Juvaini)*. Part I. London: Luzac, 1912.

Kaluzynski, Stanislaw. *Mongolische Elemente in der jakutischen Sprache*. Warsaw: Polish Academy of Sciences, 1961.

Kane, Daniel. *The Sino-Jurchen Vocabulary of the Bureau of Interpreters*. Bloomington: Indiana University Press, 1989.

Karlgren, Bernhard (高本漢). *Grammata Serica Recensa*. Bulletin no. 29.

Stockholm: Museum of Far Eastern Antiquities, 1957. Rpt., Göteborg: Elanders Boktryckeri, 1964.

al-Kašyarī, Mahmud. *Compendium of the Turkic Dialects (Türk Siveleri Lügati)*. Ed. and tr. Robert Dankoff and James Kelly. 3 vols. Cambridge, Mass.: Harvard University Press, 1982–85.

Katz, David S. "The Chinese Jews and the problem of biblical authority in eighteenth- and nineteenth-century England." *English Historical Review* 105 (1990), 893–919.

Katzschmann, Michael, and Janos Pusztay. *Jenissej-Samojedisches Wörterverzeichnis*. Hamburg: H. Buske, 1978.

Keightley, David N. "The *Bamboo Annals* and Shang-Chou chronology." *Harvard Journal of Asiatic Studies* 38 (1978), 423–38.

Klyashtorny (Kljaštornyj), S. G., and V. A. Livshitz (Livšic). "The Sogdian inscription of Bugut revised." *Acta Orientalia Academiae Scientiarum Hungaricae* 26 (1972), 69–102.

Koehler, Ludwig. *Lexicon in Veteris Testamenti libros*. Leiden: E. J. Brill, 1953.

Konow, Sten. *Kharoshthi Inscriptions with the Exception of Those of Aśoka*. Calcutta: Government of India Central Publication Branch, 1929. Rpt., Varanasi: Indological Book House, 1969.

Korotayev, Andrey. "Parallel-cousin (FBD) marriage, Islamization, and Arabization." *Ethnology* 39 (2000), 395–407.

Kotwal, Firoze M., and Khojeste Mistree. "The court of the lord of rituals." In Pheroza J. Godrej and Firoza Punthakey Mistree, eds., *A Zoroastrian Tapestry: Art, Religion and Culture*. Usmanpura, India: Mapin, 2002. Pp. 366–83. Simultaneously published in the United States by Grantha.

Krader, Lawrence. *Social Organization of the Mongol-Turkic Pastoral Nomads*. The Hague: Mouton, 1963.

Krauze, Enrique. "The pride in Memin Pinguin." *Washington Post*, July 12, 2005, p. A21. Krueger, John R. *Chuvash Manual: Introduction, Grammar, Reader, and Vocabulary*. Bloomington: Indiana University Press, 1961.

Krueger, John Richard. *Tuvan Manual*. Bloomington: Indiana University Press, 1977.

———. *Yakut Manual*. Bloomington: Indiana University Press, 1962.

Kurland, Stuart M. "Hamlet and the Scottish succession?" *Studies in English Literature, 1500–1900* 34 (1994), 279–300.

Lane, Edward William. *An Arabic-English Lexicon*. 8 vols. Rpt., Beirut: Librarie du Liban, 1968.

Laroche, Emmanuel. *Recueil d'onomastique Hittite*. Paris: C. Klincksieck, 1951.

Lattimore, Owen. *Inner Asian Frontiers of China*. 2nd ed. Irvington on Hudson,

N.Y.: Capitol, 1951.

Laufer, Berthold. "The prefix a- in the Indo-Chinese languages." *Journal of the Royal Asiatic Society* (1915), 757–80.

———. *Sino-Iranica: Chinese Contributions to the History of Civilization in Ancient Iran, with Special Reference to the History of Cultivated Plants and Products.* Chicago: Field Museum of Natural History, 1919. Rpt., New York: Kraus Reprint, 1967.

Legge, James, tr. *The Four Books: Confucian Analects, the Great Learning, the Doctrine of the Mean, and the Works of Mencius.* Rpt., New York: Paragon, 1966.

Leslie, Donald D. *The Survival and the Chinese Jews.* Leiden: E. J. Brill, 1972.

Lévi, Sylvain. "Devaputra." *Journal asiatique* 204 (1934), 1–21.

Liddell, Henry G., Robert Scott, and Henry S. Jones. *A Greek-English Lexicon.* 9th ed. Oxford: Clarendon Press, 1951.

Lieu, Samuel N. C. *Manichaeism in the Later Roman Empire and Medieval China: A His- torical Survey.* 2nd ed. Tübingen: J. C. B. Mohr, 1992.

———. "Polemics against Manichaeism as a subversive cult in Sung China." *Bulletin of the John Rylands University Library* 62, no. 1 (1979), 132–67.

Ligeti, Louis (Lajos) (李蓋提). "Mots de civilization de Haute Asie en transcription chinoise." *Acta Orientalia Academiae Scientiarum Hungaricae* 1 (1950), 141–85.

———. "Le tabgatch, un dialecte de la langue sien-pi." In L. Ligeti, ed., *Mongolian Studies.* Budapest: Akadémiai Kiadó, 1970. Pp. 265–308.

Limet, Henri. *L'Anthroponymie sumérienne dans les documents de la 3e dynastie d'Ur.* Paris: les Belles lettres, 1968.

Liu, Wu-chi. *An Introduction to Chinese Literature.* Bloomington: Indiana University Press, 1966.

Lockhart, Laurence. *The Fall of the Safavi Dynasty and the Afghan Occupation of Persia.* Cambridge: Cambridge University Press, 1958.

Lubotsky, Alexander. "Early contacts between Uralic and Indo-European: Linguistic and archaeological considerations." In C. Carpelan, A. Parpola, and P. Koskikallio, eds., *Papers presented at an International Symposium Held at the Tvärminne Re- search Station of the University of Helsinki, 8–10 January 1999.* Mémoires de la Société Finno-ougrienne 242. Helsinki: Suomalais-Ugrilainen Seura, 2001. Pp. 301–17.

MacKenzie, David N. *A Concise Pahlavi Dictionary.* London: Oxford University Press, 1971.

Mackerras, Colin, ed. and tr. *The Uighur Empire according to the T'ang Dynastic Histories.* Canberra: Australian National University Press, 1972.

Maenchen-Helfen, Otto. "Huns and Hsiung-nu." *Byzantion* 17 (1944–45), 222–43.

———. "A Parthian coin-legend on a Chinese bronze." *Asia Major* 3 (1952), 1–6.

———. "Pseudo-Huns." *Central Asiatic Journal* 1 (1955), 101–6.

———. "The Ting-ling." *Harvard Journal of Asiatic Studies* 4 (1939), 77–86.

———. *The World of the Huns: Studies in Their History and Culture.* Berkeley: University of California Press, 1973.

Mair, Victor H (梅維恆). "Buddhism and the rise of the written vernacular in East Asia: The making of national languages." *Journal of Asian Studies* 53 (1994), 707–51.

———. "Canine conundrums: Eurasian dog ancestor myths in historical and ethnic perspective." *Sino-Plantonic Papers*, no. 87 (1998).

———, ed. *The Columbia Anthology of Traditional Chinese Literature.* New York: Columbia University Press, 1994.

———. "Old Sinitic *M ag, Old Persian Maguš, and English 'magician.'" *Early China* 15 (1990), 27–48.

———. *T'ang Transformation Texts.* Cambridge, Mass.: Harvard University Press, 1989.

———. *Tun-huang Popular Narratives.* Cambridge: Cambridge University Press, 1983.

Malalasekera, G. P. *Dictionary of Pāli Proper Names.* 1937. Rpt., London: Luzac, 1960.

Malov, S. E. *Pamiatniki drevnetiurkskoi pis'mennosti.* Moskva: Izd-vo Akademii nauk SSSR, 1951.

Manz, Beatrice F. *The Rise and Rule of Tamerlane.* Cambridge: Cambridge University Press, 1989.

Marcellinus, Ammianus. *Ammianus Marcellinus.* 3 vols. Cambridge, Mass.: Harvard University Press, 1950–52.

Marquart, J. "Über das Volkstum der Komanen." *Abhandlungen der Königlichen Gesellschaft de Wissenschaften: Philologisch-Historische Klasse* 8 (1914), 25–157.

Maspero, Henri. "Sur quelques texts anciens du chinois parlé." *Bulletin de l'Ecole Française d'Extrême Orient* 14 (1914), 1–36.

Masson, Olivier, "Remarques sur quelques anthroponymes myceniens." *Acta Mycenaea* (1972), 281–93.

———. "Une inscription éphebique de Plotemaïs (cyrenaïque)." In *Onomastica Graeca Selecta*, Tome 1. Nanterre: Université de Paris X, 1990. Pp. 243–56.

al-Mas'udi, Abu-l Hassan. *Muru-j al-Dhahab wa Ma'adin al-Jawhar (The Meadows of Gold).* Ed. with a French translation by C. B. de Maynard and P. de Courteill. 9 vols. Paris: Imprimerie impériale, 1861–1917.

Mayrhofer, Manfred, ed. *Iranisches Personennamenbuch.* Wien: Österreichischen Akademie der Wissenschaften, 1977–90.

Mazzaoui, Michel M. *The Origins of the Safawids: Ši'ism, Sufism, and the Gulat.* Wiesbaden: F. Steiner, 1972.

Menges, Karl. "Altaic elements in the proto-Bulgarian inscriptions." *Byzantion* 21 (1951), 85–118.

———. "Titles and organizational terms of the Qytan (Liao) and Qara-Qytaj (Ši-Liao)." *Rocznik Orientalistyczny* 17 (1951–52), 68–79.

———. *The Turkic Languages and Peoples: An Introduction to Turkic Studies.* 2nd ed. Wiesbaden: Harrassowitz, 1995.

———. "Die Wörter für 'Kamel' und einige seiner Kreuzungsformen im Türkischen." *Ungarische Jahrbücher* 15 (1935), 517–28.

Meskoob, Shahrokh. *Iranian Nationality and the Persian Language* (Translation of Milliyat va zaban). Washington, D.C.: Mage, 1992.

Minorsky, Vladimir. "Tamin ibn Bahr's journey to the Uyghurs." *Bulletin of the School of Oriental and African Studies* 12 (1948), 275–305.

Molè, Gabriella. *The T'u-yü-hun from the Northern Wei to the Time of the Five Dynasties.* Rome: Istituto italiano per il Medio ed Estremo Oriente, 1970.

Morgan, David. *Medieval Persia, 1040–1797.* London: Longman, 1988.

Mukherjee, B. N. "The title Devaputra on Kushana coins." *Journal of the Numismatic Society of India* 20 (1968), 190–93.

Müller, Karl, ed. *Fragmenta historicorum Graecorum.* 5 vols. Paris: Ambrosio Firmin Didot, 1853–70.

Mungello, David E. *Curious Land: Jesuit Accommodation and the Origins of Sinology.* Stuttgart: Franz Steiner, 1985.

Nattier, J. "The heart sutra: A Chinese apocryphal text?" *Journal of the International Association of Buddhist Studies* 15(1992), 153–223.

Needham, Joseph. *Science and Civilisation in China.* Vol. 1. Cambridge: Cambridge University Press, 1954.

———. *Science and Civilisation in China.* Vol. 3. Cambridge: Cambridge University Press, 1959.

Németh, Gyula (Julius). *A honfoglaló magyarság kialakulása* (The Shaping of the Hungarians of the Conquest Era). Budapest, 1930. Rpt., Budapest: Akadémia Kiadó, 1991.

———. "The Meaning of the Ethnonym Bulgar." In A. Róna-Tas, ed., *Studies in Chuvash Etymology.* Vol. 1. Szeged: Universitas Szegediensis de Attila József Nominata, 1982. Pp. 7–13.

———. "Noms ethniques turcs d'origine totémistique." In L. Ligeti, ed., *Studia Turcica.* Budapest: Akadémiai Kiadó, 1971. Pp. 349–59.

Nigosian, Solomon Alexander. *The Zoroastrian Faith: Tradition and Modern Research*. Montréal: McGill-Queen's University Press, 1993.

Norman, Jerry. *A Concise Manchu-English Lexicon*. Seattle: University of Washington Press, 1978.

———. "A Note on the Origin of the Chinese Duodenary Cycle." In G. Thurgood, J. Matisoff, and D. Bradley, eds., *Linguistics of the Sino-Tibetan Area: The State of the Art; Papers Presented to Paul K. Benedict for His 71st Birthday*. Canberra: Australian Na- tional University, 1985. Pp. 85–89.

Okladnikov, A. P. "Inner Asia at the dawn of history." In Denis Sinor, ed., *The Cambridge History of Early Inner Asia*. Cambridge: Cambridge University Press, 1990. Pp. 41–96.

Oldenberg, Hermann. *Buddha: Sein Leben, Seine Lehre, Seine Gemeinde*. Stuttgart: Cotta, 1921.

Pakendorf, Brigitte, I. N. Novgorodov, V. L Osakovskij, A. P. Danilova, A. P. Protod'jakonov, and M. Stoneking. "Investigating the effects of prehistoric migrations in Siberia: Genetic variation and the origins of Yakuts." *Human Genetics* 120 (2006), 334–53.

Palandri, Angela. *Yüan Chen*. Boston: Twayne, 1977.

Pallisen, N. "Die alte Religion der Mongolen und der Kultus Tschingis-Chans." *Numen* 3 (1956), 178–229.

Parker, Edward. *A Thousand Years of the Tartars*. 2nd ed. London: K. Paul, 1924.

Pearce, Scott. "Status, labor and law: Special service households under the Northern dynasties." *Harvard Journal of Asiatic Studies* 51 (1991), 89–138.

Pelliot, Paul (伯希和). "À propos des Comans." *Journal asiatique* 15 (1920), 125–85.

———. "Des artisans chinois à la capitale abbasside en 751–762." *T'oung Pao* 26 (1928), 110–12.

———. "L'édition collective des œuvres de Wang Kouo-wei." *T'oung Pao* 26 (1929), 113–82.

———. "Neuf notes sur des questions d'Asie centrale." *T'oung Pao* 26 (1929), 201–66.

———. *Notes on Marco Polo*. 3 vols. Paris: Imprimerie Nationale, 1959–73.

———. "Notes sur les T'ou-yu-houen et les Sou-p'i." *T'oung Pao* 20 (1920–21), 323–31.

———. "Notes sur le 'Turkestan' de M. W. Barthold." *T'oung Pao* 27 (1930), 2–56.

———. *Notes sur l'histoire de la horde d'or*. Paris: Adrien-Maisonneuve, 1949.

———. "La théorie des quartre Fils du Ciel." *T'oung Pao* 22 (1923), 97–125.

———. "Le Sa-pao." *Bulletin de l'École francaise d'Extrème-orient* 3 (1903), 665–71.

———. "Tängrim>tärim." *T'oung Pao* 36 (1944), 165–85.

Penzer, Norman Mosley. *The Harem*. London: Harrap, 1936.

Picken, Lawrence. *Music from the Tang Court*. Vol. 2. London: Cambridge University Press, 1985.

Pokrovskaia, L. A. "Terminy rodstva v tiurkskikh iazykakh." In E. I. Ubriatova, ed., *Istoricheskoe razvitie leksiki tiurkskikh iazykov*. Moskva: Izd-vo Akademii nauk SSSR, 1961. Pp. 11–81.

Pollak, Michael. *Mandarins, Jews, and Missionaries*. Philadelphia: Jewish Publication Society, 1980.

Polo, Marco. *The Description of the World*. Ed. A. C. Moule and Paul Pelliot. London: Routledge, 1938.

Popov, A. A. "Semeinaia zhizn' u dolgan." *Sovetskaia Etnografiia* 1946.4, 50–74.

Poppe, Nicholas. *Introduction to Altaic Linguistics*. Wiesbaden: Harrassowitz, 1965.

———. *Introduction to Mongolian Comparative Studies*. Helsinki: Suomalais-ugrilainen Seura, 1955.

———. *Mongolian Language Handbook*. Washington, D.C.: Center for Applied Lin- guistics, 1970.

Pritsak, Omeljian. *Die Bulgarische Fürstenliste und die Sprache der Protobulgaren*. Wiesbaden: Harrassowitz, 1955.

Prušek, Jaroslav. *Chinese Statelets and the Northern Barbarians in the Period 1400–300B.C.* Dordrecht: D. Reidel, 1971.

Pulleyblank, Edwin G (蒲立本). "The An Lu-shan Rebellion and the origins of chronic militarism in Late T'ang China." In J. C. Perry and B. L. Smith, eds., *Essays on T'ang Society*. Leiden: E. J. Brill, 1976. Pp. 32–60.

———. *The Background of the Rebellion of An Lu-shan*. London: Oxford University Press, 1955.

———. "Chinese and Indo-Europeans." *Journal of the Royal Asiatic Society* (1966), 9–39.

———. "The Chinese and their neighbours in prehistoric and early historic times." In David N. Keightley, ed., *The Origins of Chinese Civilization*. Berkeley: University of California Press, 1983. Pp. 411–66.

———. "The Chinese name for the Turks." *Journal of American Oriental Society* 85 (1965), 121–25.

———. "The consonantal system of Old Chinese: Part II." *Asia Major*, n.s., 9 (1963), 206–65.

———. "The 'High Carts': A Turkish-speaking people before the Turks." *Asia Major*, 3rd ser., 3 (1990), 21–26.

———. *Lexicon of Reconstructed Pronunciation in Early Middle Chinese, Late*

Middle Chinese, and Early Mandarin. Vancouver: University of British Columbia Press, 1990.

———. "A Sogdian colony in Inner Mongolia." *T'oung Pao* 41 (1952), 317–56.

Rabinowitz, Louis I. *Jewish Merchant Adventurers: A Study of the Radanites.* London: E. Goldston, 1948.

Radloff, Wilhelm. *Die Alttürkischen Inschriften der Mongolei.* St. Petersburg, 1894–99. Rpt., Osnabrück: Otto Zeller, 1987.

———. *Opyt slovaria tiurkskikh narechii (Versuch eines Worterbuches der Türk-Dialecte).* Vol. 1. St. Petersburg, 1893. Rpt., 's-Gravenhage: Mouton, 1960; Moskva: Izd-vo vostochnoĭ lit-ry, 1963.

Ramstedt, Gustaf J. *Kalmückisches Wörterbuch.* Helsinki: Suomalais-ugrilainen Seura, 1935.

Ranke, Hermann. *Die ägyptischen Personennamen.* Band 1–3. Glückstadt: J. J. Augustin, 1935–52.

Räsänen, Matti. "Uralaltaische Forschungen." *Ural-Altaische Jahrbücher* 25 (1953), 19–27.

———. *Versuch eines etymologischen Wörterbuchs der Türksprachen.* Helsinki: Suomalais- Ugrilainen Seura, 1969.

Redhouse, Sir James W. *A Turkish and English Lexicon.* Constantinople: A. H. Boyajian, 1890.

Rhee, Song Nai. "Jewish Assimilation: The Case of the Chinese Jews." *Comparative Studies in Society and History* 15 (1973), 115–26.

Róna-Tas, András. "The periodization and sources of Chuvash linguistic history." In A. Róna-Tas, ed., *Chuvash Studies.* Wiesbaden: Harrassowitz, 1982. Pp. 113–69.

Rong Xinjiang (tr. Bruce Doar). "Research on Zoroastrianism in China (1923–2000)." *China Archaeology and Art Digest, IV.1: Zoroastrianism in China* (December 2000), 7–13.

Roth, Cecil, and Geoffrey Wigoder, eds. *Encyclopaedia Judaica.* New York: Macmillan, 1971.

Roux, Jean-Paul, "Le chameau en Asie centrale." *Central Asiatic Journal* 5 (1960), 35–76.

———. "L'origine céleste de la souveraineté dans les inscriptions paléo-turques de Mongolie et de Sibérie." In *The Sacral Kingship.* Leiden: E. J. Brill, 1959. Pp. 231–41.

———. "Tängri: Essai sur le ciel-dieu des peuples altaïcs." *Revue de l'histoire des religions* 149 (1956), 49–82, 197–320; 150 (1956), 27–54, 173–212.

Rudnickij, J. B. *An Etymological Dictionary of the Ukrainian Language.* Vol. 1. Winnipeg: Ukrainian Free Academy of Sciences, 1962–66.

Runciman, Steven. *A History of the First Bulgarian Empire*. London: G. Bell & Sons, 1930.

Schafer, Edward H. *The Golden Peaches of Samarkand: A Study of T'ang Exotics*. Berkeley: University of California Press, 1963.

Schmidt, Hans-Peter. "An Indo-Iranian etymological kaleidoscope." In G. Cardona and N. H. Zide, eds., *Festschrift for Henry Hoenigswald*. Tübingen: G. Narr, 1987. Pp. 355–62.

Schmidt, Isaac Jacob (Iakov Ivanovich). *Grammatik der mongolischen Sprache*. St. Petersburg: Kaiserlichen Akademie der issenschaften, 1831.

Schmitt, Rüdiger. *Iranisches Namen in den Indogermanischen Sprachen Kleinasiens (Iranisches Personennamenbuch, Band V Faszikel 4)*. Vienna: Verlag der Österreichische Akademie der Wissenschaften, 1982.

Senga, T. "The Toquz Oghuz problem and the origin of the Khazars." *Journal of Asian History* 24 (1990), 57–69.

Serruys, Henry. "The office of Tayisi in Mongolia in the fifteenth century." *Harvard Journal of Asiatic Studies* 37 (1977), 353–80.

Sevortian, Ervand V. *Etimologicheskii slovar tiurkskikh iazykov*. Vol. 1. Moscow: "Nauka," 1974.

Shapiro, Sidney. *Jews in Old China: Studies by Chinese Scholars*. New York: Hippocrene Books, 1984.

Shaughnessy, Edward L. "Historical perspectives on the introduction of chariots into China." *Harvard Journal of Asiatic Studies* 47 (1988), 189–237.

Shiratori, Kurakichi (白鳥庫吉). "Sur l'origine de Hiong-nu." *Journal Asiatique* 202 (1923), 71–81.

Silk, Jonathan (司空竺). "Riven by lust: Incest and schism in Indian Buddhist legend and historiography," book manuscript, September 2004. Since published: Honolulu: University of Hawaii Press, 2008.

Sims-Williams, Nicholas. *The Christian Sogdian Manuscript C2*. Berlin: Akademie, 1985.

Sinor, Denis. "Altaica and Uralica." In D. Sinor, ed., *Studies in Finno Ugric Linguistics in Honor of Alo Raun*. Bloomington: Indiana University Press, 1978. Pp. 319–32.

———. "À propos de la biographie ouigoure de Hiuan-tsang." *Journal Asiatique* 231 (1939), 543–90.

———, ed. *The Cambridge History of Early Inner Asia*. Cambridge: Cambridge University Press, 1990.

———. "The establishment and dissolution of the Türk Empire." In D. Sinor, ed., *Cambridge History of Early Inner Asia*. Cambridge: Cambridge University Press, 1990. Pp. 285–316.

———. "Horse and pasture in Inner Asian history." *Oriens Extremus* 19 (1972), 171–84.

———. *Introduction à l'étude de l'Eurasie centrale.* Wiesbaden: Harrassowitz, 1963.

———. "Mongol and Turkic words in the Latin versions of John of Plano Carpini's Jour- ney to the Mongols (1245–1247)." In L. Ligeti, ed., *Mongolian Studies.* Budapest: Akadémiai Kiadó, 1975. Pp. 537–51.

———. "On some Ural-Altaic plural suffixes." *Asia Major,* n.s., 2 (1952), 203–30.

———. "Sur les noms altaiques de la licorne." *Wiener Zeitschrift für die Kunde des Morgenlandes* 61 (1960), 168–76.

———. "Western information on the Kitans and some related questions." *Journal of the American Oriental Society* 115 (1995), 262–69.

Skelton, Raleigh Ashlin, T. E. Marston, and G. D. Painter. *The Vinland Map and the Tartar Relation.* New Haven, Conn.: Yale University Press, 1965.

Slotkin, J. Sydney. "On a possible lack of incest regulations in old Iran." *American Anthropologist,* n.s., 49 (1947), 612–17.

Smith, W. Robertson. *Kinship and Marriage in Early Arabia.* Rpt., Boston: Beacon Press, 1963.

Soothill, William Edward, and Lewis Hodous. *A Dictionary of Chinese Buddhist Terms.* London: K. Paul, 1937.

Sprenkel, Sybille van der. *Legal Institutions in Manchu China: A Sociological Analysis.* London: Athlone Press, 1962.

Starostin, Sergei A. "Gipoteza o geneticheskikh sviaziakh sinotibetskikh iazykov s eniseiskimii severnokavkazkimi iazykami." In *Lingvisticheskaia rekonstruktsiia i drevneishaia istoriia Vostoka: Tezisy i doklady konferentsii,* vol. 4. Moskva: Izd-vo "Nauka," 1984. Pp. 19–38.

———. "Praeniseiskaia rekonstruktsiia i vneshnie sviazi eniseiskikh iazykov." In E. A. Aleksenko et al., eds., *Ketsii sbornik,* vol. 3. Moskva: "Nauka," 1982. Pp. 144–237.

Starostin, Sergei A., Anna Dybo, and Oleg Mudrak. *Etymological Dictionary of the Altaic Languages.* 3 vols. Leiden: E. J. Brill, 2003.

Stein, Rolf (石泰安). "Liao-Tche." *T'oung Pao* 35 (1940), 1–154.

Sundermann, W., and W. Thilo. "Zur mittelpersischen Grabinschrift aus Xi'an" (Volksrepublik China). *Mitteilungen des Instituts für Orientforschung* 11 (1966), 437–50.

Szyszman, S. "Le roi Bulan et le problème de la conversion des Khazars." *Ephemerides Theologicae Lovanienses* 33(1957), 68–76.

Tallqvist, K. L. *Assyrian Personal Names.* Helsinki: Acta Societatis Scientiarum Fennicae, 1914.

Tao, Jing-Shen (陶晉生). *Jurchen in Twelfth-century China: A Study of Sinicization*. Seattle: University of Washington Press, 1976.

Tarn, W. W. *The Greeks in Bactria and India*. 3rd ed. Chicago: Ares, 1985.

Tekin, Talat. *A Grammar of Orkhon Turkic*. Bloomington: Indiana University Press, 1968.

Thomas, F. W. "Tibetan documents concerning Chinese Turkestan." *Journal of the Royal Asiatic Society* (1927), 51–85.

Togan, Zeki Velidi. "Sur l'origine des Safavides." In *Melanges Louis Massignon*, vol. 3. Damascus: Institut d'études islamiques, 1957. Pp. 345–57.

Twitchett, Denis (杜希德), ed. *The Cambridge History of China*. Vol. 3, part 1. Cambridge: Cambridge University Press, 1979.

———, ed. "The composition of the T'ang ruling class." In Arthur F. Wright and Denis Twitchett, eds., *Perspectives on the T'ang*. New Haven, Conn.: Yale University Press, 1973. Pp. 47–85.

———. *The Writing of Official History under the T'ang*. Cambridge: Cambridge University Press, 1992.

Vaissière, Etienne de la (魏義天). *Histoire des marchands sogdiens*. 2nd ed. Paris: Collège de France, Institut des hautes études chinoise, 2005. English translation: *Sogdian Traders: A History*. Tr. James Ward. Leiden: E. J. Brill, 2005.

———. "Huns et Xiongnu." *Central Asiatic Journal* 49 (2005), 3–26.

Vaissière, Étienne de la, and Eric Trombert, eds. *Les Sogdiens en Chine*. Paris: École Francaise d'Extreme Orient, 2005.

Vandermeersch, Léon, *Wangdao ou la Voie Royale: Recherches sur l'esprit des institutions de la Chine archaïque*. Paris: École française d'Extrême-Orient, 1977.

Velze, Jacob van. *Names of Persons in Early Sanscrit Literature*. Utrecht: Utr. typ. ass., 1938.

Vetch, Hélène. "Lieou Sa-ho et les grottes de Mo-kao." In M. Soymié, ed., *Nouvelles contributions aux etudes de Touen-houang*. Geneva: Droz, 1981. Pp. 137–48.

Viatkin, R. V., ed. *Materialy po istorii kochevykh narodov v Kitae, III–V vv*. Vol. 3. Muzhuny. Moscow: "Nauka," 1992.

Vorländer, Hermann. *Mein Gott: Die Vorstellungen vom persönlische Gott im Alten Orient und im Alten Testament*. Kevelaer: Butzon and Bercker, 1975.

Vovin, Alexander A. "Did the Xiongnu speak a Yeniseian language?" *Central Asiatic Journal* 44 (2000), 87–104.

Waley, Arthur. *The Life and Times of Po Chü-I*. London: George Allen and Unwin, 1949.

Wechsler, Howard J. *Mirror to the Son of Heaven: Wei Cheng at the Court of T'ang T'aitsung.* New Haven, Conn.: Yale University Press, 1974.

———. *Offerings of Jade and Silk.* New Haven, Conn.: Yale University Press, 1985.

Weinstein, Stanley. *Buddhism under the T'ang.* London: Cambridge University Press, 1987.

White, William C. *Chinese Jews.* 2nd ed. New York: Paragon, 1966.

Winderkens, A. J. van. *Le tokharien confronté avec les autre langues indoeuropéenes.* Louvain: Université catholique néerlandaise de Louvain, 1979.

Winstanley, Lilian. *Hamlet and the Scottish Succession.* Cambridge: Cambridge University Press, 1921.

Wittfogel, Karl A (魏復古)., and Chia-sheng Feng (馮家昇). *History of Chinese Society: Liao.* Philadelphia: American Philosophical Society, 1949.

Wright, Arthur F. (芮沃壽) *Studies in Chinese Buddhism.* New Haven, Conn.: Yale University Press, 1990.

———. *The Sui Dynasty.* New York: Knopf, 1978.

———. "Sui Yang-ti: Personality and stereotype." In A. Wright, ed., *Confucianism and Chinese Civilization.* New York: Atheneum, 1964. Pp. 158–87.

———. "T'ang T'ai-tsung and Buddhism." In A. Wright and D. Twitchett, eds., *Perspectives on the T'ang.* New Haven, Conn.: Yale University Press, 1973. Pp. 239–63.

Wroth, Warwick. *Catalogue of the Greek Coins of Galatia, Cappadocia and Syria.* London: Trustees, 1899. Rpt., Bologna: A. Forni, 1964.

Wu, Silas H. L. *Passage to Power: K'ang-hsi and His Heir Apparent, 1661–1722.* Cambridge, Mass.: Harvard University Press, 1979.

Xiong, Victor Cunrui (熊存瑞). "Sui Yangdi and the building of Sui-Tang Luoyang." *Journal of Asian Studies* 52 (1993), 66–89.

Yihong Pan (潘以紅). *Son of Heaven and Heavenly Qaghan.* Bellingham: University of Western Washington Press, 1997.

Young, Robert. *Analytical Concordance to the Holy Bible.* London: Religious Tract Society, 1890.

Yule, Sir Henry, ed. *The Book of Ser Marco Polo.* 3 vols. London: London: J. Murray, 1920.

Zürcher, Erik. *The Buddhist Conquest of China.* Vol. 1. Leiden: E. J. Brill, 1972.

註釋
Notes

【序論】

1 此發現最早發表於一九八一年的《文物》期刊,作者是發現鮮卑石室的三位學
者之一米文平。之後他也發表文章,講述他多年來致力於尋找石室以及最後成
功的經過,可參見米文平,〈鮮卑石室的發現〉和〈千古之謎大鮮卑山〉。

2 《資治通鑑》108.3429。此段落由郭仲武(Chung-mo Kwok)博士在私下交
流時翻譯予我。

【第一章】

作者曾於一九九六年撰文探討唐皇室的異族認同,本章即根據此文擴寫而
成,發表於《皇家亞洲學會學報》(*Journal of the Royal Asiatic Society*), ser 3,
6: 379-405。

1 此故事主要依據唐代佛教僧侶彥琮為法琳所著的詳實傳記,收錄於《大正新脩
大藏經》(簡稱《大正藏》)no. 2051, 198b-213b。

2 法林傳中沒有指出明確的日期,只知道是在六四〇年的一月十三至十八日之
間。

3 「寶女」譯自梵文的「Kanyā-ratna」,是轉輪王(Cakravertin)的七寶之
一。參見:Soothill and Hodous, *Dictionary of Chinese Buddhist Terms*, p.
477.

4 寧夏回族自治區博物館,〈寧夏固原北周李賢夫婦墓發掘簡報〉。郭仲武博士
在私下交流時向我指出,最近出土的李賢夫婦墓銘文顯示出唐皇室的異族血
統。

5 此四篇文章為〈李唐氏族之推測〉、〈李唐氏族之推測後記〉、〈三論李唐氏

族問題〉及〈李唐武周先世事跡雜考〉，皆收錄於《陳寅恪先生論文集》。

6 　劉盼遂，〈李唐為蕃姓考〉。

7 　胡如雷，《李世民傳》。

8 　Honey, "Stripping off felt and fur: An essay on nomadic signification."

9 　Morgan, *Medieval Persia, 1040-1797*, p. 22.

10 　Franke, *From Tribal Chieftain to Universal Emperor and God: The Legitimationof the Yüan Dynasty*, p. 60.

11 　Bosworth, *Ghaznavids*, p. 3.

12 　Crossley, "Thinking about ethnicity in early modern China."

13 　Pulleyblank, "Chinese and their neighbors in prehistoric and early historic times"; and Golden, *Introduction to the History of the Turkic Peoples*, p. 69.

14 　北京一九九三年編輯版本，1.50-51。此處的譯文改寫自Wright, *Sui Dynasty*, p.36.

15 　王桐齡，〈楊隋李唐先世系統考〉，王桐齡是首位將此主題大規模編列成表的現代學者。

16 　Gökalp, *Principles of Turkism*, p. 110. 此觀點基於十一世紀時，喀什噶里所編纂的著名突厥語字典，其中將此詞彙解釋為「公主、貴族女性」，翻譯可見於Dankoff and Kelly, *Compendium of the Turkic Dialects* (Türk Siveleri Lügati), vol. 3, pp. 147 and 262。亦可見於Clauson, *Etymological Dictionary of Pre-thirteenth-century Turkish*, p. 635。

17 　現代的分析可見陳寅恪，《唐代政治史述論稿》，頁57-59。

18 　王桐齡，〈楊隋李唐先世系統考〉，頁20-23。

19 　Drompp, *Tang China and the Collapse of the Uighur Empire: A Documentary History*, ch. 5，特別是p. 126。

20 　向達，《唐代長安與西域文明》。

21 　〈唐阿史那忠墓發掘簡報〉原先發表於期刊《考古》（1977.2），之後收錄於林幹（編），《突厥與回紇歷史論文選集》卷二，頁408-419。

22 　《朱子語類》136.3245，此段落將會於第三章引用。

23 　許道勳、趙克堯，《唐玄宗傳》，頁409及各處。

24 　例如可參見Tekin, *Grammar of Orkhon Turkic*, pp. 373-74。

25 　Al-Kašyari, *Compendium of the Turkic Dialects*, vol. 1, p. 341.

26 　劉餗，《隋唐佳話》1.7；劉肅，《大唐新語》1.13。

27 　陶宗儀，《南村輟耕錄》8.104。

28 　例如陳垣，《通鑑胡注表微》，頁323-324。

29 　Twitchett, *Cambridge History of China*, vol. 3, p. 236.

30 　Wright, "T'ang T'ai-tsung and Buddhism," p. 253.

31 　Pulleyblank, "An Lu-shan Rebellion and the origins of chronic militarism in Late T'ang China," p. 37.

32 　例如《資治通鑑》192.6034、《全唐文》9.106、王溥《唐會要》26.506，以

及劉肅《大唐新語》9.133等等。

33 Schafer, *Golden Peaches of Samarkand: A Study of T'ang Exotics*, p. 65.

34 Boodberg, "Language of the T'o-pa Wei."，亦可參見羅新近來的研究〈北魏直勤考〉。

35 Wu, *Passage to Power: K'ang-hsi and His Heir Apparent*, 1661-1722, pp. 133-36.

36 例如陳橋驛，《酈道元與水經注》，頁31、34-35。

37 陳寅恪，《唐代政治史述論稿》，頁52-53。

38 陳垣，《通鑑胡注表微》，頁252。

39 Fletcher, "Mongols: Ecological and social perspectives."

40 Fletcher, "Turco-Mongolian monarchic tradition in the Ottoman Empire."

41 Boodberg, "Marginalia to the histories of the Northern dynasties," p. 266.

42 Fletcher, "Blood tanistry: Authority and succession in the Ottoman, Indian Muslim, and Later Chinese Empires."

43 趙翼，《二十二史箚記》19.410。

44 舉例來說，可參見胡戟，《武則天本傳》，頁60-61。

45 Alderson, *Structure of the Ottoman Dynasty*, pp. 32-36; Goody, *Succession to High Office*, pp. 20-21. 針對奧斯曼皇宮此部分的詳細描述，可見Penzer, *Harem*, pp. 197-201。

46 Bosworth, *Later Ghaznavids: Splendour and Decay*, p. 38.

47 Wu, *Passage to Power*.

48 范祖禹，《唐鑑》9.78。

49 見Alderson, *Structure of the Ottoman Dynasty*, p. 30.

50 孟森，〈海寧陳家〉，頁324-326。而楊珍近來的研究（《清朝皇位繼承制度》第五章）則認為這位皇子應是死於自然原因。

51 Wright, "Sui Yang-ti: Personality and stereotype."

52 Xiong, "Sui Yangdi and the building of Sui-Tang Luoyang."

53 Bosworth, *Ghaznavids*, pp. 230-34.

54 馮爾康，《雍正傳》，頁555-559。

55 Winstanley, *Hamlet and the Scottish Succession*, and lately, Kurland, "Hamlet and the Scottish succession?"

56 令人驚訝的是，在早期的漢語與非漢語史料中，對此的説法相同。漢語史料可見令狐德棻《周書》50.909、李延壽《北史》99.3287，以及杜佑《通典》197.1068。非漢語史料可見Frazer, "Killing of the Khazar kings"以及Dunlop, *History of the Jewish Khazars*, p. 97。對弒君儀式的廣泛探討可見Frazer, *Golden Bough*, vol. 4, pp. 9-119。

57 退位皇帝的綜述可參見趙翼，《二十二史箚記》13.281-86。

58 例如 Hummel, *Eminent Chinese of the Ch'ing Period (1644-1912)*, p. 372。

59 王利器，《顏氏家訓集解》1.48；在Wright, *Sui Dynasty*, p. 35中也注意到顏

氏的觀察。

60 陳寅恪，《唐代政治史述論稿》，頁41-44。

61 魏侯暐（Howard Wechsler）在其著作 *Mirror to the Son of Heaven: Wei Cheng at the Court of T'ang T'ai- tsung*, p. 71中也注意到此一特殊的事件。

62 其中兩個特別具有影響力的研究是陳寅恪的〈論唐代之蕃將與府兵〉和章群的《唐代蕃將研究》及其續篇。

63 Tekin, *Grammar of Orkhon Turkic*, p. 264.

64 Pulleyblank, "An Lu-shan Rebellion," p. 40.

65 陳寅恪，《唐代政治史述論稿》，頁50-51。

66 Jackson and Lockhart, *Cambridge History of Iran*, vol. 4, p. 366; Lockhart, *Fall of the Safavi Dynasty and the Afghan Occupation of Persia*, pp. 17, 29-32.在許多土耳其社會中，包括塞爾柱和早期的奧斯曼帝國，在年長「代理」父親的攝政之下，都會派統治家族／氏族的王子出任各省的總督，這便是「阿塔貝克」（atabeg）一詞的由來，意指「父親—統領」（father-commander）。

67 趙璘，《因話錄》5.35。

68 可參考Wright, "Sui Yang-ti," pp. 161-62.

69 可參見胡如雷，《李世民傳》，頁78-89。

70 姚薇元，《北朝胡姓考》，頁25-28。

71 Bosworth, *Ghaznavids*, pp. 45 and 228.

72 Bosworth, *Later Ghaznavids*, p. 18.

73 Frye and Sayili, "Turks in the Middle East before the Saljuqs."

74 Hummel, *Eminent Chinese of the Ch'ing Period*, p. 94.

75 孫國棟，〈唐貞觀永徽間黨爭試釋〉。

76 Barfield, *Perilous Frontier*, p. 197.

77 Tao, J.-S., *Jurchen in Twelfth-century China*, pp. 42-47.

78 Meskoob, *Iranian Nationality and the Persian Language*, pp. 36-37.

79 王仲犖，《魏晉南北朝史》（卷二，頁983）描述此一事件的篇幅極少，但仍然能反映出北周軍隊的殘暴。

80 Togan, "Sur l'origine des Safavides"; Mazzaoui, *Origins of the Safawids: Ši'ism, Sufism, and the Gulat*, pp. 47-48.

81 Braun, "Iran under the Safavids and in the 18th century," p. 188.

82 Holt et al., *Cambridge History of Islam*, vol. 1, p. 394; Mazzaoui, *Origins of the Safawids*, pp. 46-52.

83 Bawden, *Mongol Chronicle Altan tobci*, pp. 128-29; Franke, *From Tribal Chieftain to Universal Emperor and God*, pp. 64-69.

84 Wright, "T'ang T'ai-tsung and Buddhism."

85 湯用彤，《往日雜稿》，頁10；《隋唐佛教史稿》，頁14。

86 Weinstein, *Buddhism under the T'ang*, pp. 11-12 and 155n2.

87 宋敏求，《唐大詔令集》113.586。

88 此一另闢蹊徑的想法，很大程度受到了一九九七年三月與杜希德教授（Denis Twitchett, 1925-2006）私人談話的啟發，之後我在《皇家亞洲學會學報》發表了相關的文章，本章即以其為基礎。我要向杜希德教授致上最深的謝意，感謝他親切地鼓勵並建議我用此極具啟發性的新觀點來檢視唐朝皇室的身分認同。本章的許多段落都直接取材自與他的交流。

89 對此有趣議題最詳盡的闡述是潘以紅（Yihong Pan），*Son of Heaven and Heavenly Qaghan.*

90 例如，岑仲勉在《隋唐史》中（頁140、142），就認為唐昭陵的此一特徵是對突厥墓葬習俗的仿傚，之後魏侯暐也肯定了這個說法，見Howard Wechsler, *Offerings of Jade and Silk*, p. 81。

91 亦可見 Ecsedy, "Ancient Turk [T'u-chüeh] burial customs," pp. 276-77.

92 姚薇元，《北朝胡姓考》，頁132-133。

93 See Pulleyblank, "Chinese and their neighbours in prehistoric and early historic times," pp. 414-15.

94 中古漢語對「筆」的發音為「bit」。反對的說法可見Sinor, "Altaica and Uralica."。

95 例如見Mair, "Buddhism and the rise of the written vernacular in East Asia: The making of national languages."

96 Goody and Watt, "Consequence of literacy."

97 趙呂甫，《史通新校注》，頁457、960。

98 Pulleyblank, *Background of the Rebellion of An Lu-shan*, pp. 75-81.

99 舉例來說，可參見Dien, "Yen Chih-T'ui (531-91+): His life and thought," p. 12 和Holmgren, "Politics of the inner court under the Hou-chu (Last Lord) of the Northern Ch'i (ca. 565-73)," pp. 269-330。兩者都使用官修正史中的論據來解釋此一對比。

100 Eberhard, *History of China*, p. 152; Wright, *Sui Dynasty*, p. 36.

101 Barfield, *Perilous Frontier*, 126.

【第二章】

作者曾於二〇〇五年在《亞洲史雜誌》（*the Journal of Asian History*）發表過同名文章，本章由其擴寫而成。

1 譯文改寫自韋勒（Arthur Waley, 1889-1966）的翻譯，收錄於Mair, *Columbia Anthology of Traditional Chinese Literature*, pp. 474-76。欲見不同的翻譯文本，可參見Frankel, *Flowering Plum and the Palace Lady: Interpretations of Chinese Poetry*。

2 Mair, *Columbia Anthology of Traditional Chinese Literature*, p. 474.

3 Clauson, *Etymological Dictionary of Pre-thirteenth-century Turkish*, Intro.

4 當「蘭」用於（漢人）男性名字時，通常僅具有「芝蘭玉樹」（後裔優秀）的衍生義。

5　英文翻譯（由Anne Birrell所作），可參見Mair, *Columbia Anthology of Traditional Chinese Literature*, pp. 462-72。

6　趙超，《漢魏南北朝墓誌彙編》，頁10。

7　姚薇元，《北朝胡姓考》，頁126-128。

8　例如見Pulleyblank, *Background of the Rebellion of An Lu-shan*.

9　趙超，《漢魏南北朝墓誌彙編》。

10　這首好詩的譯文，可參見Mair, *Columbia Anthology of Traditional Chinese Literature*, p. 476。

11　Boodberg, *Hu Tien Han Yüeh Fang Chu*, no. 5.

12　《魏書》113.3307中提及此姓氏時，採用沒有草字頭的「闌」，但其他的史料都採「蘭」。見姚薇元，《北朝胡姓考》，頁57。

13　除非另有說明，本書所採用的古漢語發音皆根據：Karlgren, *Grammata Serica Recensa*.

14　我要由衷感謝新加坡的張從興先生，他很好心地提供了這些語音資料。見廈門大學編，《普通話閩南語詞典》，頁549。

15　Boodberg, "Early Mongolian toponym."

16　Gabain, *Alttürkische Grammatik*, pp. 107, 326.

17　丹柯夫（Dankoff）的翻譯，卷三，p. 276。

18　除了《元和姓纂》10.1481裡非常簡短的相關引文，只有劉宋時期（420-479）由何承天編纂的《姓苑》中有提及，其中提到這種姓氏出自任城（位於今天的山東省），但並沒有提及有哪個人姓這個姓。值得注意的是，任城這個地區長年受到拓跋部的控制。

19　可參見姚薇元，《北朝胡姓考》，頁57。

20　許多範例可見：《宋書》50.1449、《魏書》2.39, 31.743和111.2239、《隋書》39.1159。

21　Bazin, "Recherches sur les parlers T'o-pa," p. 289.

22　此論點首見Boodberg, *Hu Tien Han Yüeh Fang Chu*, no. 1, p. 75。

23　第三章會引用更多的例子，簡單來說，（1）「乙旃氏」意指「叔伯的後裔」，是古突厥語詞彙「echi」的同源詞，意指「兄長或父親的弟弟」；（2）「若干氏」後改為「苟氏」，與「狗」同音，可以確定與蒙古語詞「noqai」（狗）同義；（3）拓跋的正式稱號「阿干」，被翻譯為「長」，可以確定與蒙古語詞「aqa」（兄長）同義。我們也注意到，古突厥語指稱「狼」的詞彙音譯寫成漢語後為「附離」和「附鄰」。

24　Roux, "Le chameau en Asie centrale," pp. 60-61.

25　漢語譯寫成「僕羅」（b'uk-lâ），參見劉昫等，《舊唐書》97.3046，以及歐陽修等，《新唐書》122.4364、221b.6245、221b.6252。

26　Boyce, *Zoroastrianism*, vol. 1, pp. 182-83.

27　Sinor, "Sur les noms altaiques de la licorne," p. 175; Clauson, *Etymological Dictionary of Pre-thirteenth-century Turkish*, p. 343; Räsänen, *Versuch eines etymologischen Wörterbuchs der Türksprachen*, pp. 87-88; Doerfer, *Türkische und mongolische Elemente im Neupersischen*, Band 2, pp. 356-58 (no. 810).

28　此處提到的幾乎所有參考文獻都有引用這個說法。亦可參考丹柯夫所翻譯的《突厥語大辭典》（*Divan*）。

29　Sinor, "Sur les noms altaiques de la licorne," p. 176.

30　同前引書，p. 168。

31　之後有人單以「麒」或「麟」字來命名，都不算太過罕見，但未出現「麒麟」兩字連用的。此二字經常被指出的性別差異，可能也只是後世的說法，而且在實例中也很少見。事實上，「麒麟」最初肯定單純是連綿詞，無論是其中的哪一個音節都沒有獨立的詞素或語義。這樣的性別差異後來也適用於另一個著名的神話生物，即「鳳凰」這個連綿詞。

32　例如，Szyszman "Le roi Bulan et le problème de la conversion des Khazars," p. 71；以及Jacobson, *Deer Goddess of Ancient Siberia*。

33　Huntington, "Range of the 'cosmic' deer."

34　具體的例子可參見Mänchen-Helfen, *World of the Huns: Studies in Their History and Culture*, p. 444。

35　《元史》146.3456，亦可參見陶宗儀，《輟耕錄》5.55。

36　Jacobson, *Deer Goddess of Ancient Siberia*, pp. 32 and 228.

37　Szyszman, "Le roi Bulan et le problème de la conversion des Khazars"; Peter Golden, *Khazar Studies*, vol. 1, pp. 169-71.

38　Ernits, "Folktales of Meanash, the mythic Sami reindeer," part 1.

39　Jacobson, *Deer Goddess of Ancient Siberia*, pp. 32 and 235.

40　"The Chinese name for the Turks." 更近期的討論，可參見Beckwith, "On the Chinese names for Tibet, Tabghatch, and the Turks"以及"Frankish name of the king of the Turks"。

41　Chavannes "Les pays d'Occident d'après le Heou Han chou," p. 177n5; Pelliot, *Notes on Marco Polo*, vol. 1, p. 494; Hulsewé, *China in Central Asia, the Early Stage: 125 B.C.-A.D. 23*, pp. 115-16.

42　佛教以外的資料來源，可見Bailey, *Culture of the Sakas*, p. 82。

43　「n-」和「d-」的案例，可見P. Bagchi, *Deux lexiques sanskrit-chinois*, tome 2, p. 441。

44　Nattier, "Heart sutra: A Chinese apocryphal text?"

45　見季羨林，《大唐西域記校注》4.385、8.670、9.722及9.747。

46　劉昫等，《舊唐書》195.5198；歐陽修等，《新唐書》217a.6114。

47　Henning, "Argi and the 'Tokharians,'" pp. 555 and 557.

48　Pelliot, *Notes on Marco Polo*, vol. 2, p. 691.

49　這些名字的最佳參考文獻即姚薇元的《北朝胡姓考》，為了避免註釋篇幅太長，只要是引用姚薇元的這本著作，我就不會另外列出頁碼，因為此書中的索引非常之好，這在現代中國學術書籍中實屬難得。

50 此為大家所熟知的「高車」回鶻部落，在鋼和泰的著名藏卷中的塞種
　（Saka）部中證實為「bākū」。恆寧（Henning）將其重建成「*boqu or
　buqu」，見"Argi and the 'Tokharians,'" p. 555。這和前趙皇帝劉曜的名字
　「僕谷王」（b'uk-kuk）極為相似，此處的「僕谷」被用來說明劉曜的「胡
　位」，蒲立本將其翻譯成「劉曜的胡人階級」（見"Consonantal system of
　Old Chinese: Part II," p. 264）。但這個解釋對於一個已經當上皇帝十餘載的
　人，實在過於牽強。我認為，此處的「位」應是「名」這個字的誤植，又或者
　指的是劉曜的上天或星宮的跡象（heavenly or horoscope sign）。可惜劉曜
　的生年不詳，他駕崩時的歲數（329年）也沒有留存下來，這讓我們無法取得
　劉曜這個群體的語言的相關史料，但一般認為，他們應該是匈奴或其後代。

51 此為一古老羌／藏部落，與漢人素來關係密切，因此便可排除其「原始蒙古語
　媒介」的可能性。

52 姚薇元，《北朝胡姓考》，頁28-29。

53 Pulleyblank, "Chinese name for the Turks," p. 124.

54 Harmatta, "Irano-Turcica," p. 269.

55 Sinor, "À propos de la biographie ouigoure de Hiuan-tsang," pp. 578-79
　(nos. 52, 54, and 87).

56 可參見Menges, "Die Wörter für 'Kamel' und einige seiner Kreuzungsformen
　im Türkischen"；以及Roux, "Le chameau en Asie centrale"。將像是「dävä」
　（以及哈薩克語中的「tüö」）拿來與出現相對較晚（漢朝時期）的漢字
　「駝」來比較，會十分有意思。

57 Doerfer, *Türkische und mongolische Elemente im Neupersischen*, Band 2,
　pp. 295–96 (no. 747);Räsänen, Versuch eines etymologischen Wörterbuchs
　der Türk- sprachen, p. 86.

58 Räsänen, "Uralaltaische Forschungen," p. 25.

59 Doerfer, *Türkische und mongolische Elemente im Neupersischen*, Band 2, p.
　297.

60 Menges, *Turkic Languages and Peoples*, p. 53; Roux, "Le chameau en Asie
　centrale," p. 39.

61 《辭源》（北京：商務印書館，1988），頁1879；《埤雅》引文。

62 Doerfer, *Türkische und mongolische Elemente im Neupersischen*, Band 2, p.
　356 (no. 810).

63 Menges, "Die Wörter für 'Kamel,'" p. 519.

64 Joki, "Die lehnwörter des Sajansamojedischen," p. 105; Doerfer, *Türkische
　und mongolische Elementeim Neupersischen*, Band 2, p. 300.

65 Bang, "Über die türkischen Namen einiger Groß katzen." 班格假設「bulān」
　是最原始的形式。

66 Clauson, *Etymological Dictionary of Pre-thirteenth-century Turkish*, p. 314.

67 見丹柯夫的翻譯，卷三，p. 250。

68 Clauson, *Etymological Dictionary of Pre-thirteenth-century Turkish*, p. 314.

69 Doerfer, *Türkische und mongolische Elemente im Neupersischen*, Band 4, p. 295 (no. 2073).

70 Starostin, Dybo, and Mudrak, *Etymological Dictionary of the Altaic Languages*, vol. 2, pp. 951-52.

【第三章】

本章為我用英文發表的 "A-gan revisited: The Tuoba's cultural and political heritage," 以及與郭仲武博士合著的文章 "*Nucai as a proto-Mongolic word: An etymological study*" 擴寫而成,並增加了許多額外的史料。

1 見理雅各(James Legge, 1815-1897)所翻譯的《四書》。

2 易中天,《你好,偉哥》。

3 段玉裁,《説文解字注》5.204。

4 例如,錢大昕,《恆言錄》3.73及梁章鉅,《稱謂錄》4.145。而英文資料中最重要的當屬馮漢驥(Han-Yi Feng, 1899-1977)對漢語稱謂系統的經典研究 *The Chinese Kinship System*(《中國親屬稱謂指南》)。

5 可參見Twitchett, *Writing of Official History under the T'ang*, pp. 109-10。

6 西方早期兩篇針對此問題的研究是Maspero, "Sur quelques textes anciens du chinois parlé" 以及 Laufer, "The prefix a- in the Indo-Chinese languages"。

7 可參見逯欽立(1910-1973)纂編的《先秦漢魏晉南北朝詩》7.199-201。

8 Benedict, *Sino-Tibetan: A Conspectus*, p. 156.

9 英文的資料可參見Carroll, *Account of the T'u-yü-hun in the History of the Chin Dynasty*。

10 Pelliot, "Notes sur les T'ou-yu-houen et les Sou-p'i," p. 329.

11 Boodberg, "Language of the T'o-pa Wei," p. 171; and Bazin, "Recherches sur les parlers T'o-pa," p. 311.

12 翟灝,《通俗編》17.197。

13 可參見Sinor, "On some Ural-Altaic plural suffixes," pp. 208-9,以及Poppe, *Introduction to Mongolian Comparative Studies*, p. 183。

14 西文的參考文獻,關於中古女真可參見Kane, *Sino-Jurchen Vocabulary of the Bureau of Interpreters*;關於滿洲人可參見Norman, *Concise Manchu-English Lexicon*。

15 Wittfogel and Feng, *History of Chinese Society: Liao*, p. 105.

16 Chavannes, *Documents sur les Tou-Kieu (Turcs) occidentaux*, p. 280.

17 Grønbech, "Turkish system of kinship."

18 Clausen, *Etymological Dictionary of Pre-thirteenth-century Turkish*, p. 20.

19 Gibb et al., *Encyclopaedia of Islam*, vol. 1, p. 246.

20 出自私下交流。

21 Feng, H.-Y., *Chinese Kinship System*, p. 75.

22 譯文引用自 Wright, *Sui Dynasty*, p. 35.

23 例如見, Tekin, *Grammar of Orkhon Turkic*, p. 246.

24 Radloff, *Die Alttürkischen Inschriften der Mongolei, Zweite Lieferung*, Plate II, column 17.

25 見王樹民，《廿二史劄記校證》30.708。

26 Radloff, *Versuch eines Worterbuches der Türk-Dialecte*, vol. 1, p. 676.

27 Redhouse, *Turkish and English Lexicon*, p. 146.

28 Krueger, *Yakut Manual*, p. 232.

29 Popov, "Semeinaia zhizn' u dolgan," p. 73.

30 Sinor, *Introduction à l'étude de l'Eurasie centrale*, p. 85. Menges, *Turkic Languages and Peoples*, pp. 16 and 52, 進一步指出這些薩莫耶德語在「雅庫特語化」之前，已經通古斯語化了。

31 Krader, *Social Organization of the Mongol-Turkic Pastoral Nomads*, p. 390.

32 此詞彙和其他所引用的突厥語親屬稱謂，可見Pokrovskaia, "Terminy rodstva v tiurkskikh iazykakh," pp. 26, 35。

33 Starostin, Dybo, and Mudrak, *Etymological Dictionary of the Altaic Languages*, vol. 1, p. 281.

34 Sevortian, *Etimologicheskii slovar tiurkskikh iazykov*, vol. 1, pp. 70-71.

35 繆鉞，《讀史存稿》，頁69。

36 Pokrovskaia, "Terminy rodstva v tiurkskikh iazykakh," p. 36.

37 Ramstedt, *Kalmückisches Wörterbuch*, p. 38.

38 還應該點出的是，清代學者梁章鉅在其著作《稱謂錄》（3.113）中聲稱，北齊某位皇帝稱其伯父為「兄」，似乎是與突厥稱謂「echi」的完美對應，但其實並非如此。見李百藥，《北齊書》11.149。

39 見Krueger, *Tuvan Manual*, p. 210.

40 這些薩莫耶德語的語詞，可見Katzschmann and Pusztay, *Jenissej-Samojedisches Wörterverzeichnis*, p. 21 (aca) and p. 23 (agga)；拉布蘭語的稱謂，見Collinder, *Fenno-Ugric Vocabulary: An Etymological Dictionary of the Uralic Languages*, p. 24 (acca), p. 26 (ække, æge)。可以留意「agh」這個詞源：德文的「上升」（aufsteigen），可能是出自突厥語詞彙「aghary」，另外還有德文的「向上」（empor）和「agharu」、「hoch」（高）和「oben」（上），出自Räsänen, *Versuch eines etymologischen Wörterbuchs der Türksprachen*, p. 7。

41 陳寅恪，《唐代政治史述論稿》，頁57。

42 例如見Malov, *Pamiatniki drevnetiurkskoi pis'mennosti*, p. 403；以及Gabain, *Alttürkische Grammatik*, p. 349。

43 Starostin, Dybo, and Mudrak, *Etymological Dictionary of the Altaic Languages*, vol. 1, p. 612。然而，現代維吾爾語「oghal」和「ughal」的形式可能是之後的變形，見Jarring, *Eastern Turki-English Dialect Dictionary*, p.

212。

44 班固等，《漢書》94b.3807-8；Karlgren, *Grammata Serica Recensa*, pp. 34 and 148。

45 除卻西漢時期的汙點，馬氏一族在東漢時藉由名將馬援（14 bc-ad 49，《後漢書·列傳》24.827-52）來維繫聲望，馬援的女兒更高居皇后之位（《資治通鑑》44.1437）。因此，馬氏一族自然而然被視為是戰國時代漢人名將的後代，而此一「胡人」元素和聯繫的缺失，向來是華夏史學的悠久傳統。例如，對於出過許多史家、將領和留下中國第一部斷代史《漢書》的東漢班氏一族，我就尚未見過有哪個研究會關注到其母系一族的「胡人」（匈奴）血統。

46 酈道元（？-527），《水經注》20.395。

47 王利器，《顏氏家訓集解》3.148。

48 《遼史》116.1542；Rolf Stein, "Liao-Tche," p. 23。我要感謝塞諾教授在私下交流時，指出此一早期證據的重要性。

49 Boodberg, "Language of the T'o-pa Wei," 是第一個指出此兩者關聯性的作品，Bazin, "Recherches sur les parlers T'o-pa,"也隨之予以認可。

50 《舊唐書·列傳》138.3780-82；《新唐書·列傳》143.4687-88。

51 Sinor, "Mongol and Turkic words in the Latin versions of John of Plano Carpini's journey to the Mongols (1245-1247)," p. 546.

52 Németh, "Noms ethniques turcs d'origine totémistique."

53 王德毅、李榮村，《元人傳記資料索引》，頁2502-2504。

54 Pulleyblank, *Lexicon of Reconstructed Pronunciation in Early Middle Chinese, Late Middle Chinese, and Early Mandarin*, pp. 44 and 227.

55 例如可見Baxter, *Handbook of Old Chinese Phonology*, p. 51；大量的範例可參見Pulleyblank, *Lexicon of Reconstructed Pronunciation*, pp. 137-69, 244-63.

56 陸德明，《經典釋文》8.111、8.112、8.123、9.129、9.138、10.145、10.155等等。同時，在用著「dz' / ts'」聲母的漢字和中／低音韻母「拼音」時，包括「cai」這個漢字的同音異義字（聲母不發音），則在之後與常用的軟顎音聲母相混合。（3.37, 5.60, 5.67, 6.71, 6.84, 7.98, 24.345等）。

57 Pelliot, *Notes on Marco Polo*, p. 121; Skelton, Marston, and Painter, *Vinland Map and the Tartar Relation*, p. 71.

58 Mair, "Canine conundrums: Eurasian dog ancestor myths in historical and ethnic perspective,"詳加論述了這個古代中國的神話。

59 同前引書，特別是pp. 14-16。

60 傅斯年，〈夷夏東西說〉。

61 例如見Nigosian, *Zoroastrian Faith: Tradition and Modern Research*, pp. 55 and 56.

62 Frye, *History of Ancient Iran*, p. 82.

63 Kotwal and Mistree, "Court of the lord of rituals," p. 383n3.

64 許多新聞報導指出，美軍在駐紮伊拉克時，就利用阿拉伯的「厭犬」傳統來審

訊和虐待伊拉克囚犯。可參見Frank Rich, "It's all Newsweek's fault," *New York Times*, May 22, 2005；及Josh White, "Abu Ghraib dog tactics came from Guantanamo," *Washington Post*, July 27, 2005。

65　《唱贊奧義書》（Chāndogya Upanishad）5.10.7，引用自Hume, *Thirteen Principal Upanishads*, p. 233。我將引文中的「狗」和「豬」兩字以粗體標示。

66　具體的例子可參見甲骨卜辭內容：「貞：戎丁用百羊百犬百豚。十月。」以祭祖，引用自郭沫若等，《甲骨文合集》no. 15521。

67　Lattimore, *Inner Asian Frontiers of China*, pp. 54-61.

68　亦可參見卜弼德對拉鐵摩爾精闢理論的詳細闡述，一九四二年於美國加州大學柏克萊校區的講座發表："Turk, Aryan and Chinese in ancient Asia,"in *Selected Works of Peter A. Boodberg*, Berkeley: University of California Press, 1979, pp. 9-12.，特別是p. 7。

【第四章】

1　「離石」和「安定」都是「郡」名（英文通常譯為「commandery」），位於軍事單位「州」（英文通常譯為「prefecture」）以下。離石的所在地是今日的山西省離石區，安定則位於今日甘肅省涇川縣的涇河北岸。地名的辨識原則參照譚其驤等人所編的《中國歷史地圖集》和魏嵩山等人所編《中國歷史地名大辭典》。

2　此處所用的「土著」二字常用於指稱遊牧民族定居下來、不再遷徙。見徐復等編，《古漢語大詞典》，頁598。

3　此故事顯示出傳統漢人的道德偏見。幾個世紀之前，南宋的密探洪皓（1088-1155）曾被囚禁在北方的金國數年，在其撰寫的見聞錄《松漠紀聞》（1.15）中，對於仍然住在北方的回鶻部落，也提到同樣的婚俗：「媒妁來議者，父母則曰，吾女嘗與某人某人昵，以多為勝，風俗皆然。」

4　雲陽谷位於現今的中國山西省右玉縣。

5　汾、晉都是河名，晉水是汾水的支流，汾水則是黃河第二長的支流。

6　北齊神武帝為後人追尊，因為在高歡（496-547）生前，拓跋的傀儡皇帝都仍然在位，直到高歡的第二子高洋在五五〇年稱帝，並創立（北）齊。高歡的生平，可見李百藥，《北齊書》1.1-29。

7　在此時期的大多時候，黃河成為北齊和北周、這兩個繼承拓跋魏的敵對政權的天然邊界。

8　正如北齊獻武皇帝的廟號，在生前並未稱帝的宇文泰的廟號亦為後人所追尊。其生平可見令狐德棻，《周書》1.1-44。

9　名為「黑水」的地方太多，因此難以確定所指何處，最有可能的選項是流經現今陝西省甘泉縣東部的馬東與雲岩河。

10　北魏時期，夏州置於統萬鎮（可能是漢語對阿爾泰意指「萬」的語詞「tümen」的譯寫）之下，統萬鎮之後成為匈奴人赫連勃勃所創立的大夏國

（407-431）的首都。現今為陝西省靖邊縣東北的白城子，或稱統萬城遺址。

11　當時漢朝的上郡位於現今陝西省榆林市東南方，是虢鎮（Guizhen，音譯）的一部分。根據《周書》中的紀年，也可以指之後隋朝的上郡，其位於現今陝西省的富縣。

12　「北山」同時也是地名，通常是指甘肅青海走廊北側的山區，但這個解釋並不確定是否符合此處的用法。

13　延州靠近今日陝西省延安市。

14　此處的「生」這個形容詞可以被理解成「未受教化」、「未被制服」或「未定居的」的概念，通常是指相對來說較晚來此處的「胡人」，尚不熟悉中國「邊境政策」的標準規則。

15　勳州地處現今山西省稷山縣的西南部。

16　楊忠（《周書·列傳》19.314-19）是隋朝開國皇帝楊堅的父親。

17　丹州位於現今陝西省宜川縣，綏州位於現今陝西省綏德縣，銀州位於北周領土，為今日陝西省橫山縣，蒲川則位於今日山西省蒲縣。

18　此處中華書局版的句讀並不正確。原文為「開府劉雄出綏州，巡檢北邊」，顯然是在做軍事準備（為了運輸），因而與稽胡為敵。

19　如前所述，同時存在著兩個晉州。考量到五七六年的戰爭是北周對北齊的一次重大入侵，此處所指的晉州應該位於北周境內，坐落在現今山西省的臨汾市。

20　這三位王子都是宇文泰較小的兒子，他們的生平可見《周書》13.203-4和13.206。三人在五八〇年隋朝開國皇帝楊堅陰謀篡位時，均遭處死。

21　馬邑鎮如今是中國陝西省的朔州市。

22　宇文盛（《周書·列傳》29.493）為北周政權的奠基者宇文泰之子，與前面提到的在五六七年攻打稽胡的延州總管宇文盛不是同一人。

23　Boodberg, "Two notes on the history of the Chinese frontier. II. The Bulgars of Mongolia."

24　杜佑，《通典》197.1067；樂史，《太平寰宇記》，294.646-47；鄭樵，《通志》200.3208-9；馬端臨，《文獻通考》342.2686。

25　林幹，《匈奴史料彙編》。林幹在書中收錄的步落稽資料，應置於與匈奴帝國或聯盟相關的史料的脈絡中來理解，而不是假設兩者屬於同一個族裔或使用同樣的語言。

26　周一良，〈北朝的民族問題與民族政策〉及唐長孺，〈魏晉雜胡考〉。

27　可以不用理會《周書》的理論，即步落稽為春秋時期戎狄的後代。見周一良，〈北朝的民族問題與民族政策〉，頁151。當時的漢人史家很流行將北方遊牧民族追本溯源至早期漢語記錄中的「胡人」如同蒲立本在"The Chinese and their neighbours in prehistoric and early historic times"一文中所闡述的，這些說法通常禁不起驗證。亦可參見Prušek, *Chinese Statelets and the Northern Barbarians in the Period 1400–300 b.c.*, pp. 222-23。

28　姚薇元，《北朝胡姓考》，頁277、288。

29　然而，《舊唐書》（29.1072）確實稱吐谷渾為中國東北的「慕容別種」。這

或許可以解釋為，在其定居中國西北後的幾個世紀裡，吐谷渾與許多吐蕃和原始吐蕃部落混雜而居，因而丟失了一些其自身的鮮卑特徵。

30 在後來的匈奴人中，理所當然有歐洲人或高加索的成分，可參見Mänchen-Helfen, *World of the Huns*, pp. 369-74。

31 羯族人士據稱是「高鼻多鬚」（《資治通鑑》98.3100）。對羯族的中亞血統的詳細闡述，見譚其驤，〈羯考〉。

32 對匈奴的論述，可見Di Cosmo, "Ancient Inner Asian nomads: Their economic basis and its significance in Chinese history"；匈奴的農業，可見Mänchen-Helfen, *World of the Huns*, pp. 174-78。

33 向達，《唐代長安與西域文明》。

34 Boodberg, "Bulgars of Mongolia," p. 297.

35 Al-Kašyarī, *Compendium of the Turkic Dialects (Türk Siveleri Lügati)*, vol. 3, p. 225.

36 Boodberg, "Early Mongolian toponym."

37 如同我在 "Sino-Tokharico-Altaica" 一文中所闡述的，赫連勃勃新起的「與天連」的皇家姓氏，再加上其下令修築的夏國都城「統萬」（可能是漢語對阿爾泰意指「萬」的語詞「tümen」的譯寫），皆顯示出神聖王權的草原傳統。

38 可參見Krauze, "Pride in Memin Pinguin," p. A21。

39 Pulleyblank, *Background of the Rebellion of An Lu-shan*, p. 104n1. 然而，伯希和在他的 "Note sur les T'ou-yu-houen et les Sou-p'i" 一文中將《宋書》（96.2370）中的「諸雜種」翻譯成「les tribus mélangées」。

40 例如房玄齡等所撰的《晉書》（63.1707）就提及有一場意外顯示出匈奴和鮮卑自古以來就視彼此為敵人。

41 見白鳥庫吉（Shiratori）, "Sur l'origine de Hiong-nu."另外，可參考康斯坦丁（Constantin）的著作*Were the Hiung-nu's Turks or Mongols: Regarding Some Etymologies Proposed by Shiratori*, 但很難了解此位作者。

42 Mänchen-Helfen, "Huns and Hsiung-nu," p. 224.

43 Ligeti, "Mots de civilization de Haute Asie en transcription chinoise."

44 Pulleyblank, "Consonantal system of Old Chinese: Part II."

45 Vovin, "Did the Xiongnu speak a Yeniseian language?"

46 見斯塔羅斯金（Sergei Starostin）的兩篇文章："Praeniseiskaia rekonstruktsiia i vneshnie sviazi eni- seiskikh iazykov"及"Gipoteza o geneticheskikh sviaziakh sinotibetskikh iazykov s eniseiskimii severnokavkazkimi iazykami"。

47 Chen Sanping, "Sino-Tokarico-Altaica."

48 《晉中興書》，引用自林幹，《匈奴史料彙編》，卷二，頁1046。

49 王國維，〈西胡考〉和〈西胡續考〉。岑仲勉和呂思勉的論文則可參見林幹，《匈奴史論文選集（1919-1979）》。

50 見Sinor, *Cambridge History of Early Inner Asia*, p. 128。其中也對匈奴畫像

中的「藍眼」十分有興趣。見林幹，《匈奴史論文選集》，頁81。要解決匈奴種族問題的一個有效方向是加強拉鐵摩爾所提出的「漸進分化」理論（progressive differentiation），本書在其他處也有論及。按照拉鐵摩爾的理論，在匈奴中所發現的不僅是原始阿爾泰語和古亞細亞語言（paleo-Asiatic）古亞洲的元素，還有（本地的）印歐和原始漢族的元素，這些元素長久以來已經「漸進胡化」，並因為華夏中心區不斷增長的集約化農業，迫使他們離開早期的領地。

51 Mänchen-Helfen, *World of the Huns*, pp. 369-74.

52 近來對這些群體的研究，見Golden, *Introduction to the History of the Turkic Peoples*, pp. 79-83。

53 突厥人的雜胡血統之後也被李延壽的《北史》（57.3286）和杜佑的《通典》（197.1067）所沿用。

54 對這場戰役和其結果的最詳細廣泛的闡釋，可參見白壽彝，〈從怛羅斯戰役到伊斯蘭教之最早的華文記錄〉。

55 Needham, *Science and Civilization in China*, vol. 1, pp. 236-37.

56 Pelliot, "Des artisans chinois à la capitale abbasside en 751-762."

57 其中的兩個宗教，即大秦和大食，可以簡單推定為基督教（景教）和伊斯蘭教。至於第三個「尋尋」（中古漢語發音為「ziəm-ziəm」）則需要更詳細的解釋。一九八九年版的《辭海》（頁2788）認為這是指祆教，因為阿拉伯人稱祆教徒為「Zemzem」。我確實發現早期著名的阿拉伯史家馬蘇第（Abu-l Hassan al-Mas'udi, 896-956）也曾提到類似的俗名，但並非指瑣羅亞斯德教徒，而是用「zemzemeh」來稱呼祆教經典《阿維斯陀》（*Avesta*）。見*Muru-j al-Dhahab wa Ma'adin al-Jawhar (The Meadows of Gold)*, vol. 2, p. 123。基於此一證據，杜環指責「尋尋」最為淫亂（其尋尋蒸報於諸夷狄中最甚），便毫無疑問地是在說祆教，因為祆教教義以實行「近親通婚」（xvaetvadatha）聞名。可參見Boyce, *History of Zoroastrianism*, vol. 2, p. 75。事實上，這個先伊斯蘭教的伊朗近親通婚傳統也可見於希羅多德的《歷史》（*Herodotus*, 3.31），漢人史書亦多有記載。例如《周書》（50.920）在談論伊朗時，也提到：「俗事火祆神。婚合亦不擇尊卑，諸夷之中，最為醜穢矣。」《隋書》（83.1856）也特別提到伊朗人「妻其姊妹」。

58 Henning, "Date of the Sogdian ancient letters."恆寧認為這些書信應寫於匈奴首領劉聰（310-318在位）於三三一年劫掠洛陽之後，學界一度普遍接受了這個說法，但在哈爾馬塔（J. Harmatta）提出兩篇論文"The archaeological evidence for the date of the Sogdian letters"和"Sogdian sources for the history of pre-Islamic Central Asia."後，恆寧的論點便遭受到挑戰。哈爾馬塔認為，這些信件也有可以是在描述一九三年的事件，當時軍閥董卓被殺害之後，他網羅的（南方）匈奴部隊，繼續盤據在西漢首都長安附近。

59 可參考Prušek, *Chinese Statelets*, p. 16.

60 Mänchen-Helfen, "Pseudo-Huns."

61 近年來的範例，可見Vaissière, "Huns et Xiongnu"。

62 Sinor, *Cambridge History of Early Inner Asia*, p. 179.

63 例如見Mänchen-Helfen, *World of the Huns*, pp. 164, 199, 381, and 431-32.

64 Detschev, "Der germanische Ursprung des bulgarischen Volksnamens."

65 Runciman, *History of the First Bulgarian Empire*, pp. 279-81.

66 Németh, Gyula (Julius), *A honfoglaló magyarság kialakulása* (The Shaping of the Hungarians of the Conquest Era), pp. 38, 95-98.

67 可參閱齊思和（1907-1980）對北匈奴西遷路線的模擬重建。

68 Menges, "Altaic elements in the proto-Bulgarian inscriptions," p. 87n3，其文指出漢字「稽」在最後一個音節中，顯示出「-r」的尾音，這支持了卜弼德的推論。

69 Mänchen-Helfen, *World of the Huns*, p. 364.

70 例如見Pelliot, *Notes sur l'histoire de la horde d'or*, pp. 224-30; Maechen-Helfen, *World of the Huns*, p. 384; Rudnickij, *Etymological Dictionary of the Ukrainian Language*, vol. 1, pp. 164-65; 以及 Németh, "The meaning of the ethnonym Bulgar."

71 令人納悶的是，直到一九六四年，或許是在他的授意下，加拿大期刊《Onomastica》重新刊登了內梅特（Gyula Németh）在一九二八年的文章 "La provenance du nom Bulgar"，重現了舊日的「mélange, produit d'un mélange」詞形變化。

72 Golden, *Introduction to the History of the Turkic Peoples*, p. 104.

73 Dodge, *Fihrist of al-Nadim: A Tenth-century Survey of Muslim Culture*, vol. 1, p. 37.

74 見普里查克著名的研究*Die Bulgarische Fürstenliste und die Sprache der Protobulgaren*。

75 Norman, "Note on the origin of the Chinese duodenary cycle."

76 Pritsak, *Die Bulgarische Fürstenliste*, p. 64. 這個説法還需要某些附加條件：漢文史料指出「屠各」的原始名為「休屠各」，但是「休屠各」本身也是全稱「休著屠各」的省略寫法。 所以「屠各」可能是數個次等氏族形成的氏族名。見范曄，《後漢書》90.2983及90.2990。

77 姚薇元，〈獨孤即屠各考〉。

78 Bazin, "Man and the concept of history in Turkish Central Asia,"及他更近期的研究*Les systèmes chronologiques dans le monde turc ancien*。

79 可參見Vetch, "Lieou Sa-ho et les grottes de Mo-kao"。可惜魏普賢（Hélène Vetch）對「稽胡」毫無認識，她推測「稽胡」中的「稽」這個字是指「喀什米爾」（Kashmir, p. 147n34）劉薩河據稱曾前往印度和西域朝聖，可能進一步證明了「步落稽」與中亞之間的聯繫。

80 Chen Yuan, "Ch'ieh-yün and its Hsien-pi authorship."

【第五章】

本章從拙作"Some remarkson the Chinese 'Bulgar'"和"From Azerbaijan to Dunhuang: A Zoroastrianism note"擴寫而成，並有諸多增補。

1　Fairbank, "Preliminary framework," pp. 3-4.

2　Adshead, *China in World History*, p. 145.

3　如今已有第二版且有英文翻譯：*Sogdian Traders: A History*。

4　Asia Society, "Monks and merchants: Silk Road treasures from northwest China, Gansu and Ningxia, 4th-7th century."

5　Grenet, "Pre-Islamic civilization of the Sogdians (seventh century bce to eighth century ce): A bibliographic essay."

6　舉例來說，可參見阮元，《十三經注疏》，頁181。

7　欲見現代之前的古漢語民歌集，特別是與政治預言相關的部分，可見杜文瀾，《古謠諺》。現代對古代童謠的集註，可見高殿石，《中國歷代童謠輯注》。

8　對此伊朗語字根的古代證據，見Bailey, *Dictionary of Khotan Saka*, p. 336；及Gershevitch, *Grammar of Manichean Sogdian*, p. 8。

9　這個被廣為證實的轉寫會在下一章詳加論述。

10　馮承鈞，《西域地名》，頁64。

11　Boodberg, "Early Mongolian toponym."

12　Laufer, *Sino-Iranica*, ch. 1.

13　Gabain, *Alttürkische Grammatik*, pp. 107, 326. 亦可參見第二章裡引用的更多「m-」開頭等同「b-」開頭的例子。

14　Bailey, "Hvatanica."

15　見拙作"Yuan Hong: A case of premature death by historians?"。

16　全信內容可見令狐德棻，《周書》11.169-71；摘錄可見《資治通鑑》169.5243。

17　在正史中很少能讀到像這樣未經改動、但如此動人的文獻，它揭示了人類最真實的情感和苦痛。趙翼在《陔餘叢考》評論道：「《宇文護傳》載其母子相寄之書，千載下神情如見。」（7.20）

18　如同卜弼德在其文"Marginalia to the histories of the Northern dynasties"中評論高洋的案例時所說，紀年錯誤在當時十分常見。

19　高氏一族自稱先祖是漢人，但他們不斷被時人認做是鮮卑人。見姚薇元，《北朝胡姓考》，頁135-137。譚其驤（1911-1992）曾論述高氏一族具有朝鮮血統的可能性，見繆鉞，《讀史存稿》，頁93-94。

20　案例可參見Lubotsky, "Early contacts between Uralic and Indo-European: Linguistic and archaeological considerations," p. 307。

21　Patrick D. Healy, "Recent experience aside, in politics wealth isn't all," *New York Times*, November 13, 2005.

22　亦可見《大正新脩大藏經》第五十一冊（no. 2092, p. 1012b）。

23 魏義天與童丕（Eric Trombert）編輯的《粟特人在中國》（*Les Sogdiens en Chine*）是以西方語言寫成的極佳典範。

24 Michael Drompp，"Turks, Sogdians, and the founding of the T'ang Dynasty" 是個有趣的例外，但張國平在論述粟特人的政治角色時，僅將其視為是突厥人的「合作者」。

25 Bailey, *Khotanese Texts IV*, p. 11.

26 Heiler, *Erscheinungsformen und Wesen der Religion*, pp. 43-50.

27 此儀式中可能的前雅利安元素，見Converse, "Agnicayana rite: Indigenous origin?"。

28 林梅村，〈從陳碩真起義看火祆教 唐代民間的影響〉。

29 長孫無忌，《唐律疏義》18.345。

30 少數的案例：《晉書》106.2773、《梁書》11.207、《陳書》4.70等等。

31 馬書田，《華夏諸神》，頁405。有趣的是，這或許也導致中國文人一再指責祆教徒淫亂最甚，這顯然是因為他們了解（或說是誤解）了後者「近親通婚」的習俗。

32 黎國韜，〈二郎神之祆教來源〉。

33 林悟殊，〈唐人奉火祆教考辨〉，頁106-107。

34 關於此古代異族傳統，可參見高國藩，《敦煌民俗學》，頁483-505；以及李正宇，〈敦煌儺散論〉。

35 可再次參見向達對此主題的開創性研究。

36 歐陽修等，《新唐書》221b.6244；亦可見Pulleyblank, "Sogdian colony in Inner Mongolia," p. 320。

37 「薩寶」這個稱號吸引了許多漢學家的注意，可參考Pelliot, "Le Sa-pao"；Bailey, "Irano-Indica II"；較近期的研究則可見富安敦（Antonino Forte）的兩篇文章："Sabao question"及"Iranians in China: Buddhism, Zoroastrianism, and Bureaus of Commerce"。

38 *Science and Civilisation in China*, vol. 3, pp. 469 and 637.

39 近東和印歐的人名詞彙有著豐富的文獻，當中有許多是早期日耳曼史家的作品。此處我只列出比較大部頭的著作。關於蘇美人名，見Limet, *L'Anthroponymie sumerienne*；古埃及，見Ranke, *Die ägyptischen Personennamen*, vols. 1-3；西台人名，見Laroche, *Recueil d'onomastique Hittite*；古印度或梵文人名，見van Velze, *Names of Persons in Early Sanscrit Literature*。各種閃族語言，包括亞述語和先伊斯蘭阿拉伯語，見Tall-qvist, *Assyrian Personal Names*；Benz, *Personal Names in the Phoenician and Punic Inscriptions*，還有其他許多著作。關於希臘人名，見Fraser and Matthews, *Lexicon of Greek Personal Names*；古伊朗人名，見尤斯梯（Ferdinand Justi）一八九五年出版的人名詞彙經典*Iranisches Namenbuch*，以及邦旺尼斯特（Emile Benveniste,1902-1976）的現代研究*Titres et noms propres en iranien ancien*。

40 Bauer, *Der chinesische Personenname*, pp. 66-77.

41 陶希聖，〈唐代戶籍簿叢輯〉。王永興（1914-2008）在其一九五七年發表的
    文章〈敦煌唐代差科簿考釋〉中，誤讀了姓氏「Jia」，之後才在他一九八二
    年發表的文章〈唐天寶敦煌差科簿研究〉中予以修正。年號天寶也可以被視為
    是含有「神意」的名號，這個現象起於南北朝時代，與佛教的盛行同時。參見
    本書下一章。

42 氾勝之：漢成帝時（32-37BC）在朝為官，是中國最早的農業科學家之一。
    他的作品，見上海圖書館，《中國叢書綜錄》卷二，頁777。梅維恆所主
    編的《哥倫比亞中國傳統文學作品選集》（*The Columbia Anthology of
    Traditional Chinese Literature*）收錄了氾氏最重要著作《氾勝之書》首章的
    翻譯（pp. 626-28）。關於東漢到晉朝其他的范姓人名，可參見*Ershiwushi
    renming suoyin* (Index of Personal Names in the Twenty-four Histories), p.
    242。

43 敦煌研究院，《敦煌莫高窟供養人題記》，人名索引，頁239。所有皆是一般
    的漢姓。

44 對於「昭武九姓」的研究，可參見Pulleyblank, "Sogdian colony in Inner
    Mongolia," p. 320n1. 對於外來姓氏的一般性研究，見姚薇元的研究《北朝胡
    姓考》。

45 Stein Collection S.1889.可參見唐耕耦、陸宏基，《敦煌社會經濟文獻真跡釋
    錄》，pp. 104–8。

46 羅竹風，《漢語大詞典》卷七，頁297-298。

47 《吐魯番出土文書》卷三，頁46、150。

48 同前引書，卷七，頁327。

49 同前引書，卷二，頁318、333、334及339；卷三，頁26、31、48、107、119
    及158；卷四，頁132、159及188。

50 舉例來說，可參見van Velze, *Names of Persons in Early Sanscrit Literature*, p.
    37.

51 Malalasekera, *Dictionary of Pāli Proper Name*, pp. 13-14.

52 Jacoby, *Die Fragmente der griechischen Historiker*, Zweiter Teil A, pp. 361-
    62.

53 伊朗資料中對「子」的翻譯，見Gershevitch, "Island-Bay and lion," p. 89。

54 在私下交流時，日紐（Gignoux）教授提出了一個有趣的建議，即常見的
    泛阿爾泰語人名「Bayadur」可能出自伊朗原型的「baya-ādur」（意指
    「火神」），或者此案例也是有著被廣為驗證的雙神性詞構（dual-divinity
    construct）。

55 Frye, *History of Ancient Iran*, pp. 143 and 163. 關於前伊斯蘭伊朗人名
    詞彙中，意指「保護」（"beschützt", "protégé"）的元素「-pata」和
    「-pates」，可參見Justi, *Iranische Namenbuch*, p. 505；及Benveniste, *Titres
    et noms propres en iranien ancient*, p. 90. 事實上，巴托洛梅在其一九〇四

年出版的*Altiranisches Wörterbuch*, p. 318中，就將「Atarepata」這個名字解釋成「受火保護的」（"der vom Feuer geschützte"）。

56 Boodberg, *Hu Tien Han Yüeh Fang Chu*, No. 5, p. 108.

57 Wright, *Sui Dynasty*, p. 54.

58 Pulleyblank, "Chinese Name for the Turks."

59 Gignoux, "Les noms propres en moyen-perse épigraphique: Étude typologique,"以及*Noms propres sassanides en moyen-perse épigraphique. In personal names it was often written as 'twl.*

60 Bartholomae, *Altiranisches Wörterbuch*, p. 316; Bailey, *Khotanese Texts IV*, p. 11n2.

61 我由衷感謝日紐教授在私下交流時，啟發我從伊朗哲學中著手。對於這個特殊的轉寫「ādur」，日紐教授更親切地引導我參考恆寧（W. Henning）和麥肯齊（D. N. MacKenzie, 1942-）的著作，例如MacKenzie, *A Concise Pahlavi Dictionary*, p. 5；及Mary Boyce, *A Word-List of Manichaean Middle Persian and Parthian*, p. 8。

62 雖然可能性較低，但也有漢字的抄本資料暗示「阿頭六」來自「ātar」一詞。見de Jong, "L'Épisode d'Asita dans le Lalitavistara."；甚至，來自當時代同一地區的佛教經典中，「頭」一字被用來轉譯巴利語中「ta / da」的發音，例如「摩頭羅」（mutali）、「提頭賴吒」（dhatarattha）、「鬱頭藍」（uddaka ramaputta）。見Coblin, "Remarks on some early Buddhist transcriptional data from northwest China"。

63 Pelliot Collection P.2592；可參見唐耕耦、陸宏基，《敦煌社會經濟文獻真跡釋錄》，頁163。

64 兩位率先研究此新議題的中國學者是林悟殊及陳國燦。見榮新江的文獻回顧"Research on Zoroastrianism in China (1923-2000)"。

65 Pelliot Collection P.412, P.3391, P.3707, P.3978, P.4063, 以及Stein Collection S.1845 and S.6309.

66 Grenet and Zhang, "The last refuge of the Sogdian religion: Dunhuang in the ninth and tenth centuries."

67 姚薇元，《北朝胡姓考》，頁392。

68 Frye, "Fate of Zoroastrians in eastern Iran."

【第六章】

本章改寫自拙作"Son of heaven and son of god: Inter- actions among ancient Asiatic cultures regarding sacral kingship and theophoric names,"*Journal of the Royal Asiatic Society*, ser. 3, 12: 289-325。

1 Ching, "Son of heaven: Sacral kingship in ancient China."

2 同前引書，p. 4。

3 顧立雅，〈釋天〉；郭沫若，《先秦天道觀之進展》。郭沫若以筆名郭鼎堂發

表此書，因為當時郭沫若因政治因素流亡日本，從本篇中的補充說明的日期（一九三五年十二月），可知郭沫若的發現並不晚於顧立雅。

4 Creel, *Origins of Statecraft in China*, vol. 1, pp. 493-506.

5 胡厚宣，《甲骨學商史論叢初集》，頁328；陳夢家，《殷虛卜辭綜述》，頁531。董作賓的說法可參見Creel, *Origins of Statecraft in China*, p. 496。

6 金文的詳細內容，可參見陳夢家，《殷虛卜辭綜述》，頁531。

7 王宇信，《西周甲骨探論》，頁102、311。

8 舉例來說，可參見Justi, *Iranisches Namenbuch*, p. 56。

9 郭沫若，《先秦天道觀之進展》，頁17。

10 Eno, "Was there a high god Ti in Shang religion?"十分可惜的是，秦家懿一九九七年的文章中，在假設商人有「至高神」時，似乎並沒有論及艾諾極富開創性的文章。

11 Chun, "Conceptions of kinship and kingship in classical Chou China."我的譯文修改自Sybille van der Sprenkel, *Legal Institutions in Manchu China*, p. 152中對宋代史料的翻譯，陳奕麟直接予以引用，但未查覺此原則的源起可以追溯至更古老的時代。因為這個說法不僅如同范德斯普倫格（Sybille van der Sprenkel）所稱，「是在遙相呼應〔《左傳》〕這個篇章」（echoes a passage in）。要說其是理解先秦編年史《左傳・魯僖公十年（656BC）》（5.276）的入口也絲毫不過分。

12 陳夢家，《殷虛卜辭綜述》，頁580。

13 雖然「帝子」的詞構確實出現在甲骨文的卜辭中，用來指稱王后所生的嫡子。因此，「帝」這個漢字僅僅是同音字的假借，指正妻所生的孩子。可參見裘錫圭，〈關於商代的宗族組織與貴族和平民兩個階級的初步研究〉，頁4。

14 可參見Creel, *Origins of Statecraft in China*, p. 44.

15 Hsu and Linduff, *Western Chou Civilization*, p. 111.

16 Baxter, *Handbook of Old Chinese Phonology*, p. 792, 其重建漢字「天」的古代發音為「*hlin」。

17 Chen Sanping, "Sino-Tokharico-Altaica: Two linguistic notes."

18 Pulleyblank, "Chinese and their neighbors in prehistoric and early historic times," 特別是 pp. 421-22.

19 Mair, "Old Sinitic *M ag, Old Persian *Maguš*, and English 'magician.'"舉例來說，秦家懿就曾論述過「巫」和「薩滿」對古代中國王權中所扮演的角色，可惜她卻忽略了梅維恆的有趣研究——中國的「巫」和古伊朗的「巫師」（Magi）之間的關係。

20 此用法的消失，見錢大昕，《十駕齋養新錄》16.397。

21 亦見Vandermeersch, *Wangdao ou la Voie Royale: Recherches sur l'esprit des institutions de la Chine archaïque*, tome 2, pp. 13-18.

22 《春秋左氏傳》（之後簡稱《左傳》）1.3、1.40、2.80、2.116、5.265、8.461等等。

23　出自漢朝時期，毛亨對《詩經》的著名評註，可參見《辭海》，頁369。

24　對此事件最好的闡述，見范曄，《後漢書》88.2921。

25　伯希和的"La théorie des quartre Fils du Ciel"仍然是對此傳統最好的研究，至今無人能出其右。亦可參見Ferrand, "Les grands rois du monde"。

26　Sten Konow, *Kharoshthi Inscriptions with the Exception of Those of Aśoka*, pp. 163 and 165.

27　Mukherjee, "Title Devaputra on Kushana coins."

28　Dodge, *Fihrist of al-Nadim*, vol. 2, p. 839. 亦可見Ferrand, *Relations de voyages et textes géographiques arabes, persans et turks relatifs à L'Extrême Orient du VIIIe au XVIIIe siecles*, p. 131.

29　Pelliot, *Notes on Marco Polo*, vol. 2, pp. 652-61.

30　一個特殊的案例是唐朝八七四年時，一份雙語墓誌銘中，中古伊朗語（Pahlevi）的部分。根據一些文獻，可知其中的「bgpwhl」等同於「bagpuhr」，其指涉了唐朝的皇帝。可參見Humbach, "Die Pahlavi-Chinesische bilingue von Xi'an"。

31　Pelliot, *Notes on Marco Polo*, vol. 2, p. 655.

32　同前引書，p. 652。Henning, "Sogdian loan-words in New Persian,"考量到伊朗語中的形式，自然也同意這一點（p. 94）。

33　例如見Henning, "Date of the Sogdian ancient letters," pp. 601-15.

34　Harmatta, "Archaeological evidence for the date of the Sogdian letters," 以及"Sogdian sources for the history of pre-Islamic Central Asia."

35　Lévi, "Devaputra," pp. 12-13.

36　Pelliot, *Notes on Marco Polo*, vol. 2, p. 654.

37　即使是在印度次大陸之外，這樣的用法也廣為流傳，特別是東南亞，其向來都深受印度文化的影響。一個特殊的案例是印尼前總統梅嘉娃蒂（Megawati Sukarnoputri, 1947-）的姓，意指「蘇卡諾的女兒」（蘇卡諾〔Sukarno, 1901-1970〕是印尼建國領袖與首任總統）。

38　莫妮卡‧甘地（Maneka Gandhi, 1956-）在其書*The Penguin Book of Hindu Names*中（p. 100），列舉出「Devakumāra」這個名字（意指「deva的兒子」），這是出自現代的語詞結構，而不是出自古老的史料。另外像其書中提到的「Brahmaputra」和「Brahmaputr」等名字，也都具有相同的結構。

39　可參閱尤斯梯的經典著作*Iranisches Namenbuch*和好幾大卷的*Iranisches Personennamenbuch*，由邁耶霍夫（Manfred Mayrhofer, 1926-2011）所編輯。可惜我在神事名的結構中，沒有找到「puthra / puhr」出現的案例，因此我在討論古伊朗語人名時，無法像在論述古印度語人名時那樣下定論。

40　具體的例子可見Justi, *Iranisches Namenbuch*, pp. 492-93.

41　Yule, *Book of Ser Marco Polo*, vol. 2, p. 148; Pelliot, *Notes on Marco Polo*, vol. 2, p. 656.

42　Sinor, "Western information on the Kitans and some related questions."

43 Fletcher, "Mongols."

44 除了幾個特例，本研究中的中古漢語和古漢語的發音皆引用自 Karlgren, *Grammata Serica Recensa*。

45 亦可見於李延壽，《北史》1.22，其將部落名錯寫成「越勒」，這樣的筆誤很常見。舉例來說，漢語對阿爾泰語詞「tegin」（意指「王子」）的轉寫應為「特勤」，但在幾乎所有的朝代正史中，都被寫成「特勒」。

46 關於「高車」，見Mänchen-Helfen, "Ting-ling"及Edwin Pulleyblank, "The 'High Carts': A Turkish-speaking people before the Turks"。

47 魏收，《魏書》4.79中提到「庫若于」這個名字，其中的「于」字應為「干」字，是常見的誤植。正確的名字可見於《魏書》24.635及李延壽，《北史》21.798。

48 此段落也可見於李延壽，《北史》94.3132、杜佑，《通典》200.5489。

49 同樣以祖先為氏的類似兩個案例，是「賀拔勝」（《周書》14.215）和「斛斯椿」（《北史》49.1785）。

50 關於女真的先祖，可參見房玄齡等，《晉書》1.1-2。Pelliot, "À propos des Comans"中也認為，無論是從歷史還是地理的角度來看，「靺鞨」都是女真的祖先。

51 魏徵，《隋書》81.1821；李延壽，《北史》94.3124；及歐陽修等，《新唐書》219.6178。《北史》（94.3130）也提到了「室韋」，但《舊唐書》引用的較早，並且《北史》中其它的段落（34.3130）也稱「室韋」的首領為「莫弗賀」，顯示出「冒頓」是一個副稱號。

52 Marquart, "Über das Volkstum der Komanen," p. 84.

53 令狐德棻，《周書》49.899；魏徵，《隋書》84.1881；李延壽，《北史》94.3127；及杜佑，《通典》200.5481。

54 例如見Clauson, *Etymological Dictionary of Pre-thirteenth-century Turkish*, pp. 417 and 453.

55 Pelliot, *Notes on Marco Polo*, vol. 2, p. 656.

56 如同之前的說明，這個名字也常被誤寫成「勿于」。

57 Menges, "Titles and organizational terms of the Qytan (Liao) and Qara-Qytaj (ŚiLiao)," p. 73.

58 以下所能列舉的只是其中的一小部分：Marquart, "Über das Volkstum der Komanen" p. 84；Pelliot, "Neuf notes sur des questions d'Asie centrale"；Boodberg, *Hu T'ien Han Yüeh Fang Chu*, no. 9；Menges, "Altaic elements in the proto-Bulgarian inscriptions," p. 94及"Titles and organizational terms" p. 73；Molè, *The T'u-yü-hun from the Northern Wei to the Time of the Five Dynasties*, p. 78；Doerfer, *Türkische und Mongolische Elemente im Neupersischen*, Band 2, p. 369。

59 Radloff, *Die Alttürkischen Inschriften der Mongolei*, vol. 1, plate III.

60 Justi, *Iranisches Namenbuch*, pp. 184 and 202; Benveniste, *Titres et*

noms propres en iranien ancien, p. 79; Schmitt, Iranisches Namen in den Indogermanischen Sprachen Kleinasiens, p. 23; and Thomas, "Tibetan documents concerning Chinese Turkestan."

61　可參見蒲立本的解釋：Pulleyblank, "Chinese name for the Turks."

62　Coblin, "Comparative studies on some Tang-time dialects of Shazhou," p. 314.

63　Clauson, Etymological Dictionary of Pre-thirteenth-century Turkish, pp. 360-61.

64　Bailey, Khotanese Texts VII, p. 26.

65　例如見Klyashtorny and Livshits, "Sogdian inscription of Bugut revised."

66　見Mackerras, Uighur Empire according to the T'ang Dynastic Histories; and Lieu, Manichaeism in the Later Roman Empire and Medieval China.

67　Pulleyblank, "Sogdian colony in Inner Mongolia."

68　陳寅恪，《唐代政治史述論稿》，頁33-34。

69　例如見Golden, Introduction to the History of the Turkic Peoples, p. 71.

70　Clauson, "Foreign elements in early Turkish."

71　可參考Menges, "Titles and organizational terms"; Bazin, "Pre-Islamic Turkic borrowings in Upper Asia: Some crucial semantic fields"; 以及Doerfer, Türkische und Mongolische Elemente, Band 2, pp. 402-4.

72　Clauson, "Foreign elements in early Turkish"; 以及Bazin, "Pre-Islamic Turkic borrowings in Upper Asia."

73　Doerfer, Türkische und Mongolische Elemente, Band 2, p. 138; Menges, "Titles and organizational terms."

74　Sinor, "Establishment and dissolution of the Türk Empire."

75　同前引書，p. 290。

76　Chen Sanping, "Sino-Tokharico-Altaica."

77　Frye, "Remarks on kingship in ancient Iran."

78　眾所周知，孔子對政治秩序和禮儀問題特別敏感，並首度在《春秋》中用「天王」來稱呼遭邊緣化的周天子。

79　有時是皇太子的自稱（《晉書》106.2769），有時大單于的地位甚至比皇太子還低（《晉書》105.2476）。

80　房玄齡等，《晉書》109.2816；魏收，《魏書》95.2050, 95.2064；及李延壽，《北史》98.3270等等。

81　恆寧的翻譯，見W. B. Henning, "Date of the Sogdian ancient letters," p. 605.

82　Frye, History of Ancient Iran, p. 106n68.

83　舉例來說，可參見Balsdon, "'Divinity' of Alexander."

84　「Θεα」的陰性型式可以埃及豔后（Cleopatra）為例。可參見Wroth, Catalogue of the Greek Coins of Galatia, Cappadocia and Syria, pp. 158, 306; Gardner, Coins of the Greek and Scythic Kings of Bactria and India in

85 除了希臘語和雕像之外，意涵逐漸貶值的還有「philhellene」（愛好希臘之人）這個語詞，它是伊朗安息帝國的錢幣上近乎不會消失的形象，從上頭引用的古希臘錢幣目錄中，都可以輕而易舉地證實這一點。

86 Marcellinus, *Ammianus Marcellinus*, vol. 2, pp. 350-51, corresponding to XXIII, 6, 4–5.

87 Frye, *History of Ancient Iran*, p. 371 (app. 4).

88 Marcellinus, *Ammianus Marcellinus*, vol. 2, pp. 332-33, corresponding to XVII 5, 3.

89 Henning, "Sogdian god," p. 249.

90 舉例來說，可參見Doerfer, *Türkische und Mongolische Elemente*, Band 2, pp. 389-410.

91 Bailey, *Culture of the Sakas*, p. 50, and *Dictionary of Khotan Saka*, p. 390.

92 見魏徵，《隋書》84.1868；劉昫等，《舊唐書》13.370、17a.515；歐陽修等，《新唐書》215b.6069等等。

93 Bang and von Gabain "Türkische Turfan-Texte," p. 412.

94 突厥方言的概述，可見Dankoff and Kelly, vol. 3, p. 185。

95 Pelliot, "Notes sur les T'ou-yu-houen et les Sou-p'i," pp. 323-31.

96 班固等，《漢書》11.337，以及應劭的評論。

97 這些案例族繁不及備載，此處只舉出一些例子：范曄，《後漢書》5.232、9.367、37.1258、44.1520、56.1832、65.2140、71.2307；陳壽，《三國志》2.59、45.1075、56.1308；房玄齡等，《晉書》3.72。

98 可參見徐震堮，《世說新語校箋》，頁329、352、377。頁352的案例清楚闡釋了「子」的意涵。

99 令狐德棻，《周書》16.263。獨孤信是北周「天王」宇文毓（廟號世宗、諡號明帝）和隋朝開國皇帝楊堅的岳父，也是唐朝開國皇帝李淵的外祖父。

100 Boodberg, *Hu T'ien Han Yüeh Fang Chu*, no. 5, p. 103.

101 Wroth, *Catalogue of the Greek Coins in the British Museum*, vol. 23, *Catalogue of the Coins of Parthia*, pp. 5, 16, 18, 38, 41, etc。十分有意思的是，頁61提到安息王朝的米特里達梯三世（Mithradates III, r. 57-53 bc）自稱「Θεουευπάτορ」（意指「神—好—父〔的〕」）。

102 Liddell, Scott, and Jones, *Greek-English Lexicon*, p. 1847.

103 同前引書，p. 790，「Θεοπάτορ」唯一經證實的涵義是巴底亞（Parthian）的皇室稱號。

104 Tarn, *Greeks in Bactria and India*, p. 92.

105 對此主題最廣泛的研究可能是魯保羅（Jean-Paul Roux）的文章"Tängri: Essai sur le ciel-dieu des peuples altaïcs"亦可參見Pallisen, "Die alte Religion der Mongolen und der Kultus Tschingis-Chans"，雖然後者所考證的史料比我們的時代要晚上許多。

106 可參見Tekin, *Grammar of Orkhon Turkic*, p. 232.

107 Roux, "L'origine céleste de la souveraineté dans les inscriptions paléo-turques de Mongolie et de Sibérie," pp. 235-36.

108 Pulleyblank, "Consonantal system of Old Chinese: Part II."事實上，蒲立本在現存的葉尼塞諸語言中，根本找不到可接受的證據，有意謂「子」的字根。最後，他將焦點放在辨識「bĭkjàl」（意指「子」）這個語詞，其在已滅絕的阿林語（Arin）中，是「孤塗」的同源詞，他重建了其在漢朝時期的發音「*kwaĥ-δaĥ」。並宣稱「bĭ似乎是加在親屬名詞的字首」。我認為，更好的解釋是梵語的詞彙「kudaka」（意指「小孩」）、新伊朗語的「kūdak」（意指「小孩」）、「Tamil kura」（意指「年輕」），以及「Santali kora」（意指「男孩」），可以重建為古伊朗語的「*kuδak」或「*kuδag」型式。要查閱更多印度—伊朗語詞，見H.-P. Schmidt, "Indo-Iranian etymological kaleidoscope"。

109 歐陽詢等，《藝文類聚》80.1371。

110 此段落也是從更早的《史記·匈奴列傳》（110.2896）引用而來，之後的段落（110.2890）更記載了，在漢朝宦官中行說（？-126BC）的煽動之詞中，匈奴王倨傲地自稱「天地所生日月所置匈奴大單于」，這同樣並非「天子」的語詞結構。

111 具體的例子可見Tekin, *Grammar of Orkhon Turkic*, p. 231.

112 Bang and von Gabain, "Türkische Turfan-Texte," p. 414, lines 27 and 29.

113 Tekin, *Grammar of Orkhon Turkic*, p. 252.

114 歐陽修等，《新唐書》（221a.6230）稱之以「河羯田山」，顯然是從古突厥語的名稱音轉而來。

115 《冊府元龜》第979章可能是最早的出處。

116 Pelliot, "L'édition collective des œuvres de Wang Kouo-wei."

117 Pelliot, "Neuf notes sur des questions d'Asie centrale," note 29.

118 Radloff, *Alttürkischen Inschriften*, vol. 1, plate III, cols. 12 and 16-18.

119 或者如同穆勒（F. W. K. Müller）的觀點，「孤塗」可能是指突厥語詞「kut」或「qut」，意指「上天的恩惠」、「好運」、「威嚴的」、「崇高的」，有的研究也引用了此說法，例如Pulleyblank, "Consonantal system of Old Chinese," p. 244.

120 房玄齡等，《晉書》121.3111註8、125.3128；魏收，《魏書》3.50；《資治通鑑》111.3506、112.3527。

121 房玄齡等，《晉書》8.196。冉閔應該是漢人，但為「胡人」天王、也就是後趙武帝石虎（295-349）的養孫。

122 此中斷期正好是西魏兩名傀儡皇帝在位之時。

123 同一位契丹君主自稱「天王」，也顯然並非意外。

124 亦可參見班固等，《漢書》94a.3765；及《資治通鑑》18.582-83。之所以會出現這個奇怪的案例，我認為可能是漢語對「Tängri」（意指「神」或「天

神」）的誤譯。

125 Fletcher, "Mongols," p. 31n13.

126 Frye, "Remarks on kingship," p. 80.

127 令狐德棻，《周書》2.36, 24.404, 38.685；魏徵，《隋書》66.1549。對北周官制最佳的編纂及研究，當屬王仲犖的《北周六典》。

128 Hirth, *Ancient History of China, to the End of the Chou Dynasty*, p. 67. 夏德稱其為「文獻中所見最古老的突厥語」。引人注目的是，在中國和西伯利亞西部所出土的青銅短劍，恰巧與此說法相一致，見Okladnikov, "Inner Asia at the dawn of history," p. 86。

129 司馬遷，《史記》4.136及110.2881。亦可參見房玄齡等，《晉書》87.2264；沈約，《宋書》27.764 and 27.809。

130 司馬遷，《史記》4.122。有意思的是，《尚書》〈牧誓〉中改而用「熊」，並讓「熊」在短短的篇章中接連出現兩次。顯然後來編纂這些古代經典的文人並不喜歡原本的比喻。

131 段玉裁，《說文解字注》，頁236。

132 更詳細的討論，見拙作"Sino-Tokharo-Altaica"；對特殊案例的深入研究，見Goodrich, "Riding astride and the saddle in an- cient China"；及Shaughnessy, "Historical perspectives on the introduction of chariots into China."

133 《左傳》和其他史料中皆有許多案例。Prušek, *Chinese Statelets and the Northern Barbarians in the Period 1400-300 b.c.*是很好的現代參考文獻。

134 司馬遷，《史記》110.2885，經《史記》79.2406和《戰國策》5.184證實。

135 Mänchen-Helfen, *World of the Huns*, pp. 174-78; Di Cosmo, "Ancient Inner Asian nomads."

136 在近東和印歐專有名詞詞彙中有豐富的文獻資料。主要參考文獻的列表，請參見第五章的註釋39。

137 神事名、所謂的「人格神」（personal god）和近東宗教傳統之間的關係，見Jacobsen, *Treasures of Darkness: A History of Mesopotamian Religion*；及兩本德國學者的傑出專著：H. Vorländer, *Mein Gott: Die Vorstellungen vom persönlische Gott im Alten Orient im Alten Testament*及Albertz, *Persönliche Frömmigkeit und offizielle Religion: Religionsinterner Pluralismus in Israel und Babylon.*

138 另一個早期可能的神事名結構是「神保」（《詩經》第209篇），亦作「靈保」，出自〈楚茨〉）。傳統上，其被解釋為對祖先的尊稱。朱熹（《朱子語類》81.2125）可能是第一個將其解釋為巫師的學者。但王國維在《觀堂集林》卷二中（2.81），運用青銅器上金文的資料，顯示出其為對已故先祖的另一個尊稱。但無論如何，這都不是人名。

139 我們注意到，一些粗俗的名字幾乎是在同時出現，這或許也能歸因於類似的外國人，特別是古印度人的影響。關於古印度人，見van Velze, *Names of*

Persons in Early Sanscrit Literature, p. 26; 以及 Gonda, Notes on Names and the Name of God in Ancient India, pp. 9-10.

140 特別的是，日本學者宮川尚志（Miyakawa Hisayuki）尚未完成的作品〈六朝人名に現れたる佛教語〉也被記錄在Wright, Studies in Chinese Buddhism。

141 神事名的最佳範例就是「索神神」，而且完全不令人意外地在敦煌地區被發現。見唐耕耦、陸宏基，《敦煌社會經濟文獻真跡釋錄（第一輯）》，頁270，此文件定年於西元八四七至八五九年。

142 佛家三寶的討論，可見Oldenberg, Buddha: Sein Leben, Seine Lehre, Seine Gemeinde, pp. 387-88。

143 另一個希臘語的型式是「-dotos」。見Masson, "Remarques sur quelques anthroponymes myceniens," p. 283。因此，可以發現「歷史之父」希羅多德（Herodotus）的名字意指「赫拉的贈禮」（Hera's gift）。

144 我們必須留意，乳名不一定會記錄在個人的傳記中。且因為各朝代史的規模實在太大（我用了中華書局版本中的九個朝代史，共有一萬四千六百多頁），儘管我盡了最大的努力，仍然可能會有所遺漏。

145 這是陳寅恪針對隋唐時期的政治體系、文化緒餘和政治體系做出的許多重大結論中的其中一點，見陳寅恪，《隋唐制度淵源略論稿》，頁12-29。

146 王溥，《唐會要》1.1；歐陽修等，《新唐書》1.1；劉昫等，《舊唐書》1.1中則採用了稍微有點不一樣、但意義相同的名字：「天錫」。

147 意譯則是「天授」或「天與」，都是「上天賜予」的意思。見《大正新脩大藏經》，No. 2131，pp. 1062-63。

148 「deva」也能被用來當作漢語的神事名，且北齊後主的寵臣穆提婆（527-577）就能證實。

149 見中國西北的外族政權沮渠的一位名將的名字「臧莫孩」（《晉書》129.3192ff.）。粟特語中的「βaya-」在人名中被寫成「Mojia」、「Mohe」等等。「Bohebiduo」就是最佳的例證，可以轉寫成「Bagapāta」（意指「神保」）。此處漢語的型式引用自向達，《唐代長安與西域文明》，頁14、24、90。

150 Gignoux, Noms propres sassanides en moyen-perse épigraphique, Introduction.

151 尤其是日紐（Philippe Gignoux）的兩篇文章，"Le dieu Baga en Iran"及"Les noms propres en moyen-perse épigraphique: Étude typologiqueé"。

152 《莫高窟記》，《敦煌文獻》P.3720，定年八六五年。

153 然而「漢」在這裡也是河名，因為漢朝開國皇帝起初被封為「漢中王」，故以此作為朝代之名。這個雙關很可能意指的是朝代名。

154 除了此處引用的案例，明顯還可能回溯至西晉以前的年號。見陳壽，《三國志》47.1142、1148、47.1171；及沈約，《宋書》31.898。

155 例如，羌族領袖莫折念生（？-527）的年號天建（524-527）、稽胡領袖劉蠡升的神嘉（525-535），以及万俟醜奴（？-530）的神獸（528-530）。

156 在唐朝以前，多半使用「尊號」來代稱皇帝、皇后、皇太后等等。當中自然也包括「天王」。

157 「天」的同義字「乾」也不是。

158 據《魏書》記載，「力微皇帝無舅家」，也就是沒有母系氏族（《魏書》1.2），草原上母系氏族的重要性，可參見本書第一章。

159 毋須訝異，唐高宗的「天皇」稱號也反映了初唐的遊牧民族緒餘，可見本書第一章的論述。

160 例如莊延齡（Edward Parker, 1849-1926）在其著作《韃靼千年史》（*A Thousand Years of the Tartars*）中，就做此假設。

161 Doerfer, *Türkische und Mongolische Elemente*, Band 2, pp. 371-74; Pelliot, *Notes on Marco Polo*, p. 657.

162 Pelliot, *Notes on Marco Polo*, p. 657.

163 見魏徵，《隋書》84.1883；李延壽，《北史》94.3130；及杜佑，《通典》200.5488。

164 Marquart, "Über das Volkstum der Komanen," p. 84n1.

165 杜佑，《通典》197.5402（cf. p. 5421n40）。

166 Fletcher, "Turco-Mongolian Monarchic Tradition in the Ottoman Empire" and "Mongols."

167 詳細的總結可見Engnell, *Studies in Divine Kingship in the Ancient Near East, Excursus*，尤其是pp. 178-89。

168 Radloff, *Die Alttürkischen Inschriften*, vol.1, Plate III, column 1.

169 這也是純粹伊朗語型式「bagadāta」的一個可能的解釋，但在「胡人」的社會環境中未受到證實。

170 可參見其他許多著作：Tarn, *Greeks in Bactria and India*; 以及Holt, *Alexander the Great and Bactria: The Formation of a Greek Frontier in Central Asia*.

171 亞洲許多地區流通的希臘錢幣都清楚顯示出這一點，亦可參見下一註釋中梅興—黑爾芬（Mänchen-Helfen）的文章所引用的參考文獻。

172 Mänchen-Helfen, "Parthian coin-legend on a Chinese bronze."

173 Konow, *Kharoshthi Inscriptions*, pp. 2, 66, and 98.

174 Frye, *History of Ancient Iran*, p. 174.

175 Olivier Masson, "Une inscription ephebique de Plotemaïs (cyrenaïque)," p. 254.

176 Davids, *Milinda-Questions*, p. 26.

177 Konow, *Kharoshthi Inscriptions*, pp. xxxiii and xliv (Introduction).

178 Hookham, *Tamburlaine the Conqueror*, pp. 71-72; and Manz, *Rise and Rule of Tamerlane*, p. 57.

179 Frye, "Remarks on kingship," p. 82.

180 Meskoob, *Iranian Nationality and the Persian Language*, pp. 36-37.

181 例如見Chun, "Conceptions of kinship and kingship."

182 拉施德丁（Rashid al-Din，1247-1318）將其記錄為「taiši」，可能也是從漢語的「太師」轉寫而來，後來，「太師」被寫成「tayisi」。見Serruys, "Office of Tayisi in Mongolia in the fifteenth century"。但是如同伯希和所留意到的，這有時顯然也用做「太子」，《蒙古秘史》（*The Secret History*）便直接證實了這一點，見Pelliot, "Notes sur le 'Turkestan' de M. W. Barthold"。

183 例如，在現代中國的民俗戲曲中，就連北宋時期傳說中的女將穆桂英的兒子，都被稱為太子。見He, "Nuo and the fertility cult"。

184 Barthold, *Turkestan Down to the Mongol Invasion*, p. 196.

185 Needham, *Science and Civilization in China*, vol. 1, pp. 236-37.

186 Harmatta, "Sino-Iranica," p. 143.

【第七章】

1 見梅維恆兩本論述極為廣泛的專著：*Tun-huang Popular Narratives*及*T'ang Transformation Texts*。

2 見拙作"Yuan Hong"。

3 另一位唐代偉大詩人李白，也有類似的聯繫，並吸引了大量的學術研究。可以參考艾龍（Elling Eide）有趣、但多純屬推測的論文"On Li Po"。在其最後的分析，排除合理的懷疑後，就連李白生於中亞的說法都沒法證實。

4 孫國棟，〈唐宋之際社會門第之消融〉，頁289。

5 可參見朱金城，《白居易集箋校》，頁2833-2834註釋。

6 Waley, *Life and Times of Po Chü-i*, p. 26.

7 陳寅恪，《元白詩箋證稿》，頁294。

8 Frye, *Cambridge History of Iran*, vol. 4, p. 165.

9 姚薇元，《北朝胡姓考》，頁374-376。

10 見王定保（約870-955），《唐摭言》13.145；及李昉（925-996）《太平廣記》251.1950-51。

11 劉昫等，《舊唐書》104.3213；《資治通鑑》216.6916。

12 舉例來說，可參見Pulleyblank, *Background of the Rebellion of An Lu-shan*, p. 16.

13 亦可參見陳寅恪的文章〈胡臭與狐臭〉，此文雖短，卻有深刻的見解，探索中文詞彙「狐臭」二字的出處。

14 孫光憲（？-968），《北夢瑣言》5.32。

15 在此脈絡之下，艾龍的文章（"On Li Po," p. 396）對於「漢族民族中心主義」的推測，可能也是李白「不滿」的原因，這似乎過於牽強。

16 發表於吳鋼，《隋唐五代墓誌彙編‧西卷》。見孟繁仁，〈太原白居易考〉。

17 張乃翥，〈記洛陽出上的兩件唐代石刻〉。

18 錢伯泉，〈漢唐龜茲人的內遷及其擴散〉。

19 可參考Pollak, *Mandarins, Jews, and Missionaries*, pp. 325-30.

20 沈括的原文，見胡道靜，《夢溪筆談校證》18.597-98。此發現在中國導致了數量龐大的文章和不只一次的研討會，此處我只列出一些與本章有關的內容：吳曉松，〈畢昇基地發現及相關問題初步探討〉；吳曉松等人〈英山縣發現畢昇及其後裔墓葬考證〉；任昉，〈再探畢昇碑的宗教色彩〉；以及林梅村，〈英山畢昇碑與淮南摩尼教〉。

21 任昉，〈再探畢昇碑的宗教色彩〉，頁38。林梅村，〈英山畢昇碑與淮南摩尼教〉，頁394，其中敘述，在畢氏後裔的墓碑上發現了同樣的「日」、「月」二字，但我尚未找到第一手的實地報告來證實此說法。

22 特別是，在比對畢昇墓碑上的圖畫（參見林梅村，〈英山畢昇碑與淮南摩尼教〉，頁395）之後，便會發現驚人的相似性，墓碑可參見吳文良的《泉州宗教石刻》中的圖110。

23 《陳寅恪先生論文集》，卷一，頁505-524。

24 祭祖和所謂的儒家典儀是晚明的耶穌會教徒所需面對最棘手的問題，這十分考驗利瑪竇（Matteo Ricci, 1552-1610）的智慧（Mungello, *Curious Land: Jesuit Accommodation and the Origins of Sinology*, pp. 64-65），而在方濟會以此攻訐耶穌會之後，演變成天主教正統理論中的一大爭議。參見 Etiemble, *Les Jésuites en Chine: La querelle des rites (1551-1773)*, pp. 90ff。

25 陸游，《渭南文集》5.64；莊綽，《雞肋編》1.11。只有在西班牙托雷多（Toledo）發現的所謂《Z 寫本》（Z manuscript）的拉丁文寫本當中，才有紀載馬可·孛羅對此的發現，見 *Description of the World*, vol. 2, pp. liii-liv。岑仲勉在其《隋唐史》（頁312）中引述了陸游的紀錄，十分奇怪的是，雖然劉南強（Samuel Lieu）("Polemics against Manichaeism as a subversive cult in Sung China" 及 *Manichaeism in the Later Roman Empire and Medieval China*, p. 249)也引述了陸游的發現，也就是中古中國時的摩尼教傳播與耶穌會在明末清初時期短暫的傳教成果，這兩者的相似之處，但他卻沒有討論到禁止祭祖這一點，相較於中國摩尼教教會的毫不妥協，明清時期耶穌會對於禁止崇拜偶像教義的妥協，便體現出明顯的差異。

26 例如像是 *Feifel, Po Chü-i as a Censor*, p. 24.

27 Weinstein, *Buddhism under the T'ang*, p. 192n19.

28 劉餗（fl. 742-55），《隋唐嘉話》2.28；王讜（fl. 1101-10），《唐語林》。見陳寅恪，《唐代政治史述論稿》，頁61-63。

29 崔致遠（fl. 880），《桂苑筆耕集》，序。然而，還需指出的是，崔致遠最後所中的進士，是由唐政府專供外國士人報考的「賓貢科」。亦可參見謝海平，《唐代留華外國人生活考述》，頁124-125。

30 羅振玉，《後丁戊稿》，頁11。陳寅恪，《元白詩箋證稿》，頁292-302。

31 舉例來說，可參見朱金城，《白居易研究》，頁6；田中克己，《白樂天》，頁10。周一良，《魏晉南北朝史札記》，頁172-176，其中指出了許多段婚姻，皆牽涉到皇室成員，也都證實了陳寅恪的舉證。鄧新躍和黃去非在其〈白居易生平考辨三題〉中發現，白居易密友元稹的女兒也嫁給了自己的遠房叔

父。值得注意的是，這些案例卻不像白居易父母的婚事（迎娶親生妹妹的女兒）一樣，被當作「亂倫」看待。

32 喻亮的〈白居易父母畸形婚配説質疑〉一文就帶有典型的華夏中心偏見。

33 見王夢鷗，〈白樂天之先祖及後嗣問題〉，頁148-152。

34 Waley, *Life and Times of Po Chü-I*, p. 238.

35 舉例來説，可參見Bittles et al., "Consanguineous marriage and postnatal mortality in Karnataka, South India."

36 Smith, *Kinship and Marriage in Early Arabia*, p. 197.

37 例如見Barakat, *Arab World: Society, Culture, and State*, p. 109.

38 Korotayev, "Parallel-cousin (FBD) marriage, Islamization, and Arabization."

39 正史雖然不會詳加紀載這些「父系平表婚」的案例，但從皇室世系表中，便能輕易地推斷出來。例如，霍布斯堡皇室（Habsburgs）世系表中的西班牙和奧匈帝國分支，見Dickens, *Courts of Europe: Politics, Patronage and Royalty, 1400-1800*, pp. 123 and 177。

40 參考文獻族繁不及備載。最早出現在古希臘史家贊瑟斯（Xanthus, 6-5th bc）的《呂底亞志》（Lydus）中，其中紀載：「瑣羅亞斯德教的祭司（Magi）與他們的母親和女兒們同居，並依法與姊妹交媾。」見Müller, *Fragmenta historicorum Graecorum*, vol. 1, pp. 36-44; vol. 4, pp. 628-29。儘管此説法的真實性存在爭議，但其他許多的希臘學者也予以認同。參見J. Slotkin對於此「古伊朗」傳統的詳細記錄，見"On a possible lack of incest regulations in old Iran"一文。

41 Givens and Hirschman, "Modernization and consanguineous marriage in Iran."

42 Sundermann and Thilo, "Zur mittelpersischen Grabinschrift aus Xi'an" (Volksre- publik China).

43 陳寅恪，〈《蓮花色尼出家因緣》跋〉，首次出版於一九三二年，並包含論文集，卷二，頁719-724。

44 司空竺（Jonathan Silk）的草稿"Riven by Lust: Incest and Schism in Indian Buddhist Legend and Historiography"便是針對此一主題的廣泛研究，我由衷地感激他給了我這份佳作的複本。

45 更詳細的案例和論述，可參見司空竺的專書。其中可以看到巴利語經典中充斥著親生兄弟姐妹之間的通婚（pp. 138-41），但十分有趣的是，在漢語版本中，這些婚姻都被改成了繼兄弟姊妹之間的通婚。

46 《佛本行集經》（*Abhiniskramana-sutra*），《大正新脩大藏經》190，卷五，675。

47 值得留意的是，在此事件之後，白居易才自陳他直到十五、六歲時，才知道時人趨之若鶩的「進士」為何物。

48 例如，可參見在謝海平，《唐代留華外國人生活考述》，頁86、88、92、276-278、280及281中引用的案例。近年來，劉惠琴和陳海濤在其〈從通婚變化看

唐代入華粟特人的漢化〉一文中，以墓誌銘的資料統計出唐代入華粟特人的婚姻形式，當中可明顯看出，粟特人長期以來主要都是族內通婚，或是與其他的非漢族裔通婚。

49 Leslie, *Survival and the Chinese Jews*, pp. 49, 63-65, and 105-6; also Siney Shapiro, *Jews in Old China: Studies by Chinese Scholars*, p. 174.

50 陶宗儀，《輟耕錄》28.348。

51 黃秋潤，《淺談泉州回族風俗》。

52 任昉利用此發現，在其研究中論述此基碑應定年於宋朝之後，可能是元朝，完全不論基碑上有一個字，未曾出現在更之後的年代中。我認為畢氏一族的非漢族緒餘就是最好的解釋。孫啟康在其〈畢昇基碑之年代斷定與避諱問題〉一文中，提出了許多錯誤的論述來支持這個說法，孫先生引用的所謂宋代的其他類似案例，都牽涉到同部首、但讀音完全不同的漢字，因此對於長期以來基於讀音來避父親名諱的習俗來說，是無效的反例。

53 Gulik, *Sexual Life in Ancient China*, p. 203. 《大樂賦》的全名為《天地陰陽交歡大樂賦》。

54 J.-s. Chen, *Liu Tsung-yüan and Intellectual Change in T'ang China, 773-819*, pp. 1-5.

55 東南海路的重要性要到鴉片戰爭後才顯現。

56 尤其可參見劉義慶，《世說新語》、《高僧傳》（《大正新脩大藏經》No. 2059）；及規模較小的《續高僧傳》（《大正新脩大藏經》No. 2060）。

57 在許多斷言李白與中亞間的關聯與緒餘、以及受到中亞影響的研究中，包括前述艾龍的文章，對這位華夏中心論的道家詩人，都缺乏像本段文字提及的宗教聯繫，而這可能就是呈現出最大弱點之處。

58 歐陽修等，《新唐書》221a.6230；姚薇元，《北朝胡姓考》，頁373n1；及 Schafer, *Golden Peaches of Samarkand*, p. 293n136，等等。

59 Wright, *Studies in Chinese Buddhism*, pp. 43-44.

60 Zürcher, *Buddhist Conquest of China*, vol. 1, p. 281. 白氏也是著名的一四八九年開封碑文中所提及的七十（或十七個）猶太氏族之一，這或許並非毫無關聯。見White, *Chinese Jews*, part II, p. 37; 以及 Donald Leslie, *Survival and the Chinese Jews*, pp. 22 and 27。

61. 陳寅恪，《元白詩箋證稿》，頁306-315，可能是第一個稱白居易為道家、而非佛教徒的論述。陳寅恪的論點受到其他學者的採納和擴展（例如陳弱水，《柳宗元》，頁171及186n83），而我對這種將白居易的各種宗教「特徵」加以量化的想法有很大的保留。一來，這完全不可能毫無爭議地遽下結論，例如可能是當代中國最頂尖的白居易專家的王拾遺（《白居易傳》，頁8）和朱金城（《白居易研究》，頁251）都同意陳寅恪的論點，即白居易的道家傾向遠大於其對佛教的虔誠。

62 參見王拾遺，《白居易傳》，頁5-6。

63 亦可見Rhee, "Jewish assimilation: The case of the Chinese Jews"; and

Weinstein, *Buddhism under the T'ang*, p. 192n19.

64　家族成員之間的稱呼方式，也是另一種案例，更能反映出其非漢族緒餘。白居易的另一個弟弟白行簡小字阿憐，可能也是源自於佛教。可參見王利器在其著作《顏氏家訓集解》中，對南朝梁武帝蕭衍（464-549；502-549在位）的乳名練兒的評論（頁66）。

65　最初發表於《考古》（1994.8）；更詳細的研究，見溫玉成，〈白居易故居出土的經幢〉。

66　此經文譯自佛陀波利，而且也收錄於《大正新脩大藏經》no. 967, vol. 19, 349-53。

67　溫玉成推論這些經文與伽梵達摩翻譯的版本相當接近，而且也收錄於《大正新脩大藏經》no. 1060。

68　白居易的舊宅中的新發現也強烈顯示出白居易對佛教真言宗的虔信，其與印度密宗密切相關，可能有性方面的暗示。另一方面，儘管他十分著迷於保健和長壽的祕訣，但即使到了晚年，白居易從未傳出有抑制性欲的舉動。這與前述其弟白行簡的艷詩《大樂賦》的形象相符合。

69　Lieu, *Manichaeism*, p. 203.

70　《大正新脩大藏經》no. 2035，vol. 49。翻譯引用自Lieu, *Manichaeism*, p. 249。

71　Lieu, *Manichaeism*, pp. 249-50.

72　同前引書，p. 218。

73　Frye, *History of Ancient Iran*, pp. 351-52.

74　向達，《唐代長安與西域文明》，頁62；Schafer, *Golden Peaches of Samarkand*, p. 52。

75　另一個對白居易所受音樂教育的廣泛研究，可見楊宗瑩，《白居易研究》，頁180-215。白居易自稱在九歲時便精於「聲韻」或「聲律」。然而這並不見得與音樂教育有直接的關係，且更值得注意的是，在中國的音韻學發展中帶有許多不尋常的「非漢」因素。普遍認為，「切韻」的出現深受佛教和梵文的影響。而宋代學者沈括也在其著名的《夢溪筆談》中明確指出：「切韻之學，本出於西域。」（胡道靜，《夢溪筆談校證》15.505）。現代的文獻，見魏承思，《中國佛教文化論稿》，頁64。即使是漢語（及許多其他亞洲語言）的基本元素，也就是聲調，陳寅恪也將之歸因於這種外來影響（陳寅恪，〈四聲三問〉）。《切韻》的作者和第一位為其做註的人都是鮮卑裔人士，見陳垣，"Ch'ieh Yun and its Hsien-pi authorship"。

76　遊國恩等，《中國文學史》，卷二，頁115。傅漢思（Hans H. Frankel, 1916-2003）的主張（"Yüeh-fu poetry," p. 70）所基的標準分類方式是新樂府不入樂，這有點過於籠統。在白居易在其〈新樂府序〉中明明白白地指出，詩「體順而肆，可以播於樂章歌曲也」。此外，陳寅恪在研究新樂府和流行音樂的關係時，指出從敦煌發現的詩歌中得知，新樂府和變文皆採用「三三七」的句式。

77 向達，《唐代長安與西域文明》，頁252-274。

78 參見Mair, *Columbia Anthology of Traditional Chinese Literature*, pp. 300-301；以及遊國恩等，《中國文學史》，卷二，頁219-220。

79 崔令欽，《教坊記箋訂》，頁7-8。

80 可參見向達，《唐代長安與西域文明》；及陳寅恪，〈胡臭與狐臭〉。

81 Wu-chi Liu, *Introduction to Chinese Literature*, p. 149.

82 《白氏長慶集》21.474及31.703等等。薛愛華（Edward Schafer）在其名著《撒馬爾罕的金桃：唐代舶來品研究》（*The Golden Peaches of Samarkand: A Study of T'ang Exotics*, p. 29）只引用了第二首詩。我並不認同石田幹之助（Ishida Mikinosuke, 1891-1974）和劉茂才（Liu Mau-tsai）把氈帳理所當然視為突厥傳統的看法，薛愛華也沿用了這個説法。至少，突厥人並沒有發明氈帳，只不過是在那個時代使用氈帳而已。

83 吳玉貴，〈白居易「氈帳詩」所見唐代胡風〉。

84 例如見姚薇元，《北朝胡姓考》，頁48-49.

85 白氏的新樂府確實是對元稹的詩歌的回應，許多詩名皆與元氏的詩歌相合。而元氏又反過來與李紳（？-846）唱和，李紳被公認為此種新流派的創造者，可惜的是，其詩多未能流傳下來。

86 廖美雲，《元白新樂府研究》，頁105；廖美雲對白居易詩作的看法截然不同。

87 Schafer, *Golden Peaches of Samarkand*, p. 29.

88 薛愛華的譯文，同前引書，p. 28。

89 廖美雲，《元白新樂府研究》，頁203-204。

90 許道勳、趙克堯，《唐玄宗傳》，頁411。

91 陳寅恪，《元白詩箋證稿》，頁135。其中宣稱白居易原本的詩名也是《法曲》。

92 同前引書，頁247。

93 Waley, *Life and Times of Po Chü-I*, p. 43, 當中將白居易《縛戎人》一詩中的吐蕃戰俘翻譯成「韃靼人」，這其中尚有很大的討論空間。但薛愛華卻明確將之釋義成突厥人（*Golden Peaches of Samarkand*, p. 43），毫無迴旋的餘地，明顯是對唐史的嚴重誤解。

94 根據宋朝初年的史料《南部新書》（3.27），這個「妖胡」指的就是粟特突厥的混血叛亂首領安祿山，其據傳與楊貴妃有曖昧之事，且是唐玄宗的寵臣，可自由出入唐宮。

95 元詩可參見《全唐詩》419.1025。白居易的詩則可見於《白氏長慶集》3.60-61。梅維恆亦完整將這兩首詩翻譯成英文，與我的翻譯只有一點出入，可見於 *Columbia Anthology of Traditional Chinese Literature*, pp. 485-88。

96 畢鏗（Laurence Picken, 1909-2007）在其著名的著作《唐宮遺音》（*Music from the Tang Court*）中，重建了唐宮音樂（vol. 2, p. 10），並認為胡旋舞「直到天寶末年，都尚未傳入宮廷」。而《舊唐書》的記載則證實了白居易的

論點，也就是此舞傳入宮廷的時間更早。見劉昫等，《舊唐書》(183.4733)。

97 陳寅恪和岑仲勉的爭論可見杜希德（Denis Twitchett）的作品（"Composition of the T'ang ruling class," p. 84）；陳寅恪對於鷹派和鴿派的分析，可參見其《唐代政治史述論稿》，頁72。岑仲勉的觀點在其文〈論李德裕無黨〉中表露無疑，儘管李德裕並未結黨的這個特殊理論，多半遭到忽視。巴蘭笛（Angela Palandri）在其著作Yüan Chen（頁16-17）中對牛李兩派，以及各自的政治和軍事政策，都有相當扼要的敘述。

98 白居易自己為詩所做的註解，被《南部新書》直接引用（6.61）：「平時開遠門外立堠，雲去安西九千九百里，以示戎人不為萬里之行。」這可能是世上第一個運用心理策略「奇數定價法」（odd pricing）的紀錄，此法如今已經廣泛用於零售業中。

99 參見廖美雲，《元白新樂府研究》，頁157；王拾遺，《白居易傳》，頁276。Waley, Life and Times of Po Chü-I, p. 53；則完全忽略此部分。

100 任半塘，《唐戲弄》，頁448-449；亦引用自朱金城，《白居易集箋校》，頁212。

101 此時是顯慶（656-661）三年。見王溥，《唐會要》70.1323及《資治通鑑》200.6309。《劍橋中國史》卷三第一部中提到的六四九年（頁228）和地圖（頁227），都明顯有誤。

102 Mackerras, Uighur Empire according to the T'ang Dynastic Histories, p. 48當中記錄了這個有趣的故事。

103 《全唐詩》284.721；向達，《唐代長安與西域文明》，頁64-65，從另一個史料引用了此詩。

104 白行簡是否為作者的爭論，就從此發現開始。Gulik, Sexual Life in Ancient China, p. 207試著要從「行簡」並非當時常見的名字，來解釋這些爭議，但此說法無疑非常薄弱。

105 參見葉德輝在其《雙梅景闇叢書》後記中對《大樂賦》的註解，之後由高羅佩（Robert van Gulik）所引用。

106 參見朱金城，《白居易集箋校》，頁1688-1689的註釋。

107 各種語言所列出的十二生肖，就是一個不錯的搜索起點，例如貝利（Harold Bailey）在"Hvatanica."一文中所舉出的。

108 現代的著作，可參考Sinor, ed., Cambridge History of Early Inner Asia, pp. 131, 156-57。另外要注意的是，《史記》中指稱「天馬」的「蒲梢」，似乎和「駃騠」並不相符。這個詞彙另一個可能的來源，如今已演變成「阿富汗」這個現代的國名，特別是如果假設的詞形變化「asvaka」（意指「馬人」）有其基礎的話。見"Geographic introduction to the history of Central Asia," p. 39。唐朝的玄奘（約596-664）就曾提過「阿薄健國」（Abojian），由畢爾（Samuel Bael, 1825-1889）重建後為「Avakan」（Life of Hiuen-Tsiang, p. 193），而在同一地區，玄奘也提到了大批的馬群。

109 這些傳說中名字的科學解釋，見Dubs, History of the Former Han Dynasty,

vol. 2, pp. 134-35。

110 早一點的《魏書》（102.2270）記載了在太和三年（479）大宛國遣使獻「汗血馬」給拓跋宮廷，這段插曲也可見於《宋書》（95.2357-58），其中記載隋朝時，中亞的大宛國曾獻「千里馬」。

111 魏徵，《隋書》83.1853；歐陽修等，《新唐書》221b.6250；及馮承鈞，《西域地名》，頁27。

112 Pulleyblank, "Chinese and Indo-Europeans"，特別是p. 22。

113 例如參閱Okladnikov, *Cambridge History of Early Inner Asia*, pp. 151-52.

114 《白氏長慶集》57.1224-5; Waley, *Life and Times of Po Chü-I*, pp. 55-56.

115 根據瑞典漢學家高本漢的重建，中古漢語對「紇邏」的發音是「ghuet-la」。但享譽馳名的中國音韻學大家陳寅恪，不同於高本漢的論點，將其重構為「kha(t)-la」。我發現「紇」這個漢字是一字多音。在有唐一代，「紇」在翻譯外國名字時，可以用來指稱「ghat」或「kat」的發音（可參見《資治通鑑》246.7946）。「紇邏」這個語詞也曾在敦煌文獻的一首詩中出現（陳寅恪，《元白詩箋證稿》，頁242），這首詩的作者不詳，是〈王昭君變文〉的一部分，其中含有相當多非漢語的語詞，見郭在貽等，《〈敦煌變文集〉校議》，頁81。

116 陳寅恪，《元白詩箋證稿》，頁241-242。亦見朱金城，《白居易集箋校》，頁232。

117 突厥語中最適合的似乎是「qïšlaq」這個語詞。然而，除了音位「š」以外，它的詞源「kis」（意指「冬天」），主要指稱的是「冬天的住處」。Clauson, *Etymological Dictionary of Prethirteenth-century Turkish*, p. 672. 這與白居易詩中所寫的「豐沛的牧草」似乎並不協調。另一種可能性是喀什噶里在《突厥語大辭典》中提到的一個極為罕見的語詞「kalap」，用來指稱一種可以當作飼料的植物。見*Compendium of the Turkic*, vol. 3, p. 101. 但除了這個詞彙可能的希伯來文來源（Jastrow, *Dictionary of the Targumim, the Talmud Babli and Yerushalmi, and the Midrashic Literature*, p. 664）以外，只要這個語詞沒有帶有「牧草」的涵義，要放在白居易的詩中就說不通。

118 MacKenzie, *Concise Pahlavi Dictionary*, p. 21; 以及 Boyce, *Word-List of Manichaean Middle Persian and Parthian*, p. 31.

119 例如見Bartholomae, *Altiranisches Wörterbuch*, pp. 1866-67; Bailey, *Dictionary of Khotan Saka*, p. 504; Boyce, *Word-List of Manichaean Middle Persian and Parthian*, pp. 100-101; 以及Gershevitch, *Grammar of Manichean Sogdian*, pp. 36 and 85.

120 然而它在粟特人的基督徒中被用來指稱「人類的食物」。參見Sims-Williams, *Christian Sogdian Manuscript C2*, p. 169. 也能和吐火羅語中的「çwal」（在方言A中指「肉」、在方言B中指「誘餌」）和「çwa-」（意指「去吃」）相對照。見Windekens, *Le tokharien confronté avec les autre langues indo-européenes*, vol. 2, p. 32. 另一方面，在古伊朗文獻中，畜牧的「水和草」

這個主題十分常見。可參見Gershevitch, "Bactrian fragment in Manichean script"。

121　舉例來說，可參見*Ta'rikj-i-jahan-gusha of 'Ala'u d-Din 'Ata Malik-i-Juwayni*（*The History of the World-Conqueror by 'Ala-ad-Din 'Ata-Malik Juvaini*），第一部分中的194頁第18行，以及"Zij-i-Ilkhani"文獻，引用於Boyle, "Longer introduction to the 'Zij-i-Ilkhani' of Nasir-ad-Din Tusi"原文第247頁中的最後一行。

122　Lane, *Arabic-English Lexicon*, part 7, p. 2624,對這個語詞的早期來源有相當多的論述。

123　Vladimir Minorsky, "Tamin ibn Bahr's Journey to the Uyghurs," pp. 279 and 283.

124　此處的密切關聯明顯暗示了塔米前往回鶻宮廷時，可能會看到白居易的信（和詩），這引發了米諾斯基（Vladimir Minorsky）的第二個推測，也就是八〇五到八〇八年之間。Minorsky, "Tamin ibn Bahr's journey to the Uyghurs," pp. 300-303。其中他的第三個推測，也就是八二一年初，最可能的主因是他錯把回鶻可汗的「金帳」當成太和公主的嫁妝。關於「金帳」，可參閱《資治通鑑》246.7947。

125　安史之亂時的阿拉伯傭兵，見歐陽修等，《新唐書》217a.6115。亦可參見Edwin Pulleyblank, "The An Lu-shan rebellion and the origins of chronic militarism in Late T'ang China"特別是頁44。

126　劉昫等，《舊唐書》195.5200；歐陽修等，《新唐書》217a.6116。

127　Gibb, *Arab Conquests in Central Asia*, p. 98.

128　據九世紀時阿拉伯作家伊本‧克達比（Ibn-Khurdadhbih）的說法，拉特納猶太商人的貿易路線從「法蘭克人的國家」一路到中國，通阿拉伯語、伊朗語、羅馬語和許多其他的語言。見Rabinowitz, *Jewish Merchant Adventurers: A Study of the Radanites*, pp. 9-10。

129　「kar」有「動物」的詞源。見Gesenius, *Hebrew and English Lexicon of the Old Testament*, p. 499.「kala'」則似乎出自植物的系統。值得注意的是，標準阿拉伯語版的《舊約聖經》用「marah」（意指「牧草」）來翻譯「kar」這個詞彙。

130　Young, *Analytical Concordance to the Holy Bible*, p. 734.

131　Koehler, *Lexicon in Veteris Testamenti libros*, p. 453; and Gordon, *Ugaritic Handbook*, vol. 3, p. 240. 由於安息語的字母也深受閃米語的影響，這個語詞在安息語中也受到證實，以「kalyâ」的形式，意指「公羊」、「綿羊」、「山羊」，見Haug, *Old Pahlavi-Pazand Glossary*, p. 138。

132　可參見Dunlop, *History of the Jewish Khazars*, pp. 34-40。由於缺乏明確的證據，旅居匈牙利的日本學者Toru Senga也對此保持著懷疑的態度（"Toquz Oghuz problem and the origin of the Khazars"）。

133　Roth and Wigoder, *Encyclopaedia Judaica*, vol. 10, p. 947. Dunlop, *History of* the Jewish Khazars, p. 91，進一步確定其不晚於八〇九年，後者恰好是白居易寫下《陰山道》的那一年。這個轉變在九世紀初達到高潮，並成為彼得‧高登近年來討論的主題"Conversion of the Khazars to Judaism"。

134 引用於Senga, "Toquz Oghuz problem and the origin of the Khazars," p. 63n21。需注意羅那塔斯所説的時間，顯然認為在可薩人歸信猶太教之後仍持續有互動。

135 例如，對希伯來語《舊約聖經》的研究曾興起了一段尋找「漢語聯繫」的熱潮，可參見Katz, "The Chinese Jews and the problem of biblical authority in eighteenth- and nineteenth-century England"。

136 Sinor, "Horse and pasture in Inner Asian history."

137 《坎曼爾詩箋》因為抄寫白居易的詩而轟動一時，但隨後發現是現代的贗品。見楊鎌，〈《坎曼爾詩箋》辨偽〉。

138 亦可見唐人張讀的《宣室志》（1.2-3）中記載的一個有趣插曲，提到有位胡商説「聞唐天子網羅天下英俊，且欲以文化動四夷」。

139 據説白居易作詩時，都會讀給河邊洗衣的老婦人聽，以求他的詩能「老嫗能解」，這個經常被引用的故事顯示出白居易十分在意自己的詩能不能讓普羅大眾了解。這個故事的真實性受到許多學者的質疑，但他們都忽略了此處的癥結點：根據他和元稹的相互唱以及元稹為《白氏長慶集》所作的序言，白居易顯然因為自己的詩被社會各界競相閱讀而十分自豪，其中還包括「妾婦」和「牛童」。洗衣老婦人的故事恰恰反映了這種心境，真實與否反而不是重點，從此脈絡來看，近年來出版的《白居易詩集導讀》著重於白詩的民間文學性，就十分恰當。見朱金城、朱易安《白居易詩集導讀》，頁36。

140 Mair, "Buddhism and the rise of the written vernacular in East Asia."

141 羅香林，《唐元二代之景教》，頁193-224。

142 朱金城、朱易安《白居易詩集導讀》很完整地集結了這些評論。

143 李廣化在其文〈白居易學佛心路歷程〉中也歸納了白居易的寫作方式是刻意要向未受教育的大眾傳播佛教。

144 Wu-chi Liu, Introduction to Chinese Literature, p. 149.

145 參見周勛初，〈元和文壇的新風貌〉。

146 參見朱金城，《白居易研究》，頁155-158。

147 如前所述，我們無法不懷疑白氏家系的真實性，也就是他聲稱與另一個知名漢人氏族有關聯。特別是因為昌黎恰好就位於邊疆的營州，當地向來有許多異族人口，最著名的就是突厥和粟特混血的安祿山。

148 可參考Kawai, "Kan Yu to Haku Kyoi,"和Yu S., "Han-Bai shifeng de chayi. . . ."

149 Han Yü and the T'ang Search for Unity, p. 322n46.

【附錄】

此附錄原為我的同名作品，刊登於Central Asiatic Journal 49：161-174。

1 Sinor, Introduction à l'étude de l'Eurasie centrale, p. 224.

2　此書強烈傳達了伯希和的論點，見Barthold, *Zwölf Vorlesungen über die Geschichte der Türken Mittelasiens*, p. 25 (French translation pp. 18-19). 。卜弼德的結論可見其文"The Language of the T'o-Pa Wei."的頁185，克勞森的論點則可見其著作*Turkish and Mongolian Studies*, pp. 37及39-40，亦可參見*An Etymological Dictionary of Pre-thirteenth-century Turkish*一書中的序言。

3　Eberhard, *Das Toba-Reich Nordchinas*, p. 328.

4　Aydemir, "Altaic etymologies," p.123.

5　具體的例子可見Róna-Tas, "Periodization and sources of Chuvash linguistic history," p. 139; Pearce, "Status, labor and law: Special service households under the North- ern dynasties," p. 89; 以及 Hess, "Manchu exegesis of the Lunyu," p. 417.

6　可參考Viatkin, *Materialy po istorii kochevykh narodov v Kitae, III-V vv*, vol. 3, introduction.

7　見我發表於一九九六年的文章"A-gan revisited"有其他對李蓋提研究的評論。

8　如同我在第一章所提出的，其和金朝皇帝完顏亮（1149-1161在位）有著有趣的相似性。

9　魏收，《魏書》21a.536及14.360，《資治通鑑》140.4386及141.4408。

10　在姚薇元的卓越研究《北朝胡姓考》中，也明確反映出此分際。

11　Eberhard, *Conquerors and Rulers: Social Forces in Medieval China*, pp. 116-18.

12　卜弼德在其文"Language of the T'o-pa Wei"中首度點出這兩種不同的身分認同，巴贊在其文"Recherches sur les parlers T'o-pa."中也支持此看法。

13　姚薇元，〈獨孤即屠各考〉清楚闡釋了「獨孤」氏即為「劉」氏，艾伯華（Eberhard）在其著作*Lokalkulturen im alten China*中也提到了這一點。

14　Menges, *Turkic Languages and Peoples*, p. 74.

15　見本書第二章。需指出的是，儘管不是大多數，也有很多「入聲」字仍然可以音譯完整的音節。在古代漢語對突厥和維吾爾人名的音譯中，案例比比皆是。

16　在數學上，此遵循統計學中所謂的條件推論（conditional inference）。參見Berger and Wolpert, *Likelihood Principle*; or Casella and Berger, *Statistical Inference*.

17　統計中的顯著水準經過兩個統計軟體的計算：SPSS for Windows, Version 7.5（卡方檢定和費雪精確性檢定）以及Statxact Version 2.0（CYTEL Software Corp., Cambridge, Mass., 用於二項分布〔Binomial distribution〕的計算）。

18　Sinor, *Introduction à l'étude de l'Eurasie centrale*, p. 186. 原始文章由瑞典烏普薩拉大學（Uppsala University）限期出版，我已無法取得。

19　Embleton, *Statistics in Historical Linguistics*. 此書是「計量語言學」（*Quantitative Linguistics*）叢書中的一本。另外還有一套叢書*Travaux de linguistique quantitative*，由日內瓦的Slatkine出版社發行。白一平（William Baxter, 1949- ）將統計方法應用於古漢語語音體系的研究，這與我的看法最為

接近（*Handbook of Old Chinese Phonology*, pp. 87-137）。

20 Menges, *Turkic Languages and Peoples*, p. 74.

21 Collinder, *Comparative Grammar of the Uralic Languages*, p. 208.

22 Hangin, *Basic Course in Mongolian*, p. 22.

23 Bosson, *Modern Mongolian*, p. 21.

24 例如見Poppe, *Mongolian Language Handbook*, p. 47.

25 Poppe, *Introduction to Mongolian Comparative Studies*, pp. 16, 59-60, and 76.

26 同前引書，p. 15。

27 引用自 Poppe, *Introduction to Altaic Linguistics*, p. 79.

28 Schmidt, *Grammatik der mongolischen Sprache*, p. 14.

29 Menges, *Turkic Languages and Peoples*, p. 74. 亦見 Bazin, "Structures et tendances communes des langues turques (Sprachbau)," p. 14;以及 Johanson, "Wie entsteht ein türkische Wort?" pp. 112-13. 此文指出，這樣的例外通常都是相當晚近的發展。

30 Von Gabain, *Alttürkische Grammatik*, p. 42; Menges, *Turkic Languages and Peoples*, p. 74.

31 Tekin, *Grammar of Orkhon Turkic*, p. 102.

32 Collinder, *Comparative Grammar of the Uralic Languages*, pp. 206-7.

33 早在六世紀時，突厥諸部族就從貝加爾湖地區遷徙到雅庫特，可參見Gogolev, "Basic stages of the formation of the Yakut people," p. 65。用這個時常引發爭議的語言年代學方法（glottochronological method），雅洪托夫（S. E. Iakhontov）甚至計算出雅庫特語大約在一千五百到一千六百年前，就已經從一般的突厥語分支出來，戈哥列夫（Gogolev）也引用了此說法（p. 67）。根據現代的DNA分析，帕肯多夫（Brigitte Pakendorf）等人不僅發現「雅庫特人出身南方的顯著證據」（p. 349），更提出了兩個最初遷徙的可能時間，分別是八百八十（前後440年）和一千二百八十六（前後800年）年前，也就是「六世紀至十三世紀之間」。

34 在孟格斯所列的表中，影響雅庫特語語彙的是蒙古諸語，而非俄語（*Turkic Languages and Peoples*, p. 66）。戈哥列夫（p. 67）明確指出「雅庫特語的成形深受蒙古諸語的影響」。亦可參考卡魯任斯基（Stanislaw Kaluzynski）對此議題的特殊研究：*Mongolische Elemente in der jakutischen Sprache*。

35 Böhtlingk, *Uber die Sprache der Jakuten*, p. 151,聲稱在所有的案例中，皆得到此結果。而根據庫格（John Krueger, *Yakut Manual*, p. 70）的說法，例外的確很少。

36 Benzing, "Das Tschuwaschische," p. 713. 亦可參見Krueger, *Chuvash Manual*, p. 86.

37 Poppe, *Introduction to Altaic Linguistics*, p. 33; Krueger, *Chuvash Manual*, p. 56.

38 「原始保加利亞語」和拓跋一樣古老，且就算其不是現代楚瓦什語的直接祖先，也一般被視為是「l/r-」語，見Poppe, *Introduction to Altaic Linguistics*, p. 58。

39 Clauson, *Etymological Dictionary of Pre-thirteenth-century Turkish*, preface, paragraph 2.

40 可參考Menges, *Turkic Languages and Peoples*, p. 17.

41 我將之引用在第一章。見丹柯夫的翻譯：*Compendium of the Turkic Dialects*, vol. 1, p. 341.

42 Keightley, "Bamboo Annals and Shang-Chou chronology," p. 425.

木蘭與麒麟
中古中國的突厥—伊朗元素

Multicultural China In The Early Middle Ages

作者｜陳三平（Sanping Chen）　譯者｜賴芊曄　審定者｜蔡長廷
總編輯｜富察　責任編輯｜穆通安、張乃文
編輯協力｜洪源鴻　行銷總監｜蔡慧華
封面設計｜許紘維　內頁排版｜宸遠彩藝

出版｜八旗文化／遠足文化事業股份有限公司
發行｜遠足文化事業股份有限公司（讀書共和國出版集團）
地址｜新北市新店區民權路 108-2 號 9 樓
電話｜02-22181417　傳真｜02-22188057
客服專線｜0800-221029　E-mail｜gusa0601@gmail.com
Facebook｜facebook.com/gusapublishing　Blog｜gusapublishing.blogspot.com
法律顧問｜華洋法律事務所／蘇文生律師
印刷｜成陽彩色印刷股份有限公司

出版｜2019 年 5 月　初版一刷
　　　2024 年 1 月　初版六刷
定價｜450 元

木蘭與麒麟：
中古中國的突厥—伊朗元素
陳三平（Sanping Chen）著／賴芊曄譯
初版／新北市／八旗文化出版
遠足文化發行／二〇一九年五月

ISBN：978-957-8654-37-2（平裝）

一、族群　二、文化史　三、中國史

630　　　　　　　　　　　　　　107017725